钱穆先生著作系列

八十忆双亲 师友杂忆

大字本

钱 穆 ◎ 著

九州出版社
JIUZHOUPRESS

图书在版编目（CIP）数据

八十忆双亲；师友杂忆 / 钱穆著. -- 北京：九州出版社，2020.8

ISBN 978-7-5108-9007-9

Ⅰ. ①八… ②师… Ⅱ. ①钱… Ⅲ. ①钱穆（1895-1990）－回忆录 Ⅳ. ①K825.81

中国版本图书馆CIP数据核字（2020）第168257号

八十忆双亲；师友杂忆

作　　者	钱穆　著
出版发行	九州出版社
地　　址	北京市西城区阜外大街甲 35 号（100037）
发行电话	(010) 68992190/3/5/6
网　　址	www.jiuzhoupress.com
电子信箱	jiuzhou@jiuzhoupress.com
印　　刷	三河市九洲财鑫印刷有限公司
开　　本	710 毫米 ×1000 毫米　16 开
印　　张	28
字　　数	364 千字
版　　次	2020 年 10 月第 1 版
印　　次	2020 年 10 月第 1 次印刷
书　　号	ISBN 978-7-5108-9007-9
定　　价	58.00 元

钱穆先生

新校本说明

钱穆先生著作简体新校本，经钱胡美琦女士授权出版，以钱宾四先生全集编辑委员会所编《钱宾四先生全集》繁体版为本，进行重排新校，订正其中体例、格式、标号、文字等方面存在的疏误，内容保持《全集》版本原貌。

《八十忆双亲　师友杂忆》为钱穆先生《八十忆双亲》与《师友杂忆》之合刊。二书分别成书于一九七四年与一九八二年，后因两书性质相近，合为一编，题名"八十忆双亲师友杂忆合刊"，最初于一九八三年由台北东大图书公司出版。

九州出版社

目　录

八十忆双亲

师友杂忆

八十憶雙親

一　前言

　　余乃一孤儿，年十二，先父辞世，余尚童骏无知。越三十五年，先母又弃养，余时年四十七，只身在成都，未能回籍亲视殓葬。国难方殷，亦未讣告交游，缺吊祭礼，仅闭门嗓泣深夜嚎啕而止。年七十一，值双亲百龄冥寿，余是年已辞新亚校务，患目疾，住院施手术。不久，即赴吉隆坡马来亚大学任教，时思撰文，略述梗概，竟未果。今岁余年八十，明年，又值双亲一百十龄之冥寿。因乘余之诞辰，觅机赴梨山，沿横贯公路，自花莲返台北，途中滞留八日，住宿四处，草写此文。哀哀父母，生我劬劳。回念前尘，感怆万端。自念我之生命，身体发肤皆传自父母，而今忽已耄老，精神衰退，志业无成。愧对当年双亲顾复教诲之恩，亦何以赎不肖之罪于万一。往事种种，迄今犹留脑际。拉杂书之，庶我兄弟四人之子孙，沦陷大陆者，他年当能读及，亦使稍知祖德之一二。亦以告并世之知余其人而不知余之生平来历者。

二　七房桥

余生江苏无锡南延祥乡啸傲泾七房桥之五世同堂。溯其原始，当自余之十八世祖某公，乃一钜富之家，拥有啸傲泾两岸良田十万亩。而上无父母，下无子女，仅夫妇两人同居。十八世祖年三十左右，婴衰虚之疾。远近名医，百药罔效，病情日见沉重。一日，十八世祖母告其夫："胸中久蓄一言，未敢启口，恐不听从，又滋责怪。"十八世祖言："病已至此，苟可从者当无不从。纵或实不能从，亦断无责怪可言。"十八世祖母谓："君病殆非药石可疗。久服药，反滋他病。计惟有长年静养一途。但我两人既不能入深山，长居僧寺道院中。我已将宅西别院修治。若君能一人居别院，家中事由我处理，君可勿操心。我已在院门上辟一小门，一日三餐，当送小门内，君可闻铃往取。初住自感寂寞，旬日半月后，应可习惯。万一有事，仍可开门接出。如此以三年为期。我曾以此意告之两医，谓可一试。"十八世祖慨允。越三年，接出，病态全消，健复如常。十八世祖母言："自君居西院，我即在佛前自誓，当终生茹素，并许愿居家为优婆夷，独身毕世。惟为君子嗣计，已为物色品淑宜男者两人，并谆谆诲导，已历两年。

君与此两女同房，断可无虑。"十八世祖勉从之。此下遂生七子，在啸傲泾上分建七宅，是为七房桥之由来。事载家谱，余未亲睹，此则得之传述。

七房骈连，皆沿啸傲泾，东西一线，宅第皆极壮大。一宅称一墙门。除此七墙门之外，无农户，无商店。泾东千步许有一桥，即名七房桥。桥北一小村，忘其名，乃七房桥公仆所居，世世传习婚丧喜庆种种礼节仪文。一家有事，诸仆群集。泾西约五百步又一桥，名丁家桥。桥北一村，名丁家村，乃七房桥乐户，袭明代旧制，世习昆曲锣鼓，歌唱吹打。每一家有事，亦毕集。遇喜庆，即在宅前大厅搭台唱昆曲，打锣鼓。或分两台，或只一台。或一日夜，或三日夜不等，先兄及余少时尚饫闻之，故长而皆爱好焉。

三　五世同堂

七房中人丁衰旺不一，初则每房各得良田一万亩以上。继则丁旺者愈分愈少，丁衰者得长保其富，并日增日多。故数传后，七房贫富日以悬殊。大房丁最旺，余之六世祖以下，至余之伯父辈乃得五世同堂。余之曾祖父兄弟两人，长房七子，次房五子，又分十二房。故余祖父辈共十二人。一宅前后共七进，每进七开间，中为厅堂，左右各三间，供居住。又每进间，东西两偏有厢房，亦供居住。宅之两侧，各有一长弄，皆称弄堂。长房七家由东弄堂出入，次房五家，由西弄堂出入。中间大门非遇事不开。其后每家又各生子女，先祖父鞠如公为东弄堂七房之长，即生四女两男共六人。故余有四姑母、一伯父，先父最小为一家之幼。其他家以此为推。故五世同堂各家，分得住屋甚少，田亩亦寡。自余幼时，一家有田百亩二百亩者称富有，余只数十亩。而余先伯父及先父，皆已不名一尺之地，沦为赤贫。老七房中有三房，其中两房至余幼年皆单传，一房仅两兄弟，各拥田数千亩至万亩。其他三房，则亦贫如五世同堂。

贫富既分，一切情形亦相悬隔。老七房中之三房富者，轮为乡间绅士。上通官府，下管附近乡里赋税差役等事。有他事争执，亦至绅士家裁判，可免进城涉讼。七房桥阖族中事，亦渐归三房轮为绅士者主持决夺。余四房避不参预。相传五世同堂内西弄堂一寡妇，尚称富有，一子未婚，一女未嫁。其子常犯规越矩，多行不法。其时，大家庭之规模尚存，而大家庭之礼法，已荡然不见。诸祖父叔伯兄长前辈，皆莫奈之何。其时为绅士者为老七房中之第三房，对之屡加教斥，亦不听。乃送之县狱。五世同堂内诸祖父皆竞赴老三房请求释放。不许，谓需拘禁有时，或可有悔改之望。不幸其子竟瘐毙狱中，值老三房绅士亦卧病在床。一夕，其瘐死者之母，忽梦子来诉，已在阴司中冤得直。请多烧冥缗，可供地下使用，使速毙。其母醒，告其女，女亦同梦此事。翌晨，告素常相亲诸家，亦有同获此梦者，乃赴市购大量锡箔。凡五世同堂中妇女，皆竞折之。堆门外大广场焚化。此间大堆纸锭烧完，西边老三房病绅亦告气绝。此事在余幼年尚闻传述。则诸房间之感情隔阂，亦可想见。

五世同堂之大门，悬有"五世同堂"一立匾。第二进大厅为鸿议堂，为七房各宅中最大一厅，淮军讨洪杨驻此，集官绅共议防守事宜，因名。第三进为素书堂，后四进堂小无名。西弄堂五叔祖分得素书堂之西偏三间为其家屋。不知为何，一人亲自登屋拆除，惟素书堂，及堂匾尚保留。拆下砖瓦木石，尽以出卖。诸兄弟竟未能劝阻。鸿议堂本有楠木长窗二十四扇，精雕《西厢记》全部，亦为宅中人盗卖。堂中长案大桌及几椅等，亦盗卖一空。仅五世同堂一宅之内，其分崩离析，家法荡然已如此。其素书堂西偏拆去部分，称为"塌屋基"，竟亦未能重建。

至于子弟教育，更不堪言。余幼时所知，族中诸兄长及伯叔父辈，大率仅读四书。能读《诗经》《左传》，乃如凤毛麟角。殆绝无通五经者。虽老三房富有，力能延师，而溺情安富，不求上进，子弟学业上亦率与其他四房相类。科第功名，乃若与七房桥全族无缘。少数贫苦者出门经商，或为伙计，或开小店铺，获得温饱即止。大多数则依赖数十亩一两百亩田租，游荡不事生产。离七房桥西一华里许有一小市名鸿声里，亦由钱姓聚族而居者占大多数。晨旭方升，七房桥三十左右以上人，无论辈分，结队赴市上喝茶进面点，至午始返。午后不乏再去者。亦有中午不返，至晚始归者。在家则养黄雀，或养蟋蟀，春秋两节相聚决斗为娱。亦有远方来参加者，亦有分赴远方作斗者。斗鸟斗蟋蟀外，冬春之交，以放风筝为乐。风筝形状各异，大小不等。在老四房中，有一伯父，阁楼上藏蟋蟀盆五六百以上。雇佣在家，扎大风筝，须八人抬之，始可移至田野间。风筝上装弦管，天空中呼啸声四起。入夜则结挂灯笼。大风筝可悬灯笼二十以上，光耀数里外。四围诸村落，皆以此称羡七房桥。七房桥族人老幼，亦以此自喜。大家庭之堕落，逮余幼年，殆已达于顶巅。

四 先祖父鞠如公

七房桥全族书香未断，则仅在五世同堂之大房。先曾祖父绣屏公，国学生。前清嘉庆庚午生。先祖父鞠如公，邑庠生，道光壬辰生。

先曾祖父绣屏公之事，余已无所知，不妄述。先祖父鞠如公，有手钞五经一函，由先父以黄杨木版穿绵带裹扎，并镌亲书"手泽尚存"四字。全书用上等白宣纸，字体大小，略如《四库全书》，而精整过之。首尾正楷，一笔不苟，全书一律。墨色浓淡，亦前后匀一，宛如同一日所写。所钞只正文，无注解。但有音切，皆书在眉端。先兄告余，先祖父所长在音韵。其所下音切，皆自有斟酌，非钞之旧籍。惜余于此未有深知。

先祖父中年即体弱多病，此书钞毕不久即辞世，年仅三十七。先兄指示余，在此书后半部，纸上皆沾有泪渍，稍一辨认即得。愈后则渍痕愈多。因先祖其时患眼疾，临书时眼泪滴下，遂留此痕。余兄弟不能读五经白文，但时时展阅纸上泪痕，把玩想念不已。

家中又有大字木刻本《史记》一部，由先祖父五色圈点，并附批注，眉端行间皆满。余自知读书，即爱《史记》，皆由此书启之。读书渐多，乃知先祖父此书圈点，大体皆采之归方本，批注略似《史记菁华录》，皆可长人智慧。惟全书各篇皆有，盖多采旁书，亦多自出心裁也。

五　先父之幼年苦学及科名

　　先父讳承沛，字季臣。前清同治丙寅年生。先祖父卒，先祖母年四十一，先父年仅三岁。自幼有神童之称。双目炯炯发光，如能透视一切之背后，亦称净眼，云能见鬼神，过十二岁始不能见。幼时发愤苦学。盖得先祖母之教督。家中无书房，在"塌屋基"后面，即素书堂后进西边有破屋三间。自素书堂西半被拆，此处无人居住，殆为坏了风水，皆已他迁。先父一人读书其中，寒暑不辍。夏夜苦多蚊，先父纳双足两酒瓮中，苦读如故。每至深夜，或过四更，仍不回家。时闻有人唤其速睡。翌晨询之，竟不知何人所唤。有业师，乃颛桥王翁，在七房桥南十里外。先父隔旬日半月，始徒步一往问业。

　　先父既卒，先兄及余所见，尚留有当时窗课两本，皆律赋及诗，不见有八股文及其他存稿。余时时喜诵此两册窗课，惜今皆忘之。犹忆两题，一曰"春山如笑赋"，乃短篇，余特爱其景色描写。由七房桥南望，仅见秦望山一抹。余长而喜诵魏晋以下及于清人之小品骈文，又爱自然山水，殆最先影响于此。又一题曰"岳武穆班师赋"，以"十年之功废于一旦"为韵，全篇共分八节，每节末一句，各以此八字押韵。乃集中最长一篇。余尤爱诵。余自幼即知民族观念，又特重忠义，盖渊源于此。至其押韵之巧，出神入化。余此后爱读宋人"四六"，每尚忆及先父此文。

先父以十六岁县试入泮，以案首第一名为秀才。主学政者特召见先父及同案第二名。面告先父："汝文托意高，结体严，可期文学上乘，然恐不易遇识者。"又曰："汝尚年幼，而为文老成有秋气。"又顾第二名，曰："汝年长，乃屈居彼下，然为文有春气，他年福泽，当胜于彼。"

先父体素弱。入泮后，凡三赴南京乡试，皆在场中病倒，不终试而出。此后遂绝意场屋。有一次，试题为"齐人将筑薛"。先父仅完此题即出。文中用意，特写一"将"字，又模拟《公羊传》文体为之。一时人竞传诵，名大噪。远近来求从学，前后达四十人。然经先父指授得意者，亦多赴试不中。先父此后，遂亦不复从事于授徒教读之生活。

六　怀海义庄

七房桥阖族，有义庄三所。惟怀海义庄最先最大，乃由老大房五世同堂祖先所创立。特建一庄屋，在七房之最东偏。族中大集会必在此。而五世同堂一宅后最贫，特多孤儿寡妇，老死者无以葬，幼小者无以教，婚嫁之赀无所从出，有欲出外就业，亦乏赀遣。而庄产胥由富三房轮管，五世同堂不得过问。先父自以一贫苦孤儿出身，特痛悯同宅中孤儿寡妇。念祖宗置此义庄，本为子孙救灾恤贫。今庄业日起，而庄主日落，理当开放，务为拯恤。以此意商之富三房中经管人，不获同情。屡商不洽。先父志不获申，乃投诉于无锡县署。义庄经管人则联合三富房抗诉。

自七房桥赴县城，相距数十里。富三房皆自备玻璃大舱船，舱中供卧坐，后舱可烹调，饭食舒适，常驻宅前啸傲泾上。若陆路徒步，健者半日可达。先父体弱，清晨起程，日晡始到，劳惫特甚。知县官见先父状辞，感其理足，然亦疑先父年少好事。三抗辩人，皆先父伯叔父辈，年岁皆在先父一倍以上，亦皆温文多礼，并惯官场应酬。县官权衡至再，嘱双方回乡自求和解。数月后，终于再行涉讼。富三房抗辩诸伯叔父，亦感先父志节，又悯其家贫体弱，招与同船。先父允之。同船往,同船返。在城中亦招先父同寓。然至县署,则双方争持如旧。

如是数四往返,县官深悉先父为人。一日,招先父一人至署私谈,云:"屡读君状辞,情理兼到,辩而不掩其诚。今当悉听君言,义庄判归五世同堂管理,如何?"先父言:"房中长老,皆不熟管理此大业,恐不胜职。"县官言:"然则当由君掌管。"先父言:"某在一房中,年岁最幼,辈分最低,更不当任此职。"县官问:"然则君意将如何?"先父言:"某意仍由三房管理。惟盼另择一人,俾便改弦更张,使五世同堂一房孤寡得免饥寒。"县官问:"君意欲何人掌管为宜?"先父言:"二房某叔父当较宜。"县官曰:"君言差矣。我窥其人恬淡静让,似不愿管此事。"先父言:"正为彼不愿,故望彼任之。"县官欣然起坐,曰:"我知君意,我知君意。明日当召双方共商之。"

翌日,召四人。县官曰:"同族久讼不决,此大不宜。今有一策,可悉遵两方之意,如此,能息讼否?"双方皆默然。县官语先父曰:"今当遵彼三人意,义庄仍由三房轮管,君意如何?"先父曰:"夙愿固如此。"又告三人:"今当从起诉方意,义庄另择一新管理人,俾便措置更新,君等意各如何?"三人皆俯首曰:"可。"县官因指二房某叔父,曰:"此事盼君勉为其难,君意又如何?"某叔父答:"长官为敝族事如此操心,某虽不胜任,归后当与起诉方再熟商之,庶以报长官之诚意。"县官曰:"甚善。"此讼遂决。

既归，某叔父召先父商谈，嘱为义庄抚恤救济时期等级等，定一详细条款。谓："当一如君意，交义庄新聘账房照办。"自此五世同堂一宅，幼有养，老有归，皆得赖祖宗庇荫，粗衣淡食无忧，一宅欢然。而无伤义庄之赀产。富三房对先父所定条款，亦皆翕服。乃不逾时，受抚恤者纷来告苦，谓所获米粮，品劣，几不可下咽。先父嘱携样米来，取两小包藏衣袋中，去至义庄。账房瀹茗陪坐，先父久不去，遂留午膳。先父席间语账房："君为五世同堂中贫病老弱操劳甚苦，然此乃君主要职责。此辈贫病老弱，不啻为君之真主人。"账房颔首曰："然。"先父因出示衣袋中两小包米，与桌上饭相比，曰："此乃君之真主人所食，与君日常奉养，精粗之差，何啻天壤。"账房立道罪。自此诸孤寡皆得吃白米。

五世同堂各家，自此事无大小，皆来就商于先父，得一言为定，一扫往日涣散之情。继则富三房凡遇族中事，亦必邀先父集商。又继则嘱族人径赴先父处取决。更继则七房桥四围乡间事，几乎皆待先父主断。时先父年未及三十，不啻为族长，又兼为乡绅。户外事麇集，而书房生活，则日以疏减。时则先兄尚在幼稚。上之所述，乃他日先母告之先兄，而先兄又以转告余者。

先父之尽力族中及乡间事，为余所亲睹者有一事。时余已逾十龄，家已迁居荡口镇。一夕，晚饭方毕，忽全身白衫裤白帽者母子两人，叩门入。其子当较余稍长。母子皆跪先父前不起。先父嘱速起，乃大哭连拜，叩头不已。

起身泣诉，乃知亦钱姓，住长洲县某村，距荡口数十里外。其家为村中首富，母新寡，子乃螟蛉。村中同族嫉其富，欲逐此螟蛉，强嗣一子，亦村中富家，年已长，成婚有子，势不能奉嗣母同居，而家产当尽归掌管。寡孤无以为抗。人告以无锡县有汝同宗某，其人秉正仗义，排难解纷，名闻遐迩，何不试往请援。乃携家中珍细三箱，雇一船，深夜离村，至是始到。先父告以："汝携三箱，不能放我家。当先寄放他处，我再为汝谋。"妇言："即近村亦无可信，故携而来此。异乡隔县，更无相识，何处存放此三箱。"先父因言："汝若信我，可乘夜先移舟至镇上某绅士家，恳寄汝箱。彼若允，可再来。"母子再来，遂留食宿。此下事余不知，惟闻螟蛉获留，寡妇亦保其家业，惟分一部分给其嗣子。又在族中兴一善举。皆出先父调处。先父卒，母子披麻戴孝，来余家拜祭。其后母子又远道屡来余家，直迄余家迁返七房桥而止。

七　先父对余之幼年教诲

先父爱子女甚挚。尝语人："我得一子，如人增田二百亩。"余之生，哭三日夜不休。先父抱之绕室，噢咻连声，语先母曰："此儿当是命贵，误生吾家耳。"自余有知，先父自鸿声里夜归，必携食物一品，如蛋糕酥糖之类，置床前案上，覆以帽或碗。余晨起揭视，必得食。及余七岁入塾，晨起遂不见食品。先母告余曰："汝已入塾，为小学生，当渐知学大人样，与兄姊为伍，晨起点心，可勿望矣。"余下一弟，先父最所钟爱，不幸早夭。先父抱之呼曰："必重来我家。"次弟生，眉上有一大黑痣。先父喜曰："我儿果重来矣。"

先父为先兄与放大风筝某伯父家一堂兄，聘一塾师，华姓，自七房桥东五里许荡口镇来，寓某伯父家。携一子，三人同塾。翌年秋，先父挈余往，先瞻拜至圣先师像，遂四人同塾。师患心痛疾，午睡起，必捧胸蹙额，绕室急步。余童骏无知。一日，二兄逗余，笑声纵。翌日上学，日读生字二十，忽增为三十。余幸能强记不忘，又增为四十。如是递增，日读生字至七八十，皆强勉记之。因离室小便，归座，塾师唤至其座前，曰："汝何离座？"重击手心十掌。自是不敢离室小便，溺裤中尽湿。归为先母知，问余，不敢答。问先兄，以实告。先母默然。一日傍晚，先父来塾，立余后，适余诵《大学章句序》至"及孟子没"，时师尚未为余开讲。先父指"没"字问余，曰："知此字义否？"余答："如人落水，没头颠倒。"先父问："汝何知此'没'字乃落水？"余答："因字旁称三点水猜测之。"先父抚余头，语塾师曰："此儿或前生曾读书来。"塾师因赞余聪慧。先父归，以告先母，先母遂告先父余溺裤中事。年终，先父因谢师歇塾。为余兄弟学业，移家至荡口，访得一名师，亦华姓，住大场上克复堂东偏，余家因赁居克复堂西偏，俾便往返。时余年八岁，师为余讲《史概节要》及《地球韵言》两书。余对《地球韵言》所讲如瑞典、挪威日夜长短等事更感兴趣。讲两书毕，不幸师忽病，不能坐塾，诸生集庭中凿池养鱼，学业全废。余家遂又迁居。在大场上之北另一街，一大楼，已旧，北向，余一家居之。余兄弟遂不上塾。余竟日阅读小说，常藏身院中一大石堆后，背墙而坐。天色暗，又每爬上屋顶读之。余目近视，自此始。

先父母对子女，从无疾言厉色。子女偶有过失，转益温婉，冀自悔悟。先伯父家从兄来住吾家，一日傍晚，邀余同往七房桥。谓："汝当告婶母。"余往告先母。先母以余戏言，未理会。待晚饭，两人不至，乃知果往。先父偕侍从杨四宝，掌灯夜至七房桥。余已睡，披衣急起，随先父归。途中，先父绝不提此事。至镇上，先父挈余进一家汤团铺吃汤团，始回家，先母先姊先兄，一灯相候。先母先姊谓余："汝反吃得一碗汤团。"促速先睡。

先父每晚必到街口一鸦片馆，镇中有事，多在鸦片馆解决。一夕，杨四宝挈余同去，先父亦不禁。馆中鸦片铺三面环设，约可十许铺。一客忽言："闻汝能背诵《三国演义》，信否？"余点首。又一客言："今夕可一试否？"余又点首。又一客言："当由我命题。"因令背诵"诸葛亮舌战群儒"。是夕，余以背诵兼表演，为诸葛亮，立一处；为张昭诸人，另立他处。背诵既毕，诸客竞向先父赞余，先父唯唯不答一辞。翌日之夕，杨四宝又挈余去，先父亦不禁。路过一桥，先父问："识桥字否？"余点头曰："识。"问："桥字何旁？"答曰："木字旁。"问："以木字易马字为旁，识否？"余答曰："识，乃骄字。"先父又问："骄字何义，知否？"余又点首曰："知。"先父因挽余臂，轻声问曰："汝昨夜有近此骄字否？"余闻言如闻震雷，俯首默不语。至馆中，诸客见余，言今夜当易新题。一客言："今夕由我命题，试背诵'诸葛亮骂死王朗'。"诸客见余态忸怩不安，大异前夕，遂不相强。此后杨四宝亦不再邀余去鸦片馆，盖先父已预戒之矣。时余年方九岁。

先父每晚去鸦片馆，先母先姊皆先睡，由先兄候门。余见先兄一人独守，恒相伴不睡。先父必嘱先兄今夜读何书，归当考问。听楼下叩门声，先兄即促余速上床，一人下楼开门。某一时期，先父令先兄读《国朝先正事略》诸书，讲湘军平洪杨事。某夜，值曾国荃军队攻破金陵，李成典、萧孚泗等先入城有功。先父因言，此处语中有隐讳。既为先兄讲述，因曰："读书当知言外意。写一字，或有三字未写。写一句，或有三句未写。遇此等处，当运用自己聪明，始解读书。"余枕上窃听，喜而不寐。此后乃以枕上窃听为常。先兄常逾十一时始得上床。先父犹披灯夜读，必过十二时始睡。

先父或自知体弱多病，教督先兄极严。先兄犹及赴晚清最末一期之科举，然不第。时镇上新有果育小学校，为清末乡间新教育开始。先父命先兄及余往读。先兄入高等一年级，余入初等一年级。先父对余课程，似较放任，不加督促。某夕，有两客来闲谈，余卧隔室，闻先父告两客："此儿亦能粗通文字。"举余在学校中作文，及在家私效先兄作散篇论文，专据《三国演义》写《关羽论》《张飞论》等数十篇，私藏不予先兄知之，乃先父此夜亦提及，余惊愧不已。此后遇先父教导先兄时，亦许余旁听。谓若有知，不妨屦言。

先父体益衰，不再夜出赴鸦片馆，独一人在家据榻吸食。先母先姊灯下纺纱缝衣，先兄伴读一旁。先父每召余至鸦片榻前闲话，历一时两时不休。先母、先姊、先兄私笑余："汝在兄弟中貌最丑，陪侍父亲，却能多话。聒聒竟何语。"余恧然不能对。及后思之，亦不记当时先父对余何言。要之，先父似从不作正面教诲语，多作侧面启发语。何意愚昧，竟不能仰副先父当时之苦心灌输培植于万一！滋足愧也。

八 先父之病及卒

先姊以侨居上海之先四姑父母之介绍，远嫁汉口番禺曾氏。婿往来经商沪汉间，来沪亲迎。先父母举家赴沪送嫁，翁婿晤叙经月，乃各归。先父自归后即病。医言乃肺病，痰喘日增。晨过十一时不能起床。先母必命余上楼唤醒，陪侍下楼午餐。先父饮食素清简，率常以鲫鱼汤、银鱼鸡蛋、面筋塞肉、熏鱼、瘦肉丸、虾仁等数味为止。先母精烹饪。先父在外得佳肴，归告先母，必能依所言调制，惬先父之意。及病，午膳只仅上述中一味，饭半碗。晚进稀粥一瓯。先母尤擅制各色腌菜酱菜，精美独出。其后以教先后诸媳，皆不能及。先母知先兄及余皆嗜此，犹亲为之，留供余兄弟寒暑假归食。及先兄又卒，余奔走在外，先母亦垂垂老矣。余不尝此等珍味，迄今已四十余年。

先父病甚，遂移寝楼下，淹滞在床不能起，逾两月余。夜间每面墙侧卧，口中常呓言："为时尚早，可稍待。"初不知其意云何也。上海先四姑母率两子，及其他戚属，来住余家者日众。四月二十三日夜半，先父忽告家人："我明日午前当行，今当有所嘱咐。"先召先母至枕边，次及先兄。又次及余，只一语，曰："汝当好好读书。"先母挈两幼弟至前，先父曰："此两儿，当待其两兄教导。"次及先父两族弟，一属五世同堂，一为放大风筝家某伯父之弟。此两人皆先父夙所照顾，欲其续理宗族事者。又次及来余家之亲戚，皆分别各有所语。及黎明，先父曰："镇上人系念我病者甚众，我可待晨十时始行，犹及与彼辈道别。当告就近一家，他家必相率而至。"朝旭方升，告一家，他家果络续至，皆镇上士绅。先父起身，靠高枕而坐，见来者，拱两手曰："来生见。"又有店佣，有家仆，亦有不相识者，闻声登门，先父亦皆拱手语此。及十时，先父曰："余行矣。"遂瞑目。门外送来香花纸轿，堆积如山。正焚化间，后至者多咨嗟裴回不忍去。时先父年四十一，是为前清光绪之三十二年。先兄年十八，余年十二，一弟年七岁，最幼一弟年三岁。余兄弟与先伯父家兄弟联合排行，不育者亦计在内，先兄最长，余行四，两弟行六行八。

九 先母来归

先母蔡氏，与先父同年。外祖家住蔡师塘头，在鸿声里西北约里许，距七房桥可三里。外祖父兄弟两人，儒而农。塘水清澈，长宽得四五亩，养鱼养鹅。畜一牛，佣壮丁三四人操耕作。兄弟一处馆，一行医。或为先父作媒，有人告外祖父："七房桥五世同堂一宅，俗所谓酱缸已破，独存架子。大族同居，生事艰窘，而繁文缛节，依然不废。闻新婿乃一书生，恐不解事。君女嫁之，必多受苦。"外祖父言："诗礼之家，不计贫富。我极愿吾女往，犹得稍知礼。"遂定婚。

先父十六入泮，即以是年成婚。先母之来，先祖母犹在高堂，先母侍奉得欢心。先曾祖父母亦尚在，由七子轮养，五日一轮。来大房，先母主中馈，必丰必洁。先曾祖父母酷爱六叔祖父，常挈以同来，或携其一家同来，特设席鸿议堂。先曾祖父母盛夸二新嫂知礼。族中礼衰，男子互不呼辈分，亦不呼名字，各有一浑名绰号。西弄堂五叔父，名字中有一"爱"字，族中群以"握（平声）盖"呼之，乃爱字之反切也。余兄弟及长，犹亦呼之曰"握盖叔"，竟不知其何名何字，经查询始知。族中称先父"珍二相"，先母"二新嫂"，举族尊长皆然。即在背后，亦绝不有异称。盖凡族中事烦及先父，先父事忙，多由先母转达。来者辈分年岁，皆较先母为长。先母情意礼节，必不使来者不满，而又曲折婉转，亦决不失先父处理此事之本意。故使族中人于先父先母皆一体同视也。

先父设馆授徒，弟子自远方来，群住素书堂后进西边空屋，即先父幼年读书处。多或同时十许人，少亦六七人。其年岁皆与先父相伯仲。家无婢侍，由先母掌膳食，邀族中贫苦者一两人相助。其他杂务，亦全由先母指挥料理。诸生竞称师母贤能。数十年后有来者，犹称道不绝。

先母共育四女五男。平均三年必一育。四女惟先长姊存，五男留得四人。先父先母，温温相守二十六年。闺门之内，相敬如宾，绝不闻有小争吵。然先父忙于外，先母忙于内，虽各爱其子女，乃绝少举家欢欣同乐之日。余所记忆者仅有两次，时已迁居荡口镇。一次，值某年端午，镇人大为龙舟之戏，有远自苏州来者。先父亦雇一舟，举家同往观。群舟列队四五十，镇人排先父舟为第一号，紧随龙舟后。龙舟高四五层，宛如重楼叠阁。入夜，灯火照空，锣鼓丝竹喧天。自镇外之鹅肫荡，亦名鹅湖，蜿蜒驶入镇上。两岸环观者，空镇而出。先父母与诸子女同坐前舱，左右瞻眺，午夜始返。

又一次，鹅湖东西广五里，南北长十里，例禁捕鱼，惟冬季开放大捕一日。或下大网，或载鸬鹚，亦有独驾扁舟垂钓者，千舟群集，镇上人多驾舟出观。先父偕先母挟子女，亦雇一舟，徜徉湖中，往返观之。遇相识，隔舟相招呼。年轻人遇见隔舟相识，尤欢跃如狂。捕鱼者得大鱼，竞来奉献。即在舟中烹食。凌晨而往，薄暮而归，云影湖光，荡人心肺，欢欣得未曾有。翌日，镇上又送大鱼数十尾至，多腌糟至过年后食。余自有知，举家率皆勉平安而过；至举家得大欢乐，则仅此两次。

一〇　先母寡居

先父以文、行、忠、信，受社会普遍尊崇。然先父与亲族交游间，语不及私。往来酬酢，皆守礼节，绝不奢纵，亦不示人以贫窘穷迫相。他人亦绝少知余家之经济实况。一日，先伯父家从兄途中与一不相识人语，此人盛道先父为人不去口。从兄曰："外人都知家叔父为人，却不问家叔父阖家生活。"语闻于先父，特召先兄与从兄诫之曰："生活各家不同，非年轻人所当过问，更不宜与外人道之。"先母日常，戚族来往，亦绝不谈及家庭经济。

及先父之丧，亲族吊者群集，始悉我家之艰困，力主孤寡生活，当依例领取怀海义庄之抚恤。先母泣不允，曰："先夫在日，常言生平惟一憾事，乃与诸伯叔父为义庄涉讼。稍可赎歉疚于万一者，自问存心无一毫私图耳。今棺木未入土，其妻其子，即吃义庄抚恤米，何颜面见先夫于地下？"诸亲族争言："二相生平绝不怀私图，不惟亲族群知之，即路人不相识者，亦皆知。义庄抚养孤寡，乃符合列祖列宗遗意。且五世同堂一门，孤寡受抚恤者何限。二嫂独不受，此诸家怀念往昔，何以自安。"先母不获已，召先兄与余立面前，泣曰："汝兄弟闻所言否？幸能立志早谋自立。"先兄及余皆俯首泣不止。

先母不识字，十六岁来归。余幼小初有知识，即侧闻先母与先姐先兄之日常相语。及后知识渐开，乃知先母凡与子女言，绝非教诲，更无斥责，只是闲话家常。其话家常，则必及先祖母先父，必以先祖母先父为主，乃牵连及于宗族乡党间事。故其语语皆若琐事，若闲谈，而实语语皆教诲，皆有一中心。及先父卒，凡先母之告先兄及余者，更惟以先父之遗言遗行为主。一家生活，虽极贫苦枯寂，然余兄弟在当时，实并不知有所谓贫苦，亦不知有所谓枯寂。惟若先父之灵，如在我前，如在我左右。日惟以获多闻先父之遗言遗行为乐事。

先父卒年，余家又迁居后仓滨，即果育小学之隔邻。是年除夕，午后，先兄去七房桥领取义庄钱米。长弟患疟疾，寒热交作，拥被而卧，先母在房护视。幼弟依先母身旁。余一人独坐大门槛上，守候先兄，久久不见其归。近邻各家，香烟缭绕，爆竹喧腾。同居有徽州朝奉某夫妇，见余家室无灯，灶无火，欲招与同吃年夜饭。先母坚却之。某夫妇坚请不已。先母曰："非不知领君夫妇之情，亦欲待长儿归，具香烛先祭拜祖宗，乃能进食。"某夫妇每常以此嗟叹先母治家为人之不可及。暮霭已深，先兄踉跄归。又上街，办得祭品数物。焚烧香烛，先母率诸儿祭拜祖先。遂草草聚食，几深夜矣。

先父在时，向镇上各店铺购买货物，例不付款，待年终清结。先父卒后，上街买小品杂物，先母命余任之。

一日，到街上购酱油，先母令携钱往，随购随付。店铺中人不受。余坚欲付，铺中人坚不纳。谓："汝家例可记账，何急为。"不得已，携钱归。其他店铺亦然。先母曰："此又为难矣。汝父在时，家用能求节省即可。今非昔比，万一年终有拖欠，又奈何。"及岁除，镇上各店铺派人四出收账，例先赴四乡，镇上又分区分家，认为最可靠者最后至。余家必在午夜后，亦有黎明始到者。例须手提灯笼，示除夕未过。先母必令先兄及余坐守，不愿闭门有拖欠。余兄及余往往竟夕不寐。但亦有竟不来者。先母曰："家中有钱，可勿记账在心；家中无钱，岂不令我心上老记一账。"及余家迁返七房桥，此事始已。及后，先兄及余每月进款，必交先母。及岁除，先兄及余集先母卧室，先兄必开先母抽屉，得十元八元，必曰："今年又有余存。"母子三人，皆面有喜色。

先父之卒，诸亲族群来为先兄介绍苏锡两地商店任职，先母皆不允。曰："先夫教读两儿，用心甚至。今长儿学业未成，我当遵先夫遗志，为钱氏家族保留几颗读书种子，不忍令其遽尔弃学。"明年冬，适常州府中学堂新成立，先兄考取师范班，余考取中学班。师范班一年即毕业，同学四十人，年龄率在三十以上，有抱孙为祖父者。先兄年仅十九岁，貌秀神俊，聪慧有礼，学校命之为班长。监督又召问："汝尚年轻，当求深造，为何投考师范班？"先兄告以上有慈母，下有诸弟，家贫急谋自立。学校特令先兄管理理化实验室，按月给奖学金一份。翌年，以第一名毕业，诸师长同学竞为介绍教职，先兄愿回家侍母，亦欲致力桑梓，遂归。复迁家返七房桥，呼吁族中，由阖族三义庄斥资，创立小学校一所，取名又新。七房桥阖族群子弟及龄者皆来学。先兄为校长，另聘两师，一为先父旧学生，一为先兄师范班同学，年皆四十以上。

先兄既获职，先母即令先兄不再领怀海义庄之抚恤。先兄月薪得十许元，一家生事益窘。幸果育学校旧师长，为余申请得无锡县城中某恤孤会之奖学金，得不辍学。翌年，先兄完婚。七房桥阖族皆来贺。鸿议堂上自先父先母成婚获得一次盛大庆宴外，三十年来，此为其第二次。先母终日在房啜泣。婚礼先拜天地，后拜亲长，群拥先母掩泪自房出至堂上。余在旁侧观，凄感无极。回念先父去世后几年情况，真不啻当前之如在梦寐中。

先兄声誉日著，长又新小学外，族中事亦渐纷集。七房桥阖族祥和之气，又复再见。辛亥年，余转学南京锺英中学校。暑假在家，忽犯伤寒症，为药所误，几死。十里外后宅镇有名医沈翁，慕先父先兄名，以其女许余，并召先兄及余至其家，盛筵款接，出见其子，曰："今为亲家，此子他日，幸贤昆仲加以辅导。"日常环后宅数十里内求医者踵相接。入夜，驾一舟出诊，必晨始归。闻余病，曰："我必先至婿家。"屡来，余病得有起色。后其女不幸早亡。其子在上海同济大学学西医有名，与余家往返如亲故。先母护视余病，晨晚不离床侧，夜则和衣睡余身旁，溽暑不扇，目不交睫。近两月，余始能渐进薄粥。天未明，先母亲登屋上,取手制酱瓜。又旬日,渐进干饭。此病不啻余之再生,皆先母悉心护养之赐。其时居素书堂东偏房,今名所居台北外双溪屋曰素书楼,以志先母再生之恩于不忘。

余病三月,一日,始进荤食,即欲于明日返学校,先兄为余治装。翌晨,自鸿声里乘船赴望亭车站,乘沪宁铁路火车。车中读报,始悉革命军已于昨夜起义武汉。是日为八月二十日。既至校,同学四散,乃意欲待革命军进城投效,留校不去。事益急,学校下令驱逐全体师生仆役悉离校不许留,乃乘南京开出最后一班车,仅能赴上海。翌日为重九,上海街头挂白旗,高呼"光复"。余与家中音讯久绝,急归。先母见余,抱余头,几泣,曰:"方庆汝再生,初谓今生不复得见汝面矣。"

七房桥办团练自卫,先兄为自卫队长,诸伯叔父皆为团员。先兄与一叔父去上海购得后膛枪数十支。命余为教官,教诸伯叔父兵操。立正、少息,听命惟谨。又聘一拳师教拳击刀棒。每夜,分番站岗村外之四围。先兄偕年老诸伯叔父及余逐岗巡视。又与他处自卫队联络,一切尽由先兄指挥。先兄时年二十三,余则年十七。

民元春,余因乡间未靖,不忍又远离。亦无从筹学费,先兄命余赴七八里外秦家水渠三兼小学校任职。教读生涯,迄今忽已六十三年矣。六弟年十三,先兄命余携去,曰:"汝或教导胜我,亦令其渐习离家生活。"翌年,送六弟进常州中学。民六之秋又为余完婚。甲子、乙卯间,五世同堂两遭火灾。前一次在第一进,此处本无人居。第二次在第三进素书堂东边，即先母与余夫妇所住。[1] 两卧室一书房，尽成灰烬。先祖父手钞五经，及《史记评点》，及先父窗课，同付一炬。五世同堂荒残不堪，亦无屋可居，乃又迁家至荡口。幸先姊远自汉皋携来多衣，一家得以蔽体。先母患胃疾，经月惟进水浆，半年始渐康复。

自后八弟又在常州中学毕业，兄弟四人皆在中学教读。先兄又为两弟同日完婚。乃兄弟集商。先兄曰："吾兄弟必各分房异爨，庶可使慈亲节劳。"并由先兄及余两家轮流奉养，两弟妇初来，可免未识慈亲心性所安之虞。先母曰："我今无事，当务督导长孙读书。"每夜篝灯，伴孙诵读。余在家，亦参加。同桌三代，亦贫苦中一种乐趣也。

先兄字声一，余字宾四，皆先父所定。先兄原名恩第，余原名恩镤。民元之春，先兄易名挚，易余名穆，六弟名艺字漱六，八弟名文字起八，皆先兄所定。先兄长子名伟长，则由余所定。

---

① 原编者案：此处恐先生误记。《师友杂忆》第四篇第六段记第二次火灾在民国七年，乃戊午年。第一次火灾则在民国四年，为乙卯年。甲子年为民国十三年，时事不合。

一一　先兄之卒及先母之晚年

民十七夏秋之交，余妻及新生一婴孩相继死亡，时先兄任教于无锡荣巷荣氏新创之荣巷中学，归家为余料理丧事，以劳伤过度，旧患胃疾骤发，不幸亦溘然逝世。两月之间，连续三丧。先兄年仅四十，遗下一妻两男两女。长子年十六，随余在苏州中学读高中一年级。先兄乃与先祖父先父三世不寿，而一门孤寡，亦复三世相传。先母又罹此变，其情可知。

先兄喜音乐，能多种乐器，尤擅琵琶与笙。余喜箫笛，寒暑假在家常兄弟合奏。先兄又能指挥锣鼓。每逢春节，鸿议堂锣鼓喧天，皆由先兄指挥。又能书，墨迹遍布城乡。有手圈《资治通鉴》一部，先兄卒后，余常携以自随。抗战军兴，余有书五万册留北平。避赤氛南下，五万册书以一百担米托书肆保管，乃于香港幸得先兄手圈之《资治通鉴》，五万册中只此一部数十册重归余手，亦可异也。先兄喜吟咏，曾文正《十八家诗钞》不离手口，尤喜陆放翁七律。所为诗，几乎全仿放翁。卒后，余哀其遗诗三百余首，编为一集付印，分赠其平日友好及从学弟子之不忘其师者。恨今手边无之，不知大陆犹留存有此书否？①

越一年，余在苏州续娶，迎养先母来苏州。民十九余赴北平任教，翌年，又奉母北上。值榆关事变，风声日急，侍母南返。欲俟风声稍静，再迎北上。先母告余曰："汝父汝兄，福命止此。幸汝兄弟三人，各自成立。长孙亦已考入清华大学，我家子孙，首有入大学者。此外我复何求。不饿死，不冻死，我愿已足，生活上不愿再求舒泰。且人命无常，我年已老，万一身殁北土，再求归葬，岂不重累于汝。"余见母意已决，不敢强请，乃奉母返荡口，与八弟媳同居。

先母年七十，余乘暑假自北平返荡口。见母体气转健，精神日旺。七房桥荡口及其他地区，戚族相识，乃至农户商家，仆隶妇佣，登门问候者不绝。先母礼遇不衰，恩意有加。窥其意，实以能不改其素常生活为乐。余在旁伴侍三月，终不敢启口有称觞祝寿之请。仅劝先母去无锡城访医检查身体，得偕六弟一家伴游太湖鼋头渚竟日。

---

① 原编者案：编者近年曾数度促请大陆亲友在北京、上海、无锡、苏州之图书馆等处查寻声一先生《纪念诗集》，至今尚未觅得。

一二　先母之卒

抗战军兴，余只身南下，赴长沙、昆明。于民二十八之夏，自昆明只身返苏州，余妻亦挈子女自北平返，迎母来苏。兵乱中，先母与先兄六八两弟三家同居荡口。及是，得睹余之三儿一女。余之长儿，先母所素爱，次儿仅见于乳抱中，此下一儿一女，先母未曾见。骤睹诸雏，悯抚有加，似不愿与诸雏遽相离。余遂择一荒园无人居者，留家苏州奉养。余亦变姓名，闭户不出，伴母一年。时先母年已七十六，尚能自下厨，治精膳为余夙所喜者，偕余两人同食。先母食量，与余相若，余每心喜。先母不复谈往事，日在园中以含哺弄孙为乐。翌年初秋，余又只身离母遄返后方，先母率诸孙自园送余至大门，可数百步之遥。余见先母步履颜色，意气谈吐，不虑有他。乃秋末，因园中多蚊，患疟疾。家中有医生相熟者两人，一即上海同济大学毕业之沈君，一女医更有名，为余至友须沛若之女，北平协和毕业。此两医礼敬先母备至，可一呼即来，临别亦以为恃。因先母高年，两医同意投金鸡纳霜求疟速止，不意引起四十年前胃疾，消化不良，终于翌年民三十阴历新年初五辞世。除余在成都，长孙在美国，六、八两弟及余兄弟四家诸媳诸孙，皆环侍在侧，同视殓葬。先母年七十六，余年四十七。

自念生平，于先父实无所知。其一二所知者，皆由先母先兄之称述中得之。即先兄所称述，亦强半得之于先母。余之于先母，及今追思，亦复相亲之日少，相疏之日多。先父之卒，余尚在小学，犹得晨夕与先母相亲。自十三岁之冬，进入中学，仅寒暑假在膝下。民元以还，教读在外，亦惟寒暑假获亲慈颜。民十九，苏州侍养仅半年，余即赴北平。民二十，侍养北平，得一年又半。最后抗战期间，又获于苏州耦园，陪侍先母一年，然从不敢陪先母出大门一步，亲朋亦绝无往来。综计自民国肇建以来，获与先母长年相聚，亦仅此三年而已。先母外和而内刚，其与人相处，施于人者必多，受于人者必少。即对其亲生子女，亦各皆然。常念古人以慈恩喻春晖，每于先母身边，获得深切之体会。即家中养一猫，养一鸡，先母对之，亦皆有一番恩意。自先母之卒，至今又逾三十三年以上。余之不肖，歉疚丛集。惟每一念及先母，其慈祥之气色，其周到之恩情，使余能歉疚渐消而重获新生。八十年来，非先母之精神护恃，又乌得有今日。及今追述，固不能当先母平日为人之万一，然亦何以竭此心所存之万一乎？亦窃愿掬此心以告当余世之同为孤儿者，庶能获此心之不孤，然亦何以报先父先母于地下。悠悠苍天，我悲何极。

此文写于梨山宾馆、武陵农场、天祥中国旅行社三处，凡经六日。又在花莲宿两宵，其第二宵晚九时许，即余七十九年前（清光绪乙未六月初九——西历一八九五年七月三十日）之生辰也。时为一九七四年暑。

　　余任教北大时，南游庐山之年，过汉口居先姊家。先姊嫁后无生育，偕其亡夫妾所育一幼女同居。及余留苏侍母之年，先姊携女再归省亲，一旬而别，实为余与先姊最后之一面。及一九四九年冬，余初至香港，闻先姊哀耗，时其女已成年，此后音讯遂断。两年前又闻六弟八弟均在大陆先后去世。则余之一家，父母所生育，亦仅存余一人而已。感慨何极。一九八二年又志。

師友雜憶

序

　　余八十初度，撰《忆双亲》一文。读者多劝余继述生平经历，以飨并世。余念自幼志学，老而无成，妄有自述，岂不腼颜。惟生平师友，自幼迄老，奖劝诱掖，使余犹幸能不虚度此生。此辈师友往事，常存心中，不能忘。今既相继溘世，余苟不加追述，恐其姓名都归澌灭，而余生命之重要部分，亦随以沦失不彰，良可惜也。惟余所欲追忆者乃远从七十年前开始。逃避赤祸来港台，亦已有三十年之久。古人以三十年为一世，以今思昔，皆已恍如隔世。而况忧患迭经，体况日衰，记忆锐退，一人名，一地名，平常自谓常在心中，但一临下笔，即渺不可寻。有时忽现脑际，未即写下，随又忘之，苦搜冥索，终不复来。而又无人可问。如写第一篇果育学校事，当前相识已无一人同历其事者。第二篇写常州府中学堂事，在台有一人，在港复有一人，年皆长于余，皆垂垂九十矣。余所思，未必即彼所知。此皆前清时代之事。下逮民初，亦复如是。故凡余所述，皆属一鳞片爪，而已费九牛二虎之力。但既到老不忘，则可确证其为余生命中之重要部分，务求叙述真实，亦属余对生命之自惜。纵属一鳞片爪，在余则弥自珍重。

而余之生命，在此时代，亦属可有可无。增余一人不为多，减余一人不为少。惟此七十年来，世风时态，骤转亟变。余所追忆亦可使前世风范犹有存留。读此杂忆者，苟以研寻中国现代社会史之目光视之，亦未尝不足添一客观之旁证。有心世道之君子，其或有所考镜。是则凡余之所杂忆，固不仅有关余一人之事而已。又余双目已不能见字，信笔所至，写成一字即不自睹，工拙更不可计。亦有心中极明白极清楚之事，不敢放笔。若以白话文写出，则更恐浪费纸张，浪费读者之光阴。故下笔力求其简，庶亦可告罪于万一耳。知我罪我，是在读者。

一九七八年春钱穆自识于台北士林外双溪之素书楼，时年八十有四。此序先成，全稿起笔于一九七七年冬，于一九八二年之双十节停笔，前后历五年。

一　果育学校

一

余七岁入私塾，十岁进新式小学，为无锡荡口镇之果育学校。余此书所述，亦自果育学校始。

果育学校由荡口镇华子才先生私人创办。学校分高初两级，各四年。余偕先兄声一先生，奉父命同往考。先兄入高级小学一年级，余入初级小学一年级。其时诸老师教文史者，初不太受人特别重视。因宿学硕儒，延揽尚易。教理化自然科学者，则不易聘。而体操唱歌先生亦甚难得。此皆所为开风气之先者。而果育学校之两位体操唱歌先生，则尤为一校乃及一镇之众望所归。

体操先生为余之同族伯圭先生，乃鸿声里人，游学于上海。后始闻其乃当时之革命党人。一日，揽余手，问余："闻汝能读《三国演义》，然否。"余答然。伯圭师谓："此等书可勿再读。此书一开首即云：'天下合久必分，分久必合，一治一乱'，此乃中国历史走上了错路，故有此态。若如今欧洲英法诸国，合了便不再分，治了便不再乱。我们此后正该学他们。"余此后读书，伯圭师此数言常在心中。中西文化孰得孰失，孰优孰劣，此一问题围困住近一百年来之全中国人，余之一生亦被困在此一问题内。而年方十龄，伯圭师即耳提面命，揭示此一问题，如巨雷轰顶，使余全心震撼。从此七十四年来，脑中所疑，心中所计，全属此一问题。余之用心，亦全在此一问题上。余之毕生从事学问，实皆伯圭师此一番话有以启之。

伯圭师随又告余，"汝知今天我们的皇帝不是中国人吗？"余骤闻，大惊讶，云："不知。"归，询之先父。先父云："师言是也。今天我们的皇帝是满洲人，我们则是汉人，你看街上店铺有满汉云云字样，即指此。"余自幼即抱民族观念，同情革命民主，亦由伯圭师启之。

二

唱歌先生华倩朔师，名振，初字树田，荡口镇人。尤为一校师生共仰之中心，其见重似尤过于伯圭师。

倩朔师曾游学于日本，美风姿，和易近人，喜诙谐，每以东方朔曼倩自拟，故改号倩朔。一日，召同班同学华端庆，告曰："汝每日写自己名字，不觉麻烦吗？今为汝减省笔划，易名'立心'。立心端，始可得庆，汝当记取。"一时群相传告。倩朔师好于诙谐中寓训诲，率类此。

师擅书法，亦能绘事，并能吟诗填词。惜余等皆童年，未能见其作品而读之。曾编唱歌教科书，由上海商务印书馆出版，其书畅销全国，历一二十年不衰。书中歌词，皆由师自撰。尤有名者，为其《西湖十景》歌，全国传诵。

而余则尤爱读其"秋夜"诸歌，歌题虽已忘，然确知其乃咏秋夜者。歌辞浅显，而描写真切，如在目前。民初以来，争务为白话新诗，然多乏诗味。又其白话必慕效西化，亦非真白话。较之倩朔师推陈出新，自抒机轴，异于当时相传之旧诗，而纯不失其为诗之变。果能相互比观，则自见其高下之所在耳。

倩朔师又兼任初级小学第一年之国文课，余亦在班从读。嗣升二年级，师亦随升。一日，出题曰"鹬蚌相争"。作文课常在周末星期六土曜日之下午。星期一月曜日之晨，余初入校门，即见余上星期六所为文已贴教室外墙上，诸同学围观。余文约得四百字，师评云："此故事本在战国时，苏代以此讽喻东方诸国。惟教科书中未言明出处。今该生即能以战国事作比，可谓妙得题旨。"又篇末余结语云："若鹬不啄蚌，蚌亦不钳鹬。故罪在鹬，而不在蚌。"倩朔师评云："结语尤如老吏断狱。"余因此文遂得升一级上课。倩朔师并奖余《太平天国野史》一部两册，乃当时春冰室主人所撰。余生平爱读史书，竟体自首至尾通读者，此书其首也。

升级后，国文老师改为华山先生。余撰一文，已忘其题，又得续升一级。华山师赏余一书，书名《修学篇》，上海广智书局出版，乃蒋方震百里译日本人著作。书中网罗西欧英法诸邦不经学校自修苦学而卒为名学者数十人，一一记述其苦学之情况。余自中学毕业后，未入大学，而有志苦学不倦，则受此书之影响为大。余知慕蒋百里其人，亦始此。

三

自余升入高级班，国文老师转为由无锡县城聘来之顾师子重。顾师学通新旧，尤得学生推敬。师又精历史舆地之学，在讲堂上喜讲三国两晋，于桓温王猛常娓娓道之，使听者想见其为人。师之舆地学兼通中外，时发精辟之论。时上海有童世亨以地理学大师名，同学谓顾师之地理学尤过之。余中年后，治学喜史地，盖由顾师导其源。

果育学校乃假华氏一祠堂屋，有一大厅，四壁楹柱，皆遍悬联语。右边侧房为乐在斋，诸师长退课皆聚于此。乐在斋北左侧开一门，通大厅之后轩，广长舒适。朝北长窗落地，窗外杂莳花木，有假山，有小池，俨然一小园，幽蒨怡人。轩左向南为大厅之左侧房，顾师卧室在焉。校中诸师皆住镇上，独顾师由县城中来，乃宿校中。每日下午四时课毕，诸师皆散，顾师一人在后轩，一长方桌，酒一瓶，花生熏鱼等数小碟，手书一卷，随酌随阅。诸同学喜自乐在斋进后轩，围师座，有所请益。师不拒。

某日，乃寒假后顾师新到校，桌上一书，大字木刻。诸同学疑是何古籍，就而视之，乃施耐庵之《水浒传》。诸同学问，此系一闲书，何来此大字木刻之像样书品。师言，《水浒传》乃中国一文学钜构，诸生何得以闲书视之。诸同学因言，校中有幼年学生钱某，勤读《水浒传》，每清晨上课前，诸同学每环听其讲述，先生肯命其前来一加询问否？师颔首。同学中两人出外觅余，偕入。顾师问："汝能读《水浒》否？"余答"能"。顾师随问《水浒传》中数事，余皆应对无滞。师言："汝读《水浒》，只看大字，不看小字，故所知仅如此。"余闻言大惊，何以先生能知余之隐私。自此返而重读，自首迄尾一字不敢遗。乃知小字皆金圣叹批语，细读不忍释手。一遍又一遍，全书反覆几六七过，竟体烂熟。此后读其他小说，皆谓远逊，不再读。余自幼喜读小说之积习，自此霍然除去。遂改看翻译本西洋小说。首得《天方夜谭》，次及林琴南所译，皆自顾师一语发之。余亦自此常入后轩，长侍顾师之左右。

一日，某同学问，钱某近作一文，开首即用"呜呼"二字，而师倍加称赏，何也？顾师言："汝何善忘，欧阳修《新五代史》诸序论，不皆以呜呼二字开始乎？"诸同学因向余揶揄言："汝作文乃能学欧阳修。"顾师庄语曰："汝等莫轻作戏谑，此生他日有进，当能学韩愈。"余骤闻震撼，自此遂心存韩愈其人。入中学后，一意诵《韩集》。余之正式知有学问，自顾师此一语始。惜余升高三时，顾师已离校他往，不克多闻其训诲。

时国文老师除顾师外，尚有瞿、冯两师，皆年老，曾为校主华家私塾师，皆名宿。瞿师讲《左传》，对书中每一人之家属长幼，及母妻戚族，随口指名，如数家珍。同学皆惊讶。后余读书多，及顾栋高《春秋大事表》，因知往日瞿师言，乃由此书来。

四

余在果育，尚有一老师终生难忘，乃倩朔师之仲弟紫翔师名龙。倩朔师三兄弟，同居镇上之黄石弄。两弟皆在外，寒暑假始归。紫翔师在苏州某中学教英文。余入高三时，暑假紫翔师返镇，就其宅开一暑期讲习班，专教果育高级班。授中国各体古文，起自《尚书》，下迄晚清曾国藩，经、史、子、集，无所不包。皆取各时代名作，一时代不过数人，每一人只限一篇。全一暑期，约得三十篇上下。犹忆授《史记·孟子荀卿列传》后，令诸生课外作读后一文。余所作深获紫翔师赞赏。下星期一晨，诸生进入华宅，此文已悬贴壁上。然余今已不记在此文中曾作何语。华家太师母及三位师母皆围余倍加慰问，抚余肩，拉余手，摸余头，忽在余头上发中捉得一虱。此事乃使余羞涩俯首，终生难忘。

是夏暑氛甚炽，紫翔师忽得眼疾，架深蓝色眼镜，在讲堂侧一空室中，连三方桌拼成一长桌，紫翔师一手持一长黄烟管，一手摸此长桌边绕行。逮上课，乃转来讲堂。所讲课文殆半出记诵。余最爱听魏晋南北朝诸小篇，如王粲《登楼赋》，鲍照《芜城赋》，江淹《别赋》，及邱迟《与陈伯之书》等篇。此后余诵古文，不分骈散，尤爱清代如洪亮吉、汪容甫等诸小篇，皆植根于此。紫翔师于韩愈文，独选《伯夷颂》一短篇。余后来精读韩文，于此篇更深有体会，受益匪浅。其后所学有进，乃逐渐领悟到当年紫翔师所授，虽若仅选几篇文章而止，而即就其所选，亦可进窥其所学所志之所在矣。

使余尤难忘者，紫翔师又选授南宋朱子之《大学章句序》，及明代王阳明之《拔本塞源》之论。此后始知《拔本塞源》之论，乃阳明《答顾东桥书》之后幅，入阳明《传习录》中卷。余此后由治文学转入理学，极少存文学与理学之门户分别。治王学乃特从《拔本塞源》之论得有领悟。又其后乃知阳明《拔本塞源》之论，亦从朱子《大学章句序》转来，则已在余之晚境矣。

紫翔师最后所选授者，为曾涤生之《原才篇》。开首即云："风俗之厚薄奚自乎？自乎一二人之心之所向而已。"余至晚年始深知人才原于风俗，而风俗可起于一己之心向。则亦皆是紫翔师在余童年之启迪，有以发之也。

民初余在乡村小学教书，益念及当年紫翔师暑期讲习班所授，几若为中国文学史中所谓"古文学"一部分示例，较之姚选《古文辞类纂》，曾选《经史百家杂钞》，及《古文四象》等书，皆别辟蹊径，别出心裁，并有"超象外得环中"之深义。余曾有意模仿，作"中国历代古今文钞"一编，写有篇目。其时紫翔师尚在苏州，余曾有书请益，紫翔师亦曾作复。惜今其稿无存，而紫翔师所指示亦已忘之。

此后余每治一项学问，每喜从其历史演变上着眼，而寻究其渊源宗旨所在，则亦从紫翔师此一暑期讲习班上所获入也。

五

余与先兄同入果育学校，班次本有三年之隔，及余两度躐等升级，与先兄仅隔一年。清光绪末年，[①]先兄在四年班，余在三年班。是年有常州府中学堂创始，果育四年级同学八名全体报名应考，伯圭师倩朔师亦命余附随报名，同往应试。归后旬日，得无锡县署寄来果育录取生名单，高四全班八同学皆录取，惟余一人名不预。是夜，余拥被大哭。翌日，学校课毕即返，取架上先兄所购书逐册埋头苦读，志欲倍加勤奋，期有以雪此耻。一书忘其名，皆选现代名家作品，始读及梁启超之文。

又隔旬日，先兄已治行装，明晨将偕七同学结队出发。是夕，过九时，先慈与两弟皆已睡，先兄与余亦正离书室将去卧房，忽闻扣门声甚急，启视，乃伯圭师。入门，抚余首曰："汝亦录取，今晚始得县署补告。"嘱先兄："今夜即速为汝弟整理衣物，明晨可随众行。至床上枕被铺盖，我已代为筹措，明晨当径送船上，勿再操心。"盖伯圭师知余家贫，仓促间不易办此一大事也。

翌晨，上船，校主华子才老先生由县城中特派其一碾米厂总管华叔勤先生来镇督队同行，已先在。余此晨大

---

① 原编者案：据《常州府中学创办十年大事述略》，该校创办于光绪三十三年。

兴奋，特在船上畅述新读一"名学"书，详论"演绎归纳法"。并言，"凡人皆有死"，因指诸同学，"汝曹皆是人，皆当有死。此乃西洋名学家言，汝曹何辞以答"。叔勤先生在旁聆听，大为激赏。谓汝年幼，已能谈西洋思想，他年必可有大前途，慎自勉之。后余毕业中学，重返果育旧校教书，叔勤先生特自城送其两子来从学，亦事隔六七年之久矣。

余等到县城，住校主碾米厂中，晚饭晨餐，皆余十三岁来有生未尝之珍品也。时沪宁铁路火车初通，余等九人中，惟两人获许乘火车先往，余七人仍坐船，由叔勤先生督队行。

六

以上是为余在果育小学四年之经过。回忆在七十年前，离县城四十里外小市镇上之一小学校中，能网罗如许良师，皆于旧学有深厚基础，于新学能接受融会。此诚一历史文化行将转变之大时代，惜乎后起者未能趁此机运，善为倡导，虽亦掀翻天地，震动一世，而卒未得大道之所当归。祸乱相寻，人才日趋凋零，今欲在一乡村再求如此一学校，恐渺茫不可复得矣。近人必谓，现代中国社会人文，自知西化，已日渐进步。如上举，岂亦足为社会人文进步之一例乎！恐此七十年来之学术界，亦不能不负其一部分之责任也。言念及此，岂胜怅然。

又荡口虽系远离县城四十里外一小镇，其时居民之生活水准知识程度亦不低。然其对果育诸师长皆备加敬礼。不仅有子弟在学校之家庭为然，即全镇人莫不然。因其时科举初废，学校初兴，旧俗对私塾老师皆知敬礼，今谓新学校尤高过旧私塾，故对诸师敬礼特有加。倩朔师在最后一年，亦赴苏州城一中学兼课，每周往返。当其归舟在镇南端新桥进口，到黄石弄停泊，几驶过全镇。是日下午四五时，镇人沿岸观视，俨如神仙之自天而降。其相重视有如此。国人率谓工商社会必胜过农业社会，然今日农村及僻远小市镇之小学教师姑不论，即在商业都市中，小学教师能遭此异遇者有几？宜乎位为小学教师者皆自菲薄，不安于位，求去如弗及也。

余六七年后，返果育旧校当教师。余七岁时，家中特自荡口聘往七房桥之私塾开荒老师尚在镇上，每于学校旁一小桥上遇之，余对之行礼，此老师必侧面躲避如不见。其时，则私塾老师地位已远更落后，大不如新学校中当师长者之出色当行。今日则学校教师又见落伍，世态炎凉，亦岂得作文化进退之尺度乎！

先兄声一先生最后迁居黄石弄，即倩朔师住宅之前座。不幸在此逝世。余随先慈留住。时倩朔师远从滇南归来，在南京某学校任教。假期中归荡口，旧时师生又见面。民国二十六年，日寇入侵，时倩朔师尚在，犹不忘日语。日本军官中多有能欣赏中国字画诗词者，皆于倩朔师特致敬礼。荡口镇赖获保全，不肆残杀，亦少破坏。镇人称颂倩朔师不置。

二 常州府中学堂

附 私立南京锺英中学

一

余十三岁入常州府中学堂，时为清光绪三十三年之冬季。中学新生共分三班，入学未一周，宿舍才定，校中即出布告，许诸生自量学力，报考二年级。中学部果育高四级同学七人，全体报名应考，亦嘱余参加报名，幸皆录取。在校未及两月，即放寒假。明年起，余十四、十五、十六，三年，皆在府中学堂，凡三年又三月。记忆最深者，为监督屠孝宽元博师。师武进人。监督即犹今称之校长。

先兄声一先生与余同入府中学堂，惟先兄入师范班。中学生年龄都在二十左右，师范班生皆中年人，在三十至四十之间。有一人，居家拥孙为祖父，则恐已年过五十矣。先兄年仅十九，未到二十岁，同班中最年幼者皆当长先兄四五岁以上。每班设一班长，而学校命先兄为师范班之班长，同班年长者多不服。春假开学，言之监督，请易人。元博师劝喻再四，仍坚请。元博师言，余未遍询全校意见，不得偏徇汝等意见。抑师范生、中学生同在一校，本属一体，我亦得询之他们。遂召开全体大会。中学二年级班长杨权，乃无锡同乡，其人美风姿，面白皙，而两眉甚浓，擅辞令，长演说，起立侃侃发言，达半小时。大意谓，中学、师范同在一校，事事皆待接触商洽。而双方年龄相差，不免有扞格。惟师范班长钱某，与中学生年相伯仲，其人通情达理，平易近人，和蔼可亲，不失为师范班、中学班沟通意见一桥梁，请勿易。杨权辞毕，举座默然，即师范班亦无人起立表示反对，遂散会。先兄仍任班长如故。

一日，元博师特召先兄至监督室，诘以"汝对中英文数理化各科皆获同等基础，宜可深造，为何投考师范班"？先兄告以"幼孤家贫，堂上有母，我兄弟两人同来入学，尚有两幼弟在家，考师范可省缴学费，又一年即毕业，可早谋职业，奉养寡母，扶掖两幼弟"。元博师大加奖许，即命派先兄为学校理化室助理员。谓"可不化许多精力，稍济汝之穷窘"。

逮毕业前，元博师已为先兄介绍在府城中一高级小学任教。先兄缓辞，谓不愿远离寡母在外任职。又钱氏聚族而居，族中学龄幼童可得数十人，归后当商请族中长老斥资创建一小学，即在校任教，以承先父致力乡里宗族之遗志。元博师闻言，称许有加。其对先兄之加意培植，即此可见。

时余童稚无知，元博师尤加爱护。犹忆初应入学试，有一人前来巡视。方考国文课，余交卷，此人略一阅看，抚余肩，谓此儿当可取。初不知为何人，后入学，乃知即元博师也。

时学校规定，每学年试皆发证书，具列本学年各课程，及各任科诸师之姓名，并记各科考试所得分数，由任课教师加盖图章，乃由监督署名分发，其事极郑重。是年考图画科，分临画、默画两项，默画题"知更鸟"，一树枝，三鸟同栖，教本中有此图。余伸笔作一长条表示为树枝，长条上画三圈表示为三鸟，每圈上部各加两墨点表示为每一鸟之双目。所点皆浓墨，既圆且大。同学见余所缴卷，课后大加戏谑，谓余所画此圆而大之双目，极似图画科杨老师。课室外语，为杨老师所闻，极激怒。余之图画科分数遂得零下二厘，尚不到一分。惟学校规定各科平均须满六十分，才得升级。任何一科分数不足四十分，亦留级。越数日，元博师召余至监督室，戒余每科须平均发展，不得于任一科轻忽。告余今年考试图画科得分太低，已商诸师长，可将其他各科得分多者酌减移补。命余立即去杨老师处请罪，求恕。余因言，"图画科考试不及格罪有应得，监督爱护之意更所感激，惟平日对国文历史两课尚知用心，不愿将此两课所得分数减低。"元博师面作嗔色，谓："小孩无知，可速往杨老师处，勿再多言。"余往见杨师，彼已因监督面商，不加斥责。及新证书发下，国文历史两科分数果未改动。是可见元博师对余爱护之诚心矣。其他类此事尚多，不备述。

元博师兄弟四人，师居长，太老师屠寄敬山先生，乃当代史学泰斗，著有《蒙兀儿史记》一书，书未成，而名满中外。其时已退休居家。某一日，已忘以何因缘，得偕三数同学进入元博师之住宅，又得进入太老师敬山先生之书斋。四壁图书，临窗一长桌，桌上放数帙书，皆装潢钜制。坐椅前有一书，已开帙，似太老师正在阅读。就视，乃唐代《李义山诗集》，字大悦目，而眉端行间朱笔小楷批注几满，字字工整，一笔不苟。精美庄严，未曾前见。尚有碎纸批注，放在每页夹缝中，似临时增入。书旁有五色砚台，有五色笔，架在一笔架上，似临时尚在添写。余一时呆立凝视，但不敢用手触摸。因念敬山太老师乃一史学钜宿，不知其尚精研文学，又不知其已值晚年，而用力精勤不息有如此。此真一老成人之具体典型，活现在余之目前，鼓动余此后向学之心，可谓无法计量。较之余在小学时，获亲睹顾子重、华紫翔诸师之日常生活者，又另是一境界。惜其时年幼，不敢面请元博师给以亲瞻敬山太老师一面之机缘，则仍是当时一憾事。

二

除监督元博师外，当时常州府中学堂诸师长尤为余毕生难忘者，有吕思勉诚之师。亦常州人。任历史地理两课。闻诚之师曾亲受业于敬山太老师之门。诚之师长于余可十二岁，则初来任教当是二十五岁，在诸师中最为年轻。诚之师不修边幅，上堂后，尽在讲台上来往行走，口中娓娓不断，但绝无一言半句闲言旁语羼入，而时有鸿议创论。同学争相推敬。其上地理课，必带一上海商务印书馆所印

《中国大地图》。先将各页拆开，讲一省，择取一图。先在附带一小黑板上画一十字形，然后绘此一省之四至界线，说明此一省之位置。再在界内绘山脉，次及河流湖泽。说明山水自然地理后，再加注都市城镇关卡及交通道路等。一省讲完，小黑板上所绘地图，五色粉笔缤纷皆是。听者如身历其境，永不忘怀。

一次考试，出四题，每题当各得二十五分为满分。余一时尤爱其第三题有关吉林省长白山地势军情者。乃首答此题，下笔不能休。不意考试时间已过，不得不交卷。如是乃仅答一题。诚之师在其室中阅卷，有数同学窗外偷看，余不与，而诚之师亦未觉窗外有人。适逢余之一卷，诚之师阅毕，乃在卷后加批。此等考卷本不发回，只须批分数，不须加批语。乃诚之师批语，一纸加一纸，竟无休止。手握一铅笔，写久须再削。诚之师为省事，用小刀将铅笔劈开成两半，俾中间铅条可随手抽出，不断快写。铅条又易淡，写不出颜色来，诚之师乃在桌上一茶杯中蘸水书之。所书纸遇湿而破，诚之师无法黏贴，乃以手拍纸，使伏贴如全纸，仍书不辍。不知其批语曾写几纸，亦不知其所批何语。而余此卷只答一题，亦竟得七十五分。只此一事，亦可想象诚之师之为人，及其日常生活之一斑。

后诚之师已成名，余获与通信，曾为经学上今古文之问题，书问往返长函几达十数次。各累数万字，惜未留底，今亦不记其所言之详。惟忆诚之师谨守其乡前辈常州派今文学家之绪论，而余则多方加以质疑问难。诚之师最后一书，临了谓"君学可比朱子，余则如象山，尽可有此异同"。余不知此系诚之师之谦辞，抑更别有所指。惜后再见面，未将此问题细问，今亦终不悟当时诚之师此语是何意义也。

余之重见诚之师，乃在民国二十九年，上距离去常州府中学堂，适已三十年一世之隔矣。是年，余《国史大纲》初完稿，为防空袭，急欲付印。乃自昆明赴香港，商之商务印书馆，王云五馆长允即付印，惟须交上海印刷厂付印。余曰大佳，光华大学有吕思勉教授，此稿最后校样须由彼过目。云五亦允办。余又赴沪，亲谒诚之师于其法租界之寓邸。面陈《国史大纲》方完稿，即付印，恐多错误，盼师作最后一校，其时余当已离去，遇错误，请径改定。师亦允之。后遇曲折，此稿越半年始付印。时余亦蛰居苏州，未去后方。一日赴沪，诚之师告余，商务送稿，日必百页上下，催速校，翌晨即来取，无法细诵，只改错字。诚之师盛赞余书中"论南北经济"一节。又谓："书中叙魏晋'屯田'以下，迄唐之'租庸调'，其间演变，古今治史者，无一人详道其所以然。此书所论，诚千载只眼也。"此语距今亦逾三十年，乃更无他人语余及此。我师特加赏识之恩，曷可忘。

余是年居苏州奉母，每隔一两月必去沪。去沪必谒诚之师。师寓不甚宽，一厅容三桌。师一子，弱冠夭折，最为师伤心事。一女毕业光华大学，时方习绘事。近窗右侧一长方桌，师凭以写作。左侧一长方桌较小，师妹凭之临古画。一方桌居中央，刀砧碗碟，师母凭之整理菜肴。余至，坐师桌旁，或移两椅至窗外方廊中坐。或留膳，必长谈半日或竟日，历三四日始归。诚之师必留每日报纸，为余寓苏不易见者，一大束，或用朱笔标出其要点。见面即语余别后大事变经过之要略。由余返旅馆，再读其所留之报纸。一年中，如是相晤，可得六七次。

民三十年夏，余由苏州重返后方。抗战胜利后，再返苏州，在无锡江南大学任职，曾赴常州，谒诚之师。师领余去访常州府中学堂旧址，民国后改为常州第五中学。门墙依稀如旧，校中建筑全非。师一一指示，此为旧日何处，均难想象。临时邀集学生在校者逾百人，集旷场，诚之师命余作一番演讲。余告诸生："此学校四十年前一老师长，带领其四十年前一老学生，命其在此讲演。房屋建筑物质方面已大变，而人事方面，四十年前一对老师生，则情绪如昨，照样在诸君之目前。此诚在学校历史上一稀遭难遇之盛事。今日此一四十年前老学生之讲辞，乃求不啻如其四十年前老师长之口中吐出。今日余之讲辞，深望在场四十年后之新学生记取，亦渴望在旁四十年前之老师长教正。学校百年树人，其精神即在此。"诚之师又带余至街坊品尝四十年来之老食品，如常州麻糕之类。至今又已三十年，回忆尚在目前也。

余又屡去其沪上之寓所。抗战时开明书店曾邀余作"国史长编"，余介绍之于诚之师，得其允诺。已有分编成书。乃诚之师案上空无一物，四壁亦不见书本，书本尽藏于其室内上层四围所架之长木板上，因室小无可容也。及师偶翻书桌之抽屉，乃知一书桌两边八个抽屉尽藏卡片。遇师动笔，其材料皆取之卡片，其精勤如此。所惜者，其长编亦写至唐代而止，为师最后之绝笔。

最后一次与师晤面，在民国三十八年之春假期间。余离无锡往广州，谒师于其沪上之新寓址。适师在中膳，尚能吃米饭一大碗，非普通之饭碗，乃盛汤肴之碗，大普通饭碗一倍。师言往日进两碗，今仅可一碗。余观其颜色食量，意他日归，当可再晤。及共军进沪，各大学皆呈报驻校办事代表之姓名。光华大学报上，问代表中何无吕思勉名字。诚之师数十年在大学任课，从未预闻行政。光华同人无奈，列诚之师姓名为代表中之首席第一人。余在粤闻之，遥想师情，抑郁可知。乃不久，闻噩耗。思念种切，何堪追溯。

三

尚有数学科临时来代课一徐先生忘其名。乃当时府城中负盛名之旧数学家。有一妹，兄不娶，妹不嫁，同有才子名，亦得怪人称。同学呼为"徐疯子"。余初谓其名字常在胸臆间，乃不谓今日临下笔亦已忘之，苦忆不获，曾函询旅港之老同学费子彬，来函相告，未即补入。顷子彬已逝世，此函遍检不得，姑仍称徐先生。[1] 吕诚之师曾从

---

[1] 原编者案：据江苏省立五中杂志六期刊载前常州中学教职员表，数学代课徐老师名异字点撰。

学，自加减乘除迄小代数二次方，仅一星期而毕。

先生为人，落拓不羁。首次上讲堂，身穿深红色长袍，口中衔酥糖半块，糖屑溢两唇，手掌中尚留酥糖半块。然诸同学震其名，一堂静默，恭敬有加。先生在堂上不多发言，而时出狂笑声。

一同学练习课本上一题，未知演法，上讲台问。先生狂笑曰："此易耳，得数当系何。"竟不告此同学以演法。此同学苦演始获解，然最终得数亦竟如先生言。

一日，逢月考，先生在黑板上出四题，诸同学皆瞠然不知所答。一题为$1-\frac{1}{2}$，$-\frac{1}{2}$，$-\frac{1}{2}$，$-\frac{1}{2}$……。余意此即《庄子》"一尺之棰，日取其半，万世不竭也"。因以 0.……1 为答，幸得之。余三题皆类此，恨不复忆。一同学亦答中其中之一题。全班惟余两人各中一题，各得七十五分。余皆全不中，各得六十分。先生笑曰："聊以试诸生之聪明耳。答不中，尽无妨。"

先生上课不久，诸同学愈益加敬。闻先生将去职，乞留。先生曰："汝辈旧老师当来，我特应急耳。"因笑曰："傥使他拜我门下，亦与诸君同学，我亦不留。"

先生最后一堂课，手持书八本，乃先生自著书。告诸生，我尝从学于无锡荡口镇之华蘅芳、华世芳两先生，今班上有荡口镇同学八人，当各赠我所著书一部以为纪念。先生即下讲台，首以一本给余，余坐讲堂之第一位，其余皆在后座，先生一一走就其座授之。先生平日似乎高瞻远瞩，双目在云汉间，俗情世事，全不在眼。乃不意其知班上有从荡口镇来者八人，余七人皆姓华，独余不姓华，亦从荡口镇来。又各知其坐位。此诚先生怪中之尤可怪者耶。课后，余读其书，茫然不解，今已不记其书名。后学几何，大喜之，然于数学终未入门。亦不知先生书今日尚有人领会否。然先生为人风格特具，终使余不能忘也。

四

又余班上国文先生为童斐伯章老师。宜兴人。庄严持重，步履不苟，同学以"道学先生"称之。而上堂则俨若两人，善诙谐，多滑稽，又兼动作，如说滩黄，如演文明戏。一日，讲《史记·刺客列传》荆轲刺秦王。先挟一大地图上讲台，讲至"图穷而匕首见"一语，师在讲台上翻开地图，逐页翻下，图穷，赫然果有一小刀，师取掷之，远达课堂对面一端之墙上，刀锋直入，不落地。师遂绕讲台速走，效追秦王状。

学校课余特设游艺班，分为多组，令诸生自由选择。余家七房桥有世袭乐户丁家班，专为族中喜庆宴会唱昆曲助兴。余自幼即知爱好，遂选修昆曲组，由伯章师教导。笛、笙、箫、唢呐、三弦、二胡、鼓、板诸乐器，生、旦、净、丑诸角色，伯章师皆能一一分授。余习生角，唱《长生殿》剧中之郭子仪，心情神态颇能领会，遇公开演奏幸亦称职。余学昆曲，较之学校中其他正式课程更用心，更乐学。余升四年级之上学期，一日，忽嗓音骤哑，不能唱，班中骤无替人，伯章师屡加勉强终无效。班上吹笛有人，余上班，乃以吹箫自遣。自后遂好吹箫。遇孤寂，辄以箫自遣，其声乌乌然，如别有一境，离躯壳游霄壤间。年逾七十，此好尚存，实为余生平一大乐事，则乃伯章师当年之所赐也。

余自嗜昆曲，移好平剧，兼好各处地方戏，如河南梆子、苏州滩黄、绍兴戏、凤阳花鼓、大鼓书——兼好。年少时学古文，中年后古文不时髦，闲谈及之，每遭耻笑，乃欲以所了解于中国文学之心情来改治戏剧。拟于抗战胜利后，观赏当代名家平剧百出，为之发挥，著为一书，藉以宣扬中国文学传统部分之内蕴。大陆变色，亦失去机会。伯章师为余启此机，而余终未能遂此业，思及每为怃然。

五

时学校行政首长监督下有舍监，如此后之训导长。首任舍监为刘伯琮师，为人大体与元博师相似。有一弟，名伯能，在校为体操科老师。时体操课学步德日，一以练习兵操为主。伯能师在操场呼立正，即曰："须白刃交于前，泰山崩于后，亦凛然不动，始得为立正。"遇烈日强风或阵雨，即曰："汝辈非糖人，何怕日；非纸人，何怕风；非泥人，何怕雨。怕这怕那，何时能立。"后余亦在小学教体操课，每引伯能师言。久知此乃人生立身大训也。伯能师坦爽直率，平日遇同学一如朋友兄弟，绝不有师生界线，学生亦乐从之游。

越一年，来新舍监陈士辛师，风度气象，显与元博伯琮师判然两型。元博伯琮师宽宏广大，有教育家兼政治家规范。士辛师则刻削律切，兀岸自守，多封闭，少开展，终日不见笑容，亦少言辞。出布告，亦绝不着一言半句虚文浮语，只是命令，无训诲。只有禁止，无启导。时同学风气，颇知敬学尊师，奋发上进，较之近年学生似多富成年气息。惟染以前私塾积习，好顽皮恶作剧。每于不犯法中行非法事，外守法，而内喜玩法。重课业，蔑视规则，乃其时通病。士辛师如影随形，监视追踪不倦。同学或集团或单独行动，能稍示反抗，即群传以为嘉话，亦引以为荣。于是无大风潮，而时有小嚣张。士辛师乃成为全校一中心人物，亦即一反抗对象。士辛师疾恶之心胜于扬善，乃益严加压抑。时群传士辛师乃一革命党人，然亦仅增同学间畏惧心，非崇敬心。

士辛师持身节俭，绝不穿丝绸缎匹有颜色花纹之衣服。入冬不棉不皮，惟一布夹袍。天气加冷，添一呢夹袍。此呢、布两夹袍，历三年不换。然闻其寝室侍役言，士辛师临睡，脱两袜必掷床下，翌晨不再穿，亦不加洗涤。经旬日，弃袜满床下地上，即命侍役取去，更不顾视。同学皆莫明其所以。自余为乡村教师，亦曾一时慕效士辛师，只穿夹袍过冬，终经先慈先兄之劝而止。又双袜每晨必换，但旧袜经洗涤再穿，经年复用。殆以士辛师在前清时，穿布袜，不穿洋袜，故不愿加洗涤之功耶。

其时上课必先排队。同学间多好抽烟，或有口衔烟蒂到课堂始弃者。一日，舍监室出示，烟蒂不得带上讲堂。诸生乃集议，排班时凡抽烟同学必燃一烟在嘴上，班长叫开步走，始掷地下。待士辛师前来查视，可见群烟蒂余烬未熄，烟气冉冉上升，亦如排班然。同学间乃私以为喜。

余年幼无知，乃亦慕效此等行为。时每夜有自修课两小时，课毕乃开放寝室，定时熄灯，即不许作声。士辛师必手持小电筒来寝室巡视。一夕，余与一同学各在帐内对床互语，士辛师来，云："爱语者可至舍监室与我语。"余遂披衣潜起，尾随下楼。士辛师初不觉，走近舍监室有电灯光始觉之。回视见余，问为何下楼。余答："从师训来谈话。"师屡斥速去睡，速去睡。此后余遂为士辛师一特别注目人，年终操行分数得二十五分。同班又一人，下一级又两人，各得二十五分，合一百分。其余三人皆在同学间有美誉，余亦无恶名，同学遂更相传，引为四人荣。

时全校皆寄宿生，家在城中者，周末得离校。一日，舍监室又出示，周末须告假，乃得离校。时低余两级有一同学名瞿双，因其发顶有两结故名。后易名霜，遂字秋白。其人矮小文弱，而以聪慧得群誉。周末晚餐后，瞿双独自一人直入舍监室，室内壁上有一木板，悬家在城中诸生之名牌。瞿双一人肩之出室，大声言，"今晚全体告假"。户外数十人呼哗为助。士辛师一人在室，竟无奈何。遂大群出至门房，放下此木板，扬长离校。瞿双星期一返校，是否特有训诫，则未之知。瞿双以家贫，未在府中学堂毕业。

民国后进北平俄文专修馆，可免费，乃留学俄国。后为共产党党魁。

士辛师教修身课，每周仅一小时。上堂屡言，"士尚行，不尚言。朴呐不语非即小人，多语擅文非即君子。"一日，月考。同学遂集议，每答一题，不得超二十字，答语不得修辞费时，限三十分钟内皆须缴卷。余坐教室前排第一位，士辛师黑板上写出四题才毕，余亦随而缴卷。诸同学络续缴卷，鱼贯出教室，返自修室，群聚哄笑。有两人被旁坐告发，答一题逾两行，群议罚。时学校午膳前一小时有小食品摊，由两人买蒸馒头两笼，热气熏蒸而上，诸同学方围蒸笼争啖，而士辛师随至，果见有此异动，然亦无法斥责，乃悻悻然而去。其他不断出事，率类此。

六

当余班四年级年终大考前，全级集议，欲于明年课程求学校有所改动。主要如减去修身科，增希腊文科等。公推代表五人，余亦预也。晋谒监督。元博师言，课程规定乃学校事，诸生意见可供参考。五代表求元博师明确答复。元博师问余："闻汝读英文科不用心，何以又要增读希腊文。"余答："此乃全班同学公意，非余一人意。"元博师又问："修身课每周仅一小时，何以要减去。"诸代表述士辛师上堂语，谓修身不由语言传受。然卒不得结论。进退三数，不蒙允许。诸生遂议由五代表上全班退学书，以为要挟。元博师告五代表，退学乃学生各别个人事，集体退学，不在学校规则内。诸生遂又集议，全级排班见监督，逐一填写申请退学书。元博师接见于一大会议室内，面加训诲，历一小时。余排队为全班第一人，离元博师座位最远，大声言："监督训辞已一一听过，请发退学书由各生填写。"元博师乃桌上揭取一纸命余填。余填后，元博师略视余所填，谓不合式，不获请。时同学已多意动，告余当退后再议。余忽一时愤慨，大声请监督告以当何等式样填写。时诸同学皆在窃窃私言，元博师乃告余应如何填。余填讫，退一旁，由第二同学填，第二同学遂不填，整队退出。明日即大考，或言且先应考再议，众不复语。而余则退学书已上，既不得与考，又不敢一人离校独自回家，遂移居疗养室。

疗养室中仅一人，为同班同学许君，亦扶病应考。余偶于其枕下得一书，乃谭嗣同《仁学》。取阅大喜，全忘退学事。竟日阅未毕，临晚移步室外小院中读之。夜寐，屡思书中言，世界人类发分四型，一全留加冠，乃中国型。全剃空头，乃印度型。剪短，乃西方型。剪前额，其余留后，垂如一豚尾，乃满洲人型。余晨起，乃一人赴理发室，命理发师剪去长辫，大得意，一人独自欢乐。大考既毕，随果育诸同学归。或言汝脑后无辫，乘坐火车，或遭警察盘问，有革命党嫌疑。众乃劝余将所留长辫仍缝帽上戴之，勿惹人注意。余遂得随众归。翌年，辛亥革命，人人皆不留长辫，而余则已先一年去之。

既归，先兄已先得元博师函，知余退学事。元博师嘱先兄婉劝余明年请求复学。后又得元博师书，嘱先兄命余转学南京锺英中学。后，同学告以士辛师反对元博师所提议允余请求复学之事，谓如此将何以再管此学校。而当时五年级毕业班又例不许转学。元博师乃代为申请私立锺英中学。其对余加意护惜有如此。

七

上年冬，余虽未经常州府中学堂四年级之年终考试，以元博师之介绍，翌年春遂得转入锺英中学五年级肄业，到校赫然遇见常州中学同班同学张寿崐亦在校。寿崐乃为与余同得操行分数二十五分之一人，亦同为去年五代表之一。盖于应大考后，亦请退学。其家乃常州城外奔牛镇一豪家，其父与元博师有旧，故元博师亦为介绍来校。但余两人见面，寿崐绝口不谈去年自请退学事。其时同学间意气相负有如此。

余在锺英之前半年，最受刺戟者，乃是清晨薄暮环城四起之军号胡笳声，以及腰佩刺刀街上迈步之陆军中学生。使余油然引起了一番从军热。最所希望乃能出山海关，到东三省，与日本俄国兵对垒，那是一件何等痛快之事。余虽未偿所愿，但亦因此学会了骑马。每逢星期天上午，三几个同学，在锺英附近一马厩租了几匹马，出城直赴雨花台古战场，俯仰凭吊，半日而返，成为余每星期最主要之一门功课。一日，畅游兴尽，各自上骑回程，余才知今日所乘真是一匹头号之劣马。费尽工夫，跨不上马背。好容易跨上，鞭着踢着，尽不动。正无奈间，路旁一军人见余如此，走近前，一手牵缰绳前行，不几步停下，把马头左右摇晃几下，猛然重重一掌打在马面上，一手将缰绳放了，那马奋迅直前，奔逸绝尘而驰。余幸未被摔下，但亦不知如何控制，只得任其奔跑。正惊魂未定之际，已见马进了城。满街熙攘，余又恐其撞倒行人，但仍无从驾驭，此马奔跑如故。蓦然间，神志醒来，乃见马厩矮门已近在路边。余急将两脚前伸，把身向后紧靠马背，那马乃直冲入仅容一马进出之矮门。马到厩房，四蹄停下，余才得慢慢下马身来。这亦是余生平值得惊心动魄一件大险事。

是年，锺英中学暑假略早，余得常州府中旧同学约，归途小停，以求畅晤。余是时读曾文正《求阙斋记》，常念"当自求己阙"。如袁绍多疑少断，自念余亦多活动，少果决。因此每晨起，必预立一意，竟日不违。日必如此，以资练习。念今日去旧校，可在校长谈，不当留宿。及到校，晚餐后，自修时间过，寝室门已开放。余急欲行，同学坚留弗舍，云："今晚周末，宿舍多空床。"但余坚不留。忽而风雨骤来，余意仍不变。出校门，沿围墙一石路，过玉梅桥转弯，成一直角形，直到市区。路边旷野，另一草径穿越斜向，如三角形之一弦，可省路。余径趋草径，风益横，雨益厉。一手持伞，一手持灯笼。伞不能撑，灯亦熄，面前漆黑。时离校门尚不远，意欲折回，又念清晨立志不可违，乃坚意向前。而草径已迷失，石块树根遍脚下。危险万状，只得爬行，重得上石路。满身尽湿，淋漓不已。入市区，进一旅店，急作一柬，嘱旅店派人去一同学费子彬家借衣。余拥被卧床以待。是夜，苦头吃尽，而别有一番滋味在心头。此后余遇一决定，即不肯轻易转变，每念及此夜事。

子彬名保彦，与余同年进常州中学，年长余，较余低一班，亦余同校一密友。其家在常州府之孟河，为清室御医，历世擅名。子彬后亦以名医寓沪上。与余重晤于香港，余每病，悉由子彬诊治。

暑假中余大病，延期赴校，适逢武昌起义后一日。寿崑语余，可待革命军进城同投军。忽一日，寿崑得家中电，告以父病，催速返。寿崑告余，去后即来，坚嘱勿离校。但此后音讯遂绝。盖其家乃以诈语欺之，不许复来矣。余亦终以学校解散，被迫乘南京开出最后一班火车离去。民国后，寿崑投入北京大学，易名煊，创办一杂志，与新文化运动树异。该杂志名《国故》，专与当时北大学生罗家伦、傅斯年诸人所办《新潮》作抗衡。余皆未见此两杂志。老友蒋复璁慰堂近告余，此一杂志用中国毛边纸线装，其中有刘申叔、黄季刚诸人之文字。出至六七期。慰堂又告余，当时诸人办此杂志无经费，蔡子民校长拨学校款，按月三百元资助之。则当时蔡子民亦非专一偏袒中国新文化运动一边可知。寿崑亦不久而卒。

八

　　五代表中又一人为江阴刘寿彭。府中学堂首次招生，分县发榜，寿彭居江阴榜上第一名。二年级升级试，寿彭亦第一。年终考试又第一。不三月，寿彭连中三元，同学争以一识刘寿彭面为荣。寿彭最亲杨权，言动遵依如弱弟之随长兄。杨权倜傥有才气。曾有一日，邀余在一教室中密谈，历一时许。彼详言太湖形势，沿苏州、无锡、宜兴一带港汊分歧，陆上多山岩洞穴，可躲藏。湖中渔民多举家住大艇中，终年不登岸，即在其艇设家塾教其子女，此辈宜可晓喻以民族大义。我辈果有志革命事业，太湖应可为一理想根据地。默察同学中，如君宜可语此。倘再物色得三四人，当早作详商，预为准备。越数月，又邀余再作一次长谈，大意如前。但不久杨权即中途离校，闻其赴北京，往来北洋军人之门。盖无锡杨家与前清北洋军人有甚为深切之关系。同学中群传杨权不久当在政界露头角，但亦不闻其有何活动。民十二年之秋，余任教于无锡第三师范，某日曾与杨权相晤于公园中。时杨权年未达四十，而意态颓唐如老人。见余绝不提及以前同学时事，仅寒暄数语即避去。后又相遇三数次，均如是。卒不获与作一长谈。当此大动乱之世，如杨权宜可成一人才，而终未有所成就，良可惜也。

　　杨权离校，寿彭乃骤若孤立。一日，被召至舍监室，出至厕所，大呼"不杀陈士辛，不为我刘寿彭"。士辛师尾随闻之，重召回，问何出此言。寿彭默不语，则获退。亦于四年级学年考试毕，退学去沪，当时上海新文学运动中有"星期六派"，寿彭亦预，易名半侬。有文名。后获陈独秀召，任教北京大学，又名半农，提倡白话文最力。嗣又留学法国。民十九，余去北平，重相晤，则已相隔二十年矣。余登其门访之，留中膳，相语可两小时。半农绝不提常州府中学堂事，亦不问余二十年经过，亦不谈提倡新文学事。不客气乃旧相识，无深语似新见面。盖其时半农大名满天下，故不愿谈往事。又知余与彼意气不相投，不堪相语，故亦不提其新思想。此后遂不相往来。后暑假半农去内蒙古，受疟蚊咬中毒，归不治。余挽以一联曰，"人皆认之为半农，余独识之是寿彭"，亦纪实也。

半农弟天华，亦常州府中学堂同学，低两级。时学校创一军乐队，全队二十余人，人操一乐器，惟大鼓须绕颈拥在胸前，既沉重，又其声单调最少变，人皆不愿习，天华独任之。随一队之尾，人竞以为笑。然天华实具音乐天才，偕其兄半农在沪，以国乐名。果育老校主子才先生长孙华士巽绎之，与余中学同班，后为果育易名鸿模之新校主。某冬，特邀天华来荡口。一夕，绎之与余听天华弹琵琶《十面埋伏》，深夜惟三人，静听如在世外。后天华卒以二胡名。在北平甚忙，余亦少与往来。然余在收音机中爱听其二胡，历年不倦。

五代表中又一人，张姓，忘其名，为学校运动场中一健将。平居乃一恂恂儒者，在同班中年最长，同学竞兄事之。亦常州城中人。亦退学家居。后重返校，进留日预备班。

五代表中又一人，乃元博师之第三弟，名孝实，号平叔。中途与其弟孝宦，字公覆，同来插班。平叔学业为一班之冠，沉默寡言，然亦不崖岸自傲，长日挛挛书案上，不预闻他事，同学群加推敬。五代表中惟彼一人仍留校，因其兄为监督，故不敢自请退学也。后留学日本，归国在北京某大学任教宗教哲学，梁漱溟甚称之。北伐胜利后，平叔来苏州，再相晤。平叔告余："兄往年多言好辩，今沉默少言不与人争，俨然两人矣。"问何以得此。余答："不自知有此异，亦不知何故。"临别送之车站。不久亦逝世。傥平叔得寿，不知其学果何止也。又闻敬山太老师之《蒙兀儿史记》，乃由平叔公覆足成之。

九

有一事当附记，约计余在三年级时，星期六下午上唱歌课，教室中无桌椅，长凳数条，同学骈坐。余身旁一同学携一小书，余取阅，大喜不忍释手，遂觅机溜出室外，去另一室读之终卷，以回书主。然是夜竟不能寐，翌晨，早餐前，竟出校门上街至一书肆。时店肆皆排列长木板为门，方逐一拆卸。余自板缝中侧身窜入，见书店主人，急问有《曾文正公家训》否？盖即余昨晚所读也。店主人谓有之，惟当连《家书》同买。余问价付款，取书，即欲行。店主人握余臂，问从何处来。余答府中学堂。店主人谓："今方清晨，汝必尚未早餐，可留此同进餐，亦得片刻谈。"余留，店主人大赞余，曰："汝年尚幼，能知读《曾文正家训》，此大佳事。此后可常来，店中书可任意翻阅，并可借汝携返校阅后归回。"自后余乃常去。一日，店主人取一书，小字石印本，可二十册，曰："汝当爱读此书，可携去试读之。"今已忘此书名，大体是史籍汇钞之类。余果爱之，往问价，但不能付现款。店主人言，可暂记账，俟假后归家，再决购买或退回。店主人情厚又通解书籍，视余若亲族后辈。余此后屡与书肆往返，然如此店主终少遇。惜已忘其名字，而当日情景则仍依稀如在目前也。

三　三兼小学

一

民国元年，余年十八岁，初往秦家水渠三兼小学校任教。其先由鸿声里远房侄冰贤介绍。冰贤为人忠忱直爽，年龄在余兄弟间，与先兄交甚密。然似心怀隐忧，遇饮酒必大哭不已，醒即无言，亦不知其何故也。冰贤乃秦家之婿，言其内兄仲立，"性古怪，应前清科举秀才试，缴白卷出场，一时群传为笑柄。后在无锡城中习物理化学。归，长日闭门。能自制一磨墨机，机上缚大墨五六枝，一手转墨，瞬刻墨汁满砚。又自制一自动桨，置其往返无锡城中之船上。先于水渠中驾一长木板试之，屡招覆溺，后卒成。三兼小学校由其斥资创办，与其两弟分任课务，独需聘一英文教师。前任由无锡城中聘来，仲立不满意，已解聘。仲立常言，"欲聘一人能与共学。倘宾四叔肯往，或可相得。"先兄遂命余往。

余在常州中学时，先兄声一先生已在七房桥创办一又新小学。来读者皆七房桥族中子弟。学校自先兄为校长外，又聘一教师，亦先兄常州师范之同学，江阴人，已忘其姓名。其人先曾为一道士，后还俗遂进师范。年岁已长，于中国音乐诸器如箫、如笛、如笙、如琵琶，皆所素习。余每自府中学堂归，小学校尚未放假，余晨夕必在小学中。及小学放假，余即移住学校。得暇常吹箫笛，先兄则喜笙与琵琶。某教师在校时，常三人合奏，如《梅花三弄》之类。余兄弟亦喜锣鼓，每于年假，集族中青年十数人合奏，大小锣鼓十数器，节拍疾徐，声响高低，皆由先兄指挥。族人闻之，皆争致夸谀。

又余既决意应三兼小学聘，念自此升学绝望，一意自读书。前在私塾时，四书仅读至《孟子·滕文公章句上》，此下即未读。念当读完《孟子》，再续及五经。民国元年之元旦，余即一人在又新小学闭门读《孟子》。前在果育上国文课，每篇文字大约过眼三遍即能背诵。至是，自限半日读《梁惠王章句上》，至能全体背诵始归家午膳。午后，又去又新闭户读《梁惠王章句下》。如是七日，读毕《孟子》七篇。

余又在家中先父遗书中获得大字木刻之《史记》一书，有批点，有圈注。余读而悦之，后知其圈点批注皆移录归方《评点》本，并旁采《史记菁华录》等书。皆出先祖父手笔。又得小字石印本毛大可《四书改错》一书，尽日攻读，至下午日光渐淡，常携赴庭中读之。书中谓朱子注有如是多之错误，大为惊奇。自后知读清代乾嘉诸儒书始此。

二

新年初，余一人赴三兼小学任教。舟泊离水渠外半里许。先到学校，在水渠外，一老仆应门，放置行李毕，即命老仆领余至仲立家。家在水渠内，渠广圆，乃一湖。仲立兄弟三人及族中数家皆居渠内。驾一桥，通渠外。夜间桥悬起，交通即绝。渠惟一口通大湖，可直达无锡城。余叩门，由守门仆人直领至仲立书斋外，此斋直升入渠中，三面皆水，俗称旱船。仆叩门，门启，仲立坐室内。余进入，即向仲立鞠躬行礼，仲立不离坐，微领首。余念秦钱两家久系戚属，仲立妹嫁冰贤，余当为其长辈，惟其弟叔堆所娶，乃余近房姑母，则彼兄弟皆系余之长辈。舍此不论，余年十八，仲立已过四十，论年辈乃余父执，遂不介意。仲立座前一长桌，命余坐桌对面一椅。余与仲立椅皆背窗，窗外即渠。桌之一端，上悬"在水中央"四字一横匾。横匾后，四壁书架占室中三之一。又后另一室，疑亦即书室也。

桌上放水旱烟管七八支，仲立言，汝能抽烟，可任取吸。因告余，上年一英文老师，乃从无锡县城中聘来，年老，半途自修，其英文程度恐不可信。君在常州府中学堂读英文，当可胜任愉快。因指桌上一药水瓶，上粘英文标签，问曰："君视之，知是何药水？"余答："中国文字与英文不同，中国特别名词皆以普通文字拼成，如轮船电灯之类。英文乃拼音文字，遇特别名词亦皆用其语音拼成，与普通文字有别。余在学校，只习普通文字，各种药水皆系特别名词，余所不识。"仲立告余："我习照相，此瓶中乃照相中所用显形药水也。"又指一瓶问，余亦对不识。仲立曰："此乃我以涂金术自制成，投进铜圆，经时即变成金色。"因指桌上一叠金色铜圆十数枚，曰："此皆由浸此瓶中取出。"首次见面所谈，率尽此。余告辞起立鞠躬，仲立不离坐，微颔首。

余归学校，又来一寄宿生滕德奎，乃秦家戚族。远道自荡口镇东滕族聚居之地，名大坟上来。年长于余约可四五岁。学校在楼上，楼下惟老仆一人，其余皆空屋。楼上有两教室，一为高级小学班，一为初级小学班，学生共约五十人。余占一寝室特大，德奎另占一室。尚有一办公室，及其他空室。一大楼上下共住三人。楼外乃一荒园，老树两百左右，枝叶蔽天。入夜，群鸦争鸣其上，余不能寐。取携来之《昭明文选》，枕上读之，极倦始入睡。累一月皆然。初夜睡前，德奎来问余，能下象棋否？余答能。德奎因取象棋来，与余在办公室对弈。弈两局，德奎连败，乃深服余。服弟子礼甚恭，忘其年岁之长也。

嗣德奎又告余园中有狐魅作怪之事，绘形绘声，疑神疑鬼，如有其事，如在目前。而余此后亦确曾遭遇到。姑举一例。某夕深夜，余欲起床小解，开亮电灯，忽见床前地上两鞋，只剩一只。明是关着寝室门才上床，望寝室门依然关着，但床前那只鞋却不翼而飞，不见了。清晨遍觅不获，后见此鞋乃在帐顶之上。是必有衔之而上者，但究不知是何怪物。寝室既门窗紧闭，此怪物又何由而来。此类事，曾三数见。余告德奎，我二人讲狐魅并未开罪于他，但他却来作弄，余遂写一文，责狐不是。命德奎买些锭箔，余用黄纸朱笔恭写此文，命德奎焚之园中，以后此等事遂绝。德奎对余更是佩服不止。要之，此校园之凄凉寂寞阴森古怪之种种情状，亦由此可想而知。但自余言之，余当时只是一十八岁之青年，实际尚未足十七岁，即投入此一奇异环境中，而竟亦能磨练自己在此情状下渡过，此亦实堪回忆，乃使余至今不能忘。

时余又喜读《东方杂志》所载《碎琴楼》一说部，后曾屡访其著者，久始知其乃一贵州人，然亦终未与其人相识。盖余在此凄凉之环境中，宜对《碎琴楼》之凄凉有异样之同情也。

三

开学后，仲立来上课，见余办公桌上置《文选》一书，问："君亦喜此耶？"余答："因读《曾文正公家训》，知读此，但不甚解。"仲立面露笑容曰："余亦喜读《曾文正家训》，君乃与我有同嗜。"其两弟来，则必专择书中僻字奥句为问，使余不能答为乐。

一日，余去仲立书斋，入门鞠躬，仲立点头，微耸其身，若欲离座而终未离。桌上放一《东方杂志》，告余："君该社征文已录取，知之否？"余答："尚未得通知。"仲立披卷，指余名，知共分五等，首奖百元，次奖五十，三奖二十五元。余名列第三等。盖去岁底，家居无事，适见报载《东方杂志》征文，可任自择题。余题"论民国今后之外交政策"，[①]大意言：英法侵犯我东南海疆，日俄霸踞我西北边陲；一可谋和，一必交战。《东方杂志》每期刊载所录取之征文一篇。后来信，言吾文涉外交秘密，不拟刊出。此为余投寄报章杂志之第一文。而今则无其存稿矣。

是日，仲立告余："我在商务印书馆进函授学校，近将毕业，考试题皆寄来，须一一作答，甚觉忙碌，有一作文题，君肯代撰否？"余答："当撰后由先生改定。"题名"言志"。余退，归撰此文毕，于星期六下午交仲立长子，在校读书，与余同年，命其带归。翌晨，余亲往，入门鞠躬一如往例。仲立乃起座答礼，肃余坐。手择一旱烟管，用桌上一湿毛巾屡擦烟管嘴，手送余口，亲为燃点纸卷烧烟，礼貌谦恭，得未尝有。仲立先致谢余为彼代撰一文事，乃告余："君未来，冰贤告我，当为我介绍一共学之人，君真其选矣。"因指室后书架上书曰："我虽毕生穷日夜之力何能尽读，每欲求一共学之人，以两人之力合成此业。君肯为我分读架上书，将书中大意告我，我可省再读之力。续加讨论，使我进步加速，君其允之否？"余

---

① 原编者案：《东方杂志》于民国元年四月征文。

答"佳"。仲立遂于架上取一书，云："此书久欲读而无暇，君试先读，何如？"余视之，乃严复译英人斯宾塞《群学肄言》。余答"大佳"。仲立又另取一书示余，书中各页眉端，多黏纸条，广狭长短不等，满纸皆工楷小字。仲立曰："我向例读书，遇不识生字，必查字典钞录，用薄浆糊黏上，如此。他日不需用，可逐条揭去，而不伤原书。君读严书，幸亦照此例。"仲立所藏严书，乃金陵刻线装本，与此后商务印书馆印行者不同。

余返学校，读严书，一一如仲立言，查字典，黏贴纸条。读至一半，自嫌所查生字太多，惭以示人。并欲加速完工，不免轻慢，不再一一查注。既读毕，携书去仲立斋。仲立问余书中大义，及余读后意见，仲立听之不倦，时露喜色。余所言告一段落，仲立言，"君真一善读书人。闻君语，甚胜我自读之矣。"随取书，检某页某行，指一"橧"字，问余此字音义。余答"当读'音'，乃地下室也。"仲立言然，并云："曾遍查《康熙字典》未得其字，只有'窨'字，解地窖。盖中国地下室仅一土穴，西洋地下室加木制，严氏乃特造此字耳。"而余在书上无纸条，乃未查字典而以意会之，闻仲立言，大惭恧。然后知仲立已先读过此书，或将所黏纸条撕去，特以试余耳。岂不愧对。然仲立自此益亲余而加敬，屡赞余善读书，能见人所未见。盖仲立听余对此书叙述大义及读后意见，乃特加欣赏也。仲立言："今日起，当如前例，君试再取一书去。"余言："愿续读严译"，遂取架上严译穆勒《名学》一书。仲立益大喜。盖仲立虽爱诵古籍，更喜近代西洋新学说，彼亦或已先读此书，故见余取此而更大喜耳。余自读此两书后，遂遍读严氏所译各书，然终以此两书受感最深，得益匪浅，则亦仲立之功也。

自此，仲立与余交益密，余常至其斋，畅言必逾时。一日，仲立取架上浦二田《古文眉诠》一册，大字木刻，装潢精美。浦氏西仓人，介七房桥、秦家水渠之间。浦族与钱秦两族代有戚谊。仲立言："同是选几篇古文，何以姚氏《古文辞类纂》甚得后代推尊，而浦氏书视之远逊，两书高下果何在？"余曰："此诚一大问题，幸先生教余。"仲立作愠色，曰："我不知，故以问君，奈何反以难我。"余谢失言，因曰："先生所问，余素未想及，然此实一好问题，他日研思有得，当再请益。"事逾数年，余思欲窥姚选用意，当遍读姚选以外之文。遂立意先读唐宋八家。至《王荆公集》，而余意大变。凡余于《荆公集》中所尤喜者，姚选多不录。于是又念紫翔师荡口暑期讲习班所授，乃从治古文转治理学家言，为余学问辟一新境界。而其时，仲立已卒。余此后亦渐不谈古文。而仲立当时此一问题，实启余良多也。

四

仲立又告余，生平有三大志愿，一为创办一学校，教育宗族乡党之子女，即三兼小学。又一为附近农村创办一诊疗所，治病施药，不收分文。仲立先曾从学于上海丁福保仲祜之函授学校，又遍读丁氏医书数十种，遂通医术。广购药品，自任门诊，此尚在创办三兼小学前。后以事忙，不克兼顾，命其账房蔡君亦读函授讲义及丁氏书，并亲为讲述。积有年，蔡君亦通医术，遂代仲立诊疗所之事务。又一为创办一报馆。仲立极留心时事，而无意政治。特注意县邑中事。日读地方报，更留心。手执朱笔，批抹满纸，或施一大杠，或扑一大点，或批"岂有此理"，或批"狗屁不通"。间或施圈。每曰："贤奸不论，是非不辨，何以为人，何以做事。如此社会，岂不将沦丧以尽。"恨不能逐日逐人逐事，一一畅论之。惟以居乡，办报不易。仲立曰："此一志愿，待他日终成之，以一吐胸中之积闷。"仲立虽居乡闭户，其疾恶好善之情有如此。

仲立又尝导余观其书斋之前室，一方桌上放书四十大厚册。仲立告余曰："此先父四十年手书日记也。积一年订一册，无一日缺。"叹曰："先人遗志，尽在此四十厚册中，每一展览，因念我兄弟三人承先人之遗产，乃不能承先人之遗志，不肖之罪，其何以辞。"

暑假后，余再往，仲立忽病。告余：曾赴沪，求诊于丁先生仲祜，知为肺病。桌上一显微镜，嘱余视之，曰："此我痰中之血丝，君见之否？"命余移椅远坐，勿相近，恐传染。又嘱余即离去，勿久坐。

一日，余又往，仲立告余，有一事相烦。仲立谓："生平以不识英文字为憾，近方进一世界语函授学校，他日通世界语，庶稍补我平日之积憾。不幸今又病，但幸为时不久，讲义尚不多，拟恳君补读。此后每月讲义寄来，由君代读代应试。俟我病愈，再由君面授。君通英文，治此当不难。"余急应之。遂携其讲义归。后仲立卒，余亦未终其业。

一日，余又往。仲立已卧楼上，不下楼数日矣。禁余不得上楼。余废然而返。及年假，余离水渠，赴仲立家辞行，坚请登楼一面。但仲立之家人一遵仲立命，坚不许余上楼，竟未获见。不久，仲立终以不治闻。余以十八岁幼龄，初涉世事，即获交仲立其人。实相处仅半载，而又竟未获最后一面，亦未克亲往吊唁。至今逾六十年，两世矣。每一念及，怆伤依然。

<h1 style="text-align:center">五</h1>

仲立家账房蔡君，忘其名，乃附近一农民，精手艺，能劈篾制筐篓，皆精绝。携赴县城中，豪户皆争购。仲立召来，聘为账房，为收田租。又教其习医术，代主诊疗所事。又告之曰："汝今尚有暇，可试学古文"，因授以曾巩子固寄《欧阳舍人书》一文，命试读。告以遇惬心处，如何当加圈，如何当加点。数日，蔡君缴卷，仲立大赏之。曰："君有宿慧，可治古文，盼勤加诵习勿倦。"遂授以姚氏《古文辞类纂》一书。蔡君得闲亦来学校。暑假后，来更频。常以夜间来，辄语至深夜。有一子，亦在三兼入学，

聪慧异常。一日，在船上，失身溺水。救起，蔡君为下药，心慌乱，误其分量，即毙。蔡君从此恍惚如犯精神病，屡劝之弗愈。临别前一两月始平复。忽有意自造一自动发电机，欲媲美舶来品而价廉。往杭州上海苏州电灯厂，访其工程师。归，自谓有把握。后闻其终有成，已在余离水渠一两年后，亦余平生所遇一异人也。

四 私立鸿模学校与无锡县立第四高等小学

一

自民国二年起，至民国八年止，乃余十九至二十五岁，前后共六年半，余往来于荡口梅村两处。兹顺其先后为序，并篇述之。

果育学校校主华子才老先生卒后，由其长孙士巽绎之继任校主，与余在果育小学及常州府中学堂两度同学，年长余约四岁。果育用子才先生名。改名鸿模。

民国二年，余不再去三兼，即转入鸿模任教。三兼学校高初两级仅分两班。余原则上任高级班，除理化课由仲立任之，图画手工课由仲立幼弟任之，其余国文、史地、英文、数学、体操、音乐等，皆由余一人任之。并兼部分初级班课，每周任课三十六小时，月薪国币十四元。仲立三兄弟则合任三十六小时。及来鸿模，规模较备，高初八年各分班。余仅任高三国文及史地课，每周二十四小时。较三兼减三之一，而月薪则增至二十元。

时果育旧师长惟理化教师顾君在，乃子才老先生之婿，为绎之姑丈，任校长职，余皆新任。有华澄波，乃常州府中学堂师范班同学，年近四十，任高级四年班国文课。

以其班上每周作文课卷命余代改。课卷仅五六本，余必择其中一本详加改动，澄波即以此教班上诸生，为该题之模范作。

时余虽在小学任教，心中常有未能进入大学读书之憾。见报载北京大学招生广告，投考者须先读章学诚《文史通义》，余亦求其书读之，至形于梦寐间。一夕，梦登一小楼，所藏皆章氏书，有世所未见者。后二十余年，余在北京大学任教时，果得见章氏书之为世未见者。亦异事也。

余又读夏曾佑《中国历史教科书》，因其为北京大学教本，故读之甚勤。余对此书得益亦甚大。如三皇五帝，夏氏备列经学上今古文传说各别。余之知经学之有"今古文"之别，始此。一时学校同事闻余言三皇五帝有相传异名之说，闻所未闻，皆惊叹余之渊博。实不知余之本夏氏书也。又余读夏书第一册，书末详钞《史记·十二诸侯年表》《六国年表》等，不加减一字，而篇幅几占全书三分之一以上。当时虽不明夏氏用意，然余此后读史籍，知诸表之重要，则始此。及十年后，余为《先秦诸子系年》，更改《史记·六国年表》，亦不可谓最先影响不受自夏氏。

又夏氏书皆仅标几要点，多钞录史籍原文，无考据方式，而实不背考据精神，亦为余所欣赏。惟其书仅至南北朝而止，隋唐以下即付阙如，斯为一憾事。此后余至北平教人治史，每常举夏氏书为言。抗战时，重庆国立编译馆拟重印夏氏书为部颁教科书，嘱余审正，时余在成都齐鲁大学国学研究所，又细读夏氏书。列举其书中谬误，皆小节，如年岁地名等，显系夏氏钞录时疏失，凡一百七十余条。编译馆见余校正繁多，遂终止前议，此书不予重印。其实余素重此书，不意此书乃竟因余之细为校订而失其再为广播流传之机会，此亦人事因缘之甚难言者。

二

民国二年暑，无锡县创办六所高等小学，梅村镇得一所，为县立第四高等小学，校舍借用市区之泰伯庙。华澄波被聘为校长，邀余兄弟同往。

余在县四每周任课十八小时，又较鸿模任课减四之一。但鸿模坚不放行，乃仍兼鸿模课，每周一次往返。一年后，始专在县四高小任教。又四年，再回鸿模专任一年。

余两校兼课时，似已改为秋季始业。余每周乘船往返梅村荡口两镇，于星期四下午课后四时自梅村上船，历两小时近晚到荡口。翌日下午四时返。沿途湖泊连绵，秋水长天，一望无际。犹忆第一次上船，余坐船头上，读《史记·李斯列传》。上下千古，恍如目前。余之读书，又获深入新境，当自读此篇始。

县立第四高小第一年只办一年级一班。学生皆住校，余与学生同寝室。卧床在寝室门口，侧临窗。一夕，深夜，月光照床而醒。一足触帐外墙壁，忽念"臂"与"壁"皆形声字。"辟"属声，但"臂"在身旁，"壁"在室旁，凡"辟"声似皆有"旁"义。如"避"，乃走避一旁；"壁"，乃玉悬身旁；"嬖"，乃女侍在旁；"譬"，乃以旁言喻正义；"癖"，乃旁疾非正病；"躄"，乃两足不正常，分开两旁，盘散而行；"劈"，乃刀劈物分两旁。如是凡"辟"声皆有义，此即宋人所谓"右文"也。是夜在床兴奋不寐，连思得形声字十数例。翌晨上第一堂国文课，不讲课文，乃讲昨夜枕上所得。适县中派督学来校视察，进入讲堂后，竟伫立不走，听完余一堂课始去。余此讲未涉课文，离题漫述，而督学不以为忤。归后竟详细作一笔记报导，登载在县署所发布之月刊上。惜此督学已忘其名，亦在规格外赏识余之一人也。

时无锡与南通，同称为开明新县，两县亦竞相重视。县督学此一篇报导，亦为南通小学界教师所传诵。后数年，余偕数友赴南通考察，乃有人面询余，君乃往年讲"臂壁"右文之钱某耶？同行谓余，汝已名扬外县矣！

三

余在府中学堂时，即好围棋，先兄亦然。县四高小又聘一教师，从无锡城中来，亦余府中学堂同班同学，已忘其名字，亦有围棋癖。三人遂在学校东庑一小室中，特置棋盘棋子，并广罗晚明以下各种围棋谱，课余在此对弈，或摆谱。惟学校事无大小，胥由先兄管理，彼甚忙，不常至。余与某君一得闲，即独去摆谱，或同去对弈，几乎每日必对弈一局。某君持黑棋，常败，但意终不服。弈益勤。

后去城中任教，有弈社，社中有两国手，社友须出赀始得与对弈。越数年，某君棋大进，重与余晤，对局，某君改持白，余持黑，但胜余亦甚艰。余曰："君积年苦学，进步仅此。"自此余乃弈兴大减，数十年不复弈。直至抗日战争时，余赴云南始再复弈。

又余自幼即抽香烟，在果育时，晚饭后，余随先兄同读一室，先兄必命余至镇上买香烟一包。归，先兄必赏余一支。自进府中学堂，乃有烟瘾。归家又抽水烟。及交秦仲立，又抽旱烟。及来梅村，一日上课，课文《劝戒烟》。余告诸生，余已染此习，已无奈何。诸生年幼，当力戒。下课后，终觉今日上课太无聊，岂得以"无奈何"自诿，他日何以教诲诸生。遂决心戒烟，竟形之梦寐中。后遂数十年更不抽。直待任江南大学文学院长时，厌于常出席开会，始再抽烟。

四

余自三兼鸿模至梅村县四，朝夕读书已过三年。寝室中书架上所列书亦不少。同事皆称余博学。县四校舍为泰伯庙，正殿前一大方院，院中有古柏两行。西庑为教室，东庑为宿舍，南面为大门，右侧西边乃教师休息室。某日下午，遇学校假期，余移一躺椅置大门东侧向北走廊下卧读范晔《后汉书》，不记是何一卷。忽念余读书皆遵曾文正《家书》《家训》，然文正教人，必自首至尾通读全书。

而余今则多随意翻阅，当痛戒。即从此书起，以下逐篇读毕，即补读以上者。全书毕，再诵他书。余之立意凡遇一书必从头到尾读，自此日始。

余又效古人"刚日诵经，柔日读史"之例，定于每清晨必读经子艰读之书。夜晚后，始读史籍，中间上下午则读闲杂书。余体弱，自辛亥年起，几于每秋必病。一日，读日人一小书，论人生不寿，乃一大罪恶，当努力讲究日常卫生。余时适读陆放翁诗，至其晚年作品，心中大奋发。念不高寿，乃余此生一大耻辱，大惩罚。即痛于日常生活上求规律化，如静坐，如郊野散步等，皆一一规定。又开始写日记，逐日所读书皆记上，不许一日辍。后遇余结婚，远近戚属皆先后来，上午竟未获读一字，下午又继续忙乱。自念今日之日记势将破例矣，适理发师来为余理发，余乃于此时间默默成诗两首，始释然自慰，今日之日记宜勉可交卷矣。此一习惯，直至余进入大学任教后，始有断续。

是年，余教《论语》课，适读《马氏文通》，一字一句按条读之，不稍疏略。念《马氏文通》详论字法，可仿其例论句法，即以《论语》为例。积年遂成《论语文解》一书。此为余正式著书之第一部。以稿邮送上海商务印书馆，得回讯，允为付印。出版后，当酬赠原著百部。余函商，能否改赠商务书券百圆，得允。书券亦随到。余又商之无锡城中一书肆，付以此百圆书券，由余随意选购，不限商务出版者，亦得允。余遂于经史子集四部中，择余所缺者络续购买。自此余学问又进。此百圆书券实于余大有裨益也。

又余购得浙江官书局本《二十二子》，依次读之，至《墨子》，开卷即觉有错误。心大疑，意谓官书局本不应有误。又见此书校注者乃毕沅，此人为清代大儒，不应不知其误，置而不问。姑再读之，错误续出，几乎逐页皆有。益大疑，遂奋笔从开始起逐条举出其错误处，加以改正，取名《读墨阇解》。积数日，所举已多，心滋增疑：《墨子》乃先秦古籍，迄今越两千年，何竟无人发见其书中错误，必当有人讨论及此。而学校同事中无人可问。试翻商务印书馆之《辞源》，于《墨子》下，竟得《墨子间诂》一条。读之，正余所欲知。然又疑书肆中不知有此书否，即作函寄无锡书肆询问。翌日，航船送来一书包，拆视赫然即孙诒让之《墨子间诂》。开卷急读，凡余所疑，孙书均已列举，更多余所不知疑者。至其改定错误处，则必有明证确据，取材渊博。回视余之《阇解》，乃如初生婴儿对七八十老人，差距太远。自念余之孤陋幼稚，乃亦自居于读书人之列，岂不可笑可耻。于是于孙书逐字逐句细读，不敢丝毫忽过。余之游情于清代乾嘉以来校勘、考据、训诂学之藩篱，盖自孙氏此书始。惟清儒多自经学入，余则转自子部入，此则其异也。然余读孙书至《墨经》一部分，又觉其所解释有未尽惬意者。盖余前在水渠读严译穆勒《名学》，于此方面亦略有悟入。乃不禁又奋笔从《读墨阇解》改写《墨经阇解》，逐条改写孙解之未惬意者。然孙解虽未惬意，正解亦非急切可得。乃逐条写《墨》书原文纳衣袋中，一人郊野散步，随手从衣袋中取一条出，随步随思。思未得，又易一条思之。积久乃得数十条，是为余写《论语文解》后第二部有意之撰述。然其时余已严定规律，每日必读新书，必求能日知其所无。架上书尚多未读，心中欲读书更无尽。不欲为此一端自限，妨余前进之程，乃终未敢恣情于此，勒成一书。惟此《墨经闇解》与《读墨闇解》之两稿，则常存行箧中，至今未忍抛弃。偶一检阅，当时孤陋幼稚独学无友之艰苦情况，犹涌现心头。既以自惭，亦以自奋。余之终幸得免于孤陋幼稚之境者，纵不足以自满，亦可得以自慰也。

及数年后，得读章太炎、梁任公、胡适之诸人书，乃知《墨》学竟成为当代一时之显学，孙书特其嚆矢。而余亦终于写出许多有关古名家《墨经》及惠施公孙龙诸人之论文，今俱已收集于近编《中国学术思想史论丛》之第二册。其先肇端，实在梅村此时也。余之读书，最先从韩柳古文唐宋八家入门，随即有意于孔孟儒学，又涉及古今史籍。《墨》学实非所喜，而耗精瘁神于此者亦复不少。不知者，亦或疑余为学追随时髦，哗众取宠，以博当前之称誉。而余之孤搜冥索，所由步入此一条艰险之路者，事有偶然。甘苦之情，又谁知之。故知学问向前，在遥远之进程中，自不免许多意料不及之支节曲折，错歧复杂，有违初心者。孔子言："十有五而志于学，三十而立，四十而不惑。"余之在当时，或可依稀髣髴于孔子志学之年矣。及今耄老回忆，果能有立而至于不惑否，则真不胜其惭恧而感喟之余情也。

时余已逐月看《新青年杂志》，新思想新潮流坌至涌来。而余已决心重温旧书，乃不为时代潮流挟卷而去。及今思之，亦余当年一大幸运也。

又忆某年暑假，余在七房桥家宅东边陪弄中，朱笔标点《宋元学案》。当时余已先读《欧阳文忠公》及《王荆公》诸集，对其收编颇不惬意，遂有意重编《宋元学案》。惟有此志，迄未成书。

五

越一年，暑假后，余因病迟到校。是年学校新聘一教师，为松江朱怀天，新毕业于上海第一师范，已先到校，与余两人同一寝室。室内惟两床一桌。夜间同归寝室，余告怀天："出校门有两路，一左向，过小桥，即市区，可吃馄饨饮绍兴酒，佐以花生塘里鱼，课毕，同事皆往，想君亦已随行多日。一向右，越围墙田野村庄散步塍间，仰天俯地，畅怀悦目。余一人率右行。君今与余同室，愿仍左行，抑改右行？"怀天立刻言，愿改右行。于是相视而笑，遂为友。怀天较余年轻一岁或两岁。

未一月，怀天忽得家讯，其母逝世。告假奔丧，旬日返校。夜卧，常梦中大哭而醒，或梦寐中大呼，由余叫其醒。连夜如此，累月皆然。而日间平居，乃绝不露哀容。余始识其纯孝由衷，深敬之。详询其家庭。怀天言："早孤，独一母。家贫，有一弟，不能养，乃由相识家领养，已易姓，惟常往来。"其时怀天已成婚。怀天叙述其家况时，语语皆自其肺腑中孝悌真情出。至于其家庭具体之凄苦，实不足当其心中伤痛之万一也。

余与怀天自此相处益亲。黄昏前必相偕校外散步，入夜两人各自规定之读书时间毕，又同在院中小憩，始就寝。余与怀天均任国文一班，作文课同在周末，必尽日夜批改完毕，俾可星期日偕出远行，或竟日，或半日，择丛林群石间，无人处，亦坐亦卧，畅论无所不至，迄夜方归。

怀天在沪求学时，最崇拜其师吴在公之。公之日常言行，及其讲堂所授，怀天时时为余称道，纤悉弗遗。年假后，怀天回校，携带佛书六七种，皆其师公之为之选定。盖因怀天丧母心伤，故劝以读佛书自解耳。余在教师休息室中一桌靠西窗，坐南朝北。怀天一桌在余座后，靠南窗，坐东朝西。怀天携来之佛书，余亦就其桌上取来一一读之。尤爱读《六祖坛经》。余之治佛学自此始。

第二年年假后，怀天又携来其师公之新撰之《宥言》一册，共八篇，皆申马克斯共产主义。盖公之游学日本，其时日本有信仰共产主义大师河上肇，国人周佛海等皆出其门。公之衍畅其说，用《庄子·在宥篇》，取名《宥言》。怀天持以示余，共读之。傍晚散步，逐篇讨论。余虽爱公之文辞，然力反其说。怀天则祖师说。余特写《辟宥言八篇》，怀天亦为《广宥言八篇》。余又为《续辟八篇》，怀天亦为《续广八篇》，相争不已。时中国共产主义尚未大兴，而余两人则早已辩论及之矣。

余告怀天："君治佛书，又遵师说欣赏共产主义，然则他年将逃世避俗出家居山林为一僧，抑从事社会革命为一共产党人？一热一冷，一进一退，君终何择？"怀天曰："君尊儒，言必孔孟，我恐兄将来当为一官僚，或为一乡愿。"余言此四者皆当戒，幸各自勉。

怀天姿性诚笃，民八"五四"，上海罢市，远近城乡皆震动。县四高小全校师生结队赴四围乡村演讲，怀天热血喷迸，声泪俱下。其平日与人相处，极和易，得人欢。故知其论学时虽有偏激，然其本源皆发自内心深处。惟当以一字形容曰"爱"，爱国家，爱民族。虽言共产，言佛法，然绝无阶级革命之凶暴意，亦无离亲逃俗之隐遁意。他日学问所至，必归中正可知。

时先兄方肆意陆放翁诗，朝夕讽诵，亦常作诗自遣。余与怀天，一晚，田塍间散步，告怀天："我两人平日以澹泊宁静自期，近来为《宥言》一书，争论不休，往日读书散步一番萧散闲适意味，今皆失去。从今晚起，当将此问题暂搁置，不再争，可否？"怀天曰"好"。余更曰："吾两人当另辟一途径，改向新趋。自今晚始，吟诗相唱和，如何？"怀天又曰"好"。余遂即景出题告怀天，今晚归，即以"林中有火"四字各作四言诗四章，以此四字，押韵如何。怀天又曰"大好"。自此又为五言、六言、七言，古今绝律，或出题两人同咏，或一人成诗，一人追和。如是积月，怀天告余，今成诗日多，昔人皆各自成集，今我两人可合成一集，当先为此集命名。两人各试题名，终不惬。余忽得一名，告怀天曰，当可径名"二人集"。不仅纪实，亦期我二人能不分彼我，同跻于仁。怀天大惬意，书名遂定。

余与怀天又读鲍芳洲《催眠术》书而喜之，曾召学生作练习。后见报载鲍芳洲在上海面授，只一周即可毕业。余以惜费不往，后乃以积钱买了一部《资治通鉴》。怀天一人往，谓归来仍可两人同习。旬日而返，告余七日学习之详细经过。然怀天特喜新所学之自我催眠。时余与怀天寝室已分，怀天每天下午四时即在其寝室习自我催眠。余曾至其室观之，其术颇似静坐，只坐后自心内定历四十五分钟或一小时醒来，即能入睡眠状态，到时果醒，则此术已成。怀天体素羸弱，自言醒来体况觉大舒适，习久当可转健。余时正学静坐，已两三年矣。忆某一年之冬，七房桥二房一叔父辞世，声一先兄与余自梅村返家送殓。尸体停堂上，诸僧围坐颂经，至深夜，送殓者皆环侍，余独一人去寝室卧床上静坐。忽闻堂上一火铳声，一时受惊，乃若全身失其所在，即外界天地亦尽归消失，惟觉有一气直上直下，不待呼吸，亦不知有鼻端与下腹丹田，一时茫然爽然，不知过几何时，乃渐恢复知觉。又知堂外铳声即当入殓，始披衣起，出至堂上。余之知有静坐佳境，实始此夕。念此后学坐，傥时得此境，岂不大佳。回至学校后，乃习坐更勤。杂治理学家又道家佛家言。尤喜天台宗《小止观》，其书亦自怀天桌上得之。先用"止法"，一念起即加禁止。然余性躁，愈禁愈起，终不可止。乃改用

"观法"，一念起，即返观自问，我从何忽来此念。如此作念，则前念不禁自止。但后念又生，我又即返观自问，我顷方作何念，乃忽又来此念。如此念之，前念又止。初如浓云密蔽天日，后觉云渐淡渐薄，又似得轻风微吹，云在移动中，忽露天日。所谓前念已去，后念未来，瞬息间云开日朗，满心一片大光明呈现。纵不片刻此景即逝，然即此片刻，全身得大解放，快乐无比。如此每坐能得此片刻即佳。又渐能每坐得一片刻过后又来一片刻，则其佳无比。若能坐下全成此一片刻，则较之催眠只如入睡境中者，其佳更无比矣。余遂益坚静坐之功，而怀天亦习其自我催眠不倦。一日，余站梅村桥上守候自城至荡口之航船，唤其停靠。余上船，坐一老人旁。老人顾余曰，"君必静坐有功"。余问何以知之，老人曰，"观汝在桥上呼唤时，双目炯然，故知之"。余闻言大慰。

六

时余七房桥家遭回禄之灾，房舍全焚，乃又迁家至荡口镇。而先慈病胃，积月不能食。余与丁仲祜通信，求其开方疗治，病卒愈。余乃辞县四职回鸿模任教，以便朝夕侍养。时为民国七年之夏季。此下一年，乃余读书静坐最专最勤之一年。

余时锐意学静坐，每日下午四时课后必在寝室习之。时鸿模亦有一军乐队，课后必在操场教练。余在寝室中可闻其声。其时国歌为"中华独立宇宙间"，歌中后半有一字，军乐教官教至此字，声快慢错四分之一拍。余因昔在府中学堂习昆曲，知此甚稔。其时余习静坐工夫渐深，入坐即能无念。然无念非无闻。恰如学生上午后第一堂课，遇渴睡，讲台上教师语，初非无闻，但无知。余在坐中，军乐队在操场练国歌，声声入耳，但过而不留。不动吾念，不扰吾静。只至其节拍有错处，余念即动。但俟奏此声过，余心即平复，余念亦静。即是坐中听此一歌，只听得此一字，尽欲勿听亦不得。余因此悟及人生最大学问在求能虚此心，心虚始能静。若心中自恃有一长处即不虚，则此一长处正是一短处。余方苦学读书，日求长进。若果时觉有长处，岂不将日增有短处。乃深自警惕，悬为己戒。求读书日多，此心日虚，勿以自傲。

某日傍晚，家中派人来学校唤余回家。余适在室中坐，闻声大惊。因知静坐必择时地，以免外扰。昔人多在寺院中，特辟静室，而余之生活上无此方便，静坐稍有功，反感不适。以后非时地相宜，乃不敢多坐。又余其时方效伍廷芳练习冷水浴，虽严冬不辍。至是，亦悟其非宜，遂停止。

时华绎之以校主兼为校长。学校中新建一楼，绎之家富藏书，皆移楼上。楼门不轻启，绎之独交余一钥匙，许余一人上楼读书。惟上楼即须反锁其门，勿使他人闯入。余遂得多读未见书。藏书中有南宋叶适水心之《习学记言》，乃江阴南菁书院所刻，外面流传绝少，余即在鸿模藏书楼上读之。后到北平数年后，乃始有新刻本。余对程朱所定四书顺序《论语》《大学》《中庸》《孟子》，孔、曾、思、孟之排列，早年即抱怀疑，即受水心《习学记言》之影响。又余遍阅颜李书，亦在是年。

此一年，乃为余任教小学以来最勤学之一年。室中莳文竹一盆，日常亲自浇灌，深爱之，特为作一诗。怀天在梅村见此诗，意余心存抑郁，乃以盆中文竹自比。遂钞此诗，详述余近况，告其师吴公之，盖欲其师为余作推荐也。

又一年，余又转至后宅镇之泰伯乡第一小学为校长，怀天带领学生作长途旅行，从梅村来后宅，又转至荡口。先兄领其赴余家谒拜先慈。返梅村后来书，言我兄弟怡怡，常愿相随作一弱弟。近又亲到余家，真如回己家也。怀天是冬返松江，忽得其在上海时旧同学邀其赴南洋。怀天亦久蛰思动，遂决于暑假后辞县四职前往。忽以背生疽返家。初谓不严重，只自我催眠即可疗治，缓于求医，竟不治而卒。时余在后宅，遂至梅村，检其遗书。怀天有日记，余摘取其间要语，并余两人之《辟宥言》《广宥言》共四篇，及《二人集》，合并为一书，名《朱怀天先生纪念集》。除学校师生外，并分赠当时国内各图书馆。日记则由余保存。对日抗战时，余家藏书尽失去，怀天日记亦在内。不知其《纪念集》他日尚可检得否。[1]

---

① 原编者案：《朱怀天先生纪念集》一书，最近已在大陆图书馆觅得。该书未收入先生《辟宥言》两篇，亦未收入《二人集》诗稿。书前有先生所作序文，言及当时因病未及整理附入。此序文现收入《素书楼余沈》中。

民十九，余去北平燕京大学任教，时吴公之在清华。然余闻其日常生活颇为消极颓唐，不复似往日怀天之所语，竟亦未与谋面。怀天之弟，余抗战时在重庆曾与晤面，然亦未获深交。

回念余自民元出任乡村教师，得交秦仲立，乃如余之严兄。又得友朱怀天，乃如余之弱弟。惟交此两人，获益甚深甚大。至今追思，百感交集，不能已。

七

时在鸿模管事者，为须霖沛若，亦系果育与常州府中学堂两度同学。沛若胡须满腮，人皆谓其年长，然终不知其真年龄。沛若家在镇上开一店铺，以富有称。然沛若俨如一乡下佬，绝不丝毫有市井气。谦恭多礼，勤奋倍常。迟余一年肄业府中学堂，衣袋中常带英文字典一册，不论室内室外，得间即取出读之。从开首第一字起，读一字，能背诵，即用红铅笔抹去。依次而下。有人得微窥之，已读至 F，占全体字母四之一矣。

毕业府中学堂后，为华家管理一当铺，后遂转至鸿模，与余交往最密。旧历元旦清晨来拜年，余家悬先父、先祖父母、先曾祖父母三代神像，沛若一一焚香跪拜，始辞去。当时诸同学间，新年必相聚，然少行如此拜年礼。余念沛若年长，因赴其家答礼，亦一一瞻拜其祖先遗像。临辞，沛若坚留午餐，谓仅两人，可作长谈。又谓元旦家中有现成菜肴，不烦特加烹煮，余遂留。菜肴既上，沛若嘱余先上坐，谓"今日元旦，我当先拜祖宗遗像乃进餐"。拜毕就坐，沛若乃谓："我蓄意已久，欲拜兄为师。此不比学校教课之师。然恐兄不允，方顷之拜，乃我行拜师礼，在祖宗神像前作誓。幸兄勿坚辞，我已心师矣，必终身不渝。"沛若拘谨而固执，余亦难与辩，只笑谓："不意兄亦有诈。余亦惟有仍以同学视兄，兄其谅之。"

一日，在学校两人坐廊上。沛若言："先生爱读《论语》，有一条云：'子之所慎，斋、战、疾。'今先生患伤风，虽不发烧，亦小疾，可弗慌张，然亦不当大意。宜依《论语》守此小心谨慎一'慎'字，使疾不加深，则数日自愈。"余从此读《论语》，知当逐字逐句反己从日常生活上求体会，自沛若此番话发之。

一日，沛若又语余："自知性太拘谨，时读《庄子》，求自解放。顾姿愚，领悟不深。暑假将临，愿先生在暑假中为我讲《庄子》内篇七篇，使我有所从入。"余允诺。沛若又言："先生专为我一人讲，殊嫌精力浪费，当约在校学生聪慧者数人，及旧学生升学在外暑期中归来者数人，合六七人同听讲，庶先生精力多所沾溉。"余亦允之。是暑，在一楼朝夕开讲。沛若促诸听者发问，己必居最后，逐段逐节不肯轻易放过。约三四日始完一篇。将满一月，七篇方毕。回忆往昔紫翔师讲习班上课，真霄壤之别矣。然余对《庄子》七篇，经此讲解，乃知自所未解者实尚多。以后余为《庄子纂笺》及《论语新解》两书，每忆沛若与余讨论此两书独多。往日情事，如在目前。

自余离鸿模，与沛若少来往。沛若不久亦离鸿模。沛若乃独子单传，育两女，无子嗣。乃纳一妾，不育。又纳一妾。时社会风气已日开，方群趋西化，即荡口一小镇亦然。离婚再娶，乃人生正规，被认为开通前进。有妻纳妾，则是顽固守旧，封建遗毒作祟，乃伤情违理之事。沛若虽闭户自守，不与外界接触，但颇受外界之讥讽。余传闻得此，亦未与沛若通讯有所询问。沛若后与余再见，亦从未谈及于此。

余在北平，一日，得沛若书，告其次女毓寿毕业中学，考进协和医学院。当一人赴北平，恳余赐照拂。余亲赴车站接候，宿余家。医学院预科在燕京大学上课，开学后，余又亲送之赴校。越旬日，毓寿忽来余舍，面有不乐。余问之，言："上课第一堂即是解剖，讲台桌上一死尸，见之惊悚，昼不能食，夜不能眠，精神不支，欲退学。"余谓："此乃汝自己心理作用，当勿视为一人，亦勿视为一尸，心肺肝肠，一一如师言，当各别视之为一物。心境变，则外面环境自变，可再试之。"毓寿如余言，终获毕业。留协和，后转回苏州行医，名噪一城。余抗战中回苏州，毓寿时来余家。一家有病，皆由其诊治。

抗战胜利后，余又回苏州，任无锡江南大学文学院长。时河南大学播迁来苏州，校长乃北大同事老友姚从吾，邀余兼课。课堂设在沧浪亭，《浮生六记》之旧宅。一日，课毕，方出门，沛若赫然站路边。告余："近亦迁来苏州，知先生在此有课，故特来相候。"遂漫步同赴其家。知沛若已有子矣。一家三口，居两室，极逼窄。留午膳而别。自后遂多往还。

一日，在其窄室中，沛若问："《论语》孔子五十知天命，先生今年亦已过五十，敢问知天命之义。"余曰："此乃大圣之境界，吾侪何敢妄加揣测。余只敢在三十而立、四十而不惑上用心。回忆自果育学校、常州府中学堂以来，改朝换代，天翻地覆，社会一切皆已大变。而吾两人今日在此檐下坐谈，岂不髣髴依然是往日情况。此亦可谓是吾两人之能立能不惑，但只可谓是一种具体而微之能立能不惑，又只是微之又微，微不足道。正如一万贯钱与一文钱，一文钱太少，太无价值，但亦同是钱。孟子谓人皆可以为尧舜，罗近溪谓端茶童子亦即如圣人，皆此义。傥吾侪能立能不惑，继续下去，亦可算得是吾侪之天命矣。孔子言：'天生德于予。'人之禀赋有高下，德亦有大小。大德敦化，小德川流，纵是沟渎之水，只川流不息，亦皆朝宗于海。大海是其汇归歇宿处。此即是天命。"沛若言："我闻先生言，暂时总得一解放，但不久即依然故我，总不长进。"余言："余闻兄言，亦立时总得一警策。吾两人性情有不同，正好相互观摩，各自得益。勿妄自尊大，亦勿妄自菲薄。惟日孳孳，在安分守己中努力，如是而已。兄谓何如？"沛若数十年来，从不谈国家大事，亦不论人物臧否、世局是非，尽只在自己日常生活上自愤自责。其敦厚而拘谨有如此。

沛若长女嫁苏州一豪富家。一日邀宴，其父其妹四人同席。入门一账房，一大柜台，乃收租处。进为大厅，宽畅大方，陈设甚雅。沛若已先在，姊妹特来行一礼，留坐，皆婉辞而去。及同桌共餐，意气言语亦皆拘谨，终不稍有发舒。余念其姊乃一富家主妇，其妹乃一名西医，其父无论在家出门皆是一乡下佬，亦从不对二女有严父态。然二女对其父则礼敬有加，为余在他家所少见。此亦沛若终生以礼自守有以致之也。

余离苏州今又三十年，沛若傥仍健在，则已九十左右矣。此一乡下佬，乃一资本阶级，不知其何以自处。此又另是一种天命也。怅念何竭！

稿成越数年，闻沛若已逝世。又闻毓寿已移居美国，但告者亦不审此讯确否。

五　后宅初级小学

一

民八之秋季，余转入后宅镇泰伯市立第一初级小学校任校长之职。是年，余二十五岁。余自民元起，先在三兼，即任高小课程，只兼初小之体操唱歌课。自入鸿模与县四，皆系高等小学，而余则任其高年级之课。余之决意转入初级小学，厥有两因。一因报载美国杜威博士来华，作教育哲学之演讲，余读其讲词，极感兴趣。但觉与古籍所载中国古人之教育思想有不同，并有大相违异处。因念当转入初级小学，与幼童接触，作一番从头开始之实验，俾可明白得古今中外对教育思想异同得失之究竟所在。二则当时大家提倡白话文，初级小学教课书已全改白话文体，而余在民国七年曾出版一部《论语文解》，专为指示学生作文造句谋篇之基本条件而作。极思转入初小，一试白话文对幼童初学之利弊得失所在。此两念时在余心。

暑假前一日，余从鸿模去县四，欲与怀天一晤。是夕，泰伯市督学许君来县四邀安若泰去任后宅第一初级小学之校长。若泰乃余常州府中学堂低班同学。毕业后，留学日本，习法律。半途归，任初等小学校长。是年，转来县四任教。他日仍需赴日，领取毕业文凭，即可回国当律师。许君之请，若泰坚拒。许君请益坚，若泰终拒不允。

时县四诸同事皆同在一室中。余忽起立，语许君："余若肯往，君愿聘否？"众谓余乃故作戏言。余曰："绝非戏言，乃真心话。"许君曰："君若真心，我决无条件聘请。"余曰："君无条件，余则有条件。"许君问："何条件。"余答："余若往，学校行政及课程编排，余当有绝对自由，君肯勿干预否？傥上面及外界有非议或斥责，君肯同任其咎否？"许君答："一切可勿虑，悉随尊意。"余曰："如此即可决。"若泰告余："君勿轻作此决定。初级小学究与高级小学有不同。君无此经验，困难临头，必后悔。"余曰："正为无经验，故去从头学起。余心已决，绝不后悔。"若泰忽意动，曰："君果去，我亦追随。为君作一助手，君愿之否？"余曰："此更佳，宁有不愿。"若泰又曰："君与初级小学任教者皆不熟，学校有空缺，任我代聘，君肯勿过问否？"余曰："此更大佳，即浼君代劳。"此事遂一夕而决。

二

余与若泰既到校，若泰又聘来蔡英章，专教体操唱歌。若泰告余，英章直爽有胆量，肯吃苦，但亦肯听话，必可为君一好助手。又一人，乃后宅镇上一女性，旧任留校，课毕即离去。学校惟余与若泰、英章三人，每事必会谈相商。余告若泰、英章：“余有一理想，当使一切规章课程尽融在学生之生活中，务使课程规章生活化，而学生生活亦课程规章化，使两者融归一体，勿令学生作分别观。若使彼等心中只分出一部分生活来服从学校之规章课程，另保留一部分生活由其私下活动，此决非佳事。”两人皆同意，请谈办法。余曰：“欲求课程生活化，先当改变课程，如体操唱歌，明是一种生活，但排定为课程，则学生亦以课程视之。今当废去此两课，每日上下午必有体操唱歌，全体学生必同时参加，余等三人亦当参加，使成为学校一全体活动，由英章任指导。”若泰、英章对此皆表赞同。

余又曰：“欲使学校章则生活化，此事较复杂。首先，余意欲废止体罚，勿使学生视学校章则如法律，误认为一切规矩皆是外面加上之束缚。使规矩能生活化，岂不是教育上一大目标乎？”若泰、英章对此不表赞同。谓余仅谈理想，不顾经验。今日之初级小学，皆自六七岁起，最长不过十三四岁，童稚无知，群相聚，事态百出，有时非加体罚不可。余曰：“纵童稚，亦得对之有理想。仅有理想不顾经验，此属空想。但只仗经验，不追求理想，到底亦仅是一习惯，将无意义可言。有关训育方面，余愿一人任之，以试验余之理想，盼两君随时在旁相助。以两君之经验，随时随事相告，以助成余此一理想。遇有困难，再从长讨论，另作决定，如何？”两人皆无言。

即日，余出布告，课毕皆须赴操场游散，勿逗留课室中。余随巡视。有一生兀坐教室中课椅上。余问：“何不赴操场？"彼兀坐不动如故，亦不语。余问其姓名，亦不答。乃召班长来问之。班长告余，此人乃杨锡麟，曾犯校规，前校长命其到校后非大小便即坐课室中不许离去。余曰："此乃前校长所命，今前校长已离学校，此命令亦不存在。汝当带领其同去操场。"二人遂去。不久，一群学生围拥杨锡麟来余办公室，告余："杨锡麟在操场旁水沟中捕一青蛙，将之撕成两半。"一人并带来此青蛙之尸体。余曰："杨锡麟因久坐课室中，汝等所知，彼皆不知。今获与汝辈同游散，汝等所知，彼亦可渐渐学而知之。汝等当随时随地好为劝告，勿得大惊小怪，彼犯一小错误，即群来告发。以后再如此，当罚汝等，不罚杨锡麟。"诸生乃默默无言而去。

又有兄弟两人，乃后宅附近邹姓，系余之戚属。其家长亲送来上学。家长辞去，余命两人亦至操场。不久，群拥其弟来余室，其兄随之，群告其弟随手打人。余曰："他年尚幼，汝辈皆年长于彼，何足怕。他若再打人，汝辈可回手打他，我将不罚汝等。"群欢然而散。其兄大哭，谓吾弟将被人打如何受得起。余告之曰："汝勿忧。汝弟若不先打人，他人亦不会来打汝弟。汝惟好相护视，令汝弟莫再打人即可。"此后亦无事。若泰、英章在旁，见余处理此两事得当，皆大赞许，再不主张用体罚。

三

余上堂，好用两种测验。在黑板上写一段文字，令诸生凝视三数遍，撤去黑板，令诸生默写。又口诵一段文字，诸生默听三数遍，令其默写。如是数次，觉杨锡麟于默听后所记常无误，意其听觉必较佳。一日，傍晚散学，余独留锡麟。余弹琴，令锡麟随而唱。音节声调果皆祥和，温雅有致。余再弹，令其再唱。余忽停弹，琴声息，而锡麟出不意，歌声仍续，意态静定，有佳趣，余大加赞赏。问："明日唱歌班上汝能一人起立独唱否？"锡麟点首。又问："琴声息，汝能仍续唱如今晚否？"锡麟又点首。明日，上唱歌班，余问何人愿起立独唱，锡麟举手起立。琴声息，锡麟独唱不息。诸生皆惊，鼓掌声久不息。

自锡麟捕杀青蛙事被告发，诸生虽不再告发锡麟他事，然锡麟与诸生间，终若有隔阂。锡麟一人终被歧视。自此后，诸生再不歧视锡麟，锡麟意态亦渐发舒，视其前若两人。

时学校将开一游艺会，余告英章，好好教锡麟唱一老渔翁歌。英章遂常独留锡麟在校教唱，务期尽善尽美。又特备蓑笠，令锡麟披戴演习。临开会，锡麟一人独扮一老渔翁，登台演唱，琴声歌声，悠扬满堂，众皆默坐神往。老渔翁一剧毕，最得满座之掌声。而杨锡麟乃迥出他人之上。

余近年在台北，常晤后宅镇人老友邹景衡。一日，忽语余杨锡麟毕业后事。相隔垂六十年，当时后宅小学诸生，独杨锡麟一人尚在其同镇人口中得称道，真出余意料外也。

四

时泰伯市长为后宅镇人邹茂如，景衡父。景衡留学日本。茂如为人忠诚坦白，敢作敢为，一镇皆贴服。年五十左右，与余为忘年交。遇其在家，必来学校。于诸生家属多熟悉，纤屑皆谈。有一邹生，家一寡母，生则独子，在校课程皆列上等。在校外，则多不守规矩。其母甚贤，但亦无以教之。茂如告余其母子事。

年假，余返荡口，三四日即返校。校役告余，假中有两学生私进学校故犯校规，并举其名。其一人即邹生，另一人，平日在校亦多犯规事。时余记起读《汉书》诸名臣治郡之事。乃召其一人来，严问其私入学校事，此生直认不敢讳。余告之曰："汝与邹生同来，平日必常相聚首。余知其离学校多不守规矩。今命汝三日内，可常与邹生相偕，遇其有不守规矩处，即来告余。但决不可以此事告彼知之。余可减汝罪，不深究。"该生欢然而去。隔一日，即来告："邹生有一叔父，开一猪肉铺。邹生在每日清晨上课前，即在柜台上代其叔收钱登账。待叔至，即来校。但日私取钱少许，纳己袋中，不入账，其叔亦不知。又昨日，我偕其在一糖果铺买糖果，铺主人回身取货，彼即在铺前摊上私取糖果一小包，铺主人亦不知。"余告之曰："汝果能如余命，汝犯私进学校罪，可仅记一小过，不再深究。余因恐邹生不能如汝般直认己罪，故令汝告发其私。俾可从其他罪名加深处罚，亦免令汝当面作证。彼若屈服，直认其罪，亦可减轻惩罚，是汝亦已助了他一臂之力。此后汝当善遵师旨，勉为一好学生。亦当敦友谊，勿轻道人过。汝自思之。"该生欣然而去。

余即召邹生来，问以私入学校事。邹生否认。余曰："只要己莫为，莫谓人不知。汝每日私取汝叔柜上钱，汝有之否？又昨日私取某铺糖果摊上一小包糖果，有之否？"邹生大惊骇。余又告以："汝其他不守规矩事尚多，因汝在学校功课好，故暂不问。不谓汝竟不知改。汝亦勿谓汝叔父不知汝事，汝当向汝叔直道己过，并告以知悔改，汝叔对汝必加赞赏。汝近犯私入学校事，亦当仅记一小过，不深究。汝若不依余言，将受重罚，勿悔。"是日，余对邹生倍加诲谕。邹生果如余言，向其叔道罪。其叔曰："此事我早知之，今汝悔改，真好孩子。"遂每月额定其工作费，尤多过其私取。一日，其寡母特来校告余，其子近日大变常态，能知孝道，不知由何如此，特来谢师。茂如亦来言："君等来，校风大变，皆三师善尽教导之功。一镇人皆称誉。"

五

时学校预定在下学期可添聘一教师。有一鸿模毕业生，忘其名，极聪慧，余颇爱之。升学上海某商业学校，毕业归，任其乡甘露镇一初级小学校之校长。余与通函，约其转来后宅，未得覆。年假归，元旦清晨，余自荡口步行至甘露，约可五华里。入门，某生方起床盥漱。坐定，余问："得余书否？何不覆，岂无意来共事耶？"某生无以对。余曰："果无意，亦必有一理由，何默不言。"某生迟迟答曰："师即观今日此刻情形，已自知之，何必强生再多言。"余曰："此语何义，余实不解。"某生曰："今日乃元旦，师远从荡口徒步来甘露，生方起床，盥漱未毕。如此情形，生何敢来与师共事。如去，生多遭师责骂，师亦空自增闲气。生久思之，不敢来，亦无以覆。幸师赐谅。"余曰："生语余已明白。然生近日生活态度何以骤变如此，亦盼有以告余。"某生曰："恕生直言，幸师勿责。生自就职以来，一日忽念，今年任一小学校长，明年仍是一小学校长，如此终生，成何意义。"余曰："生当返思，六年前，生是一高小学生，进而为中学生，又进而为小学校长，升迁不谓不速，何以忽生此念？如余，六年前在高小任教，六年后转入初小。六年前与汝为师生，六年后与汝为同事。余尚未有如生想法，生奈何涉想到此？"某生曰："生亦不自知其如此，故未敢以告师。"余又问："生既不甘长为小学教师，曾作何想。"某生曰："生曾从沪买来一缝袜机，雇一女工，缝袜出售。得赢，又买一机。今已有三机。待买得十机，便拟辞现职，自设一缝袜厂。"余曰："生言差矣。今年为一缝袜厂老板，明年仍为一缝袜厂老板，终生为一缝袜厂老板，其意义又何在？人生岂能如孙悟空，摇身作七十二变。变来变去，还是一孙悟空。人总是一人，孙悟空逃不出如来佛掌心，人生亦有逃离不得处。生何遽倦怠如此。"某生言："六年前生亦知服膺师训，今忽生此妄想，一时自无奈何。待生回心转意，当愿常随左右。"如此遂无结果而返。

六

是春，乃由沪上余两姑表兄弟介绍一湖南人赵君，忘其名，来教国语。教材由余与赵君洽定。若泰、英章亦偕余同上班，国语课遂与体操唱歌课同为每日全校师生之共同必修课。而余之国文课则退居在后，不占重要地位。乃以作文课代之。

余告诸生，出口为言，下笔为文。作文只如说话，口中如何说，笔下即如何写，即为作文。只就口中所欲说者如实写出，遇不识字，可随时发问。一日，下午第一课，命诸生作文。出题为"今天的午饭"。诸生缴卷讫，择一佳者，写黑板上。文云，"今天午饭，吃红烧猪肉，味道很好，可惜咸了些。"告诸生，说话须有曲折，如此文末一语。

又一日，余选林纾《技击余谈》中一故事，由余口述，命诸生记下。今此故事已忘，姑以意说之。有五兄弟，大哥披挂上阵，二哥又披挂上阵，三哥亦披挂上阵，四哥还披挂上阵，五弟随之仍然披挂上阵。诸生皆如所言记下。余告诸生，作文固如同说话，但有时说话可如此，作文却宜求简洁。因在黑板上写林纾原文，虽系文言，诸生一见，皆明其义。余曰："如此写，只一语可尽，你们却写了五句，便太啰嗦了。"

又一日，命诸生各带石板、石笔、铅笔及毛边稿纸出校门，至郊外一古墓，苍松近百棵。命诸生各自择坐一树下，静观四围形势景色，各自写下。再围坐，命诸生各有陈述。何处有人忽略了，何处有人遗忘了，何处有人轻重倒置，何处有人先后失次，即据实景互作讨论。

余又告诸生，今有一景，诸生多未注意。诸生闻头上风声否？因命诸生试各静听，与平日所闻风声有何不同。诸生遂各静听有顷。余又告诸生，此风因穿松针而过，松针细，又多隙，风过其间，其声飒然，与他处不同，此谓"松风"。试再下笔，能写其髣髴否？诸生各用苦思写出，又经讨论，余为定其高下得失。经半日，夕阳已下，乃扬长而归。如是，诸生乃以作文课为一大乐事。竞问，今日是否又要作文。

一日，遇雨。余告诸生，今日当作文。但天雨，未能出门。令诸生排坐楼上廊下看雨。问："今日是何种雨？"诸生竞答："黄梅雨。"问："黄梅雨与其他雨有何不同？"诸生各以所知对。令互相讨论，又为评其是非得失。遂命下笔，再互作观摩。如是又半日。

余又令诸生各述故事。或得之传闻，或经由目睹。或闻自家庭，或传自街坊，或有关附近名胜古迹，桥梁寺庙。择其最动人者，或赴其处踏看，或径下笔。每作一文，必经讨论观摩，各出心裁，必令语语从心中吐出，而又如在目前。诸生皆踊跃，认为作文乃日常人生中一乐事。

如是半年，四年级生毕业，最短者能作白话文两百字以上，最多者能达七八百字，皆能文从字顺，条理明畅。然不从国文课本来，乃从国语课及作文课来。而作文课亦令生活化，令诸生皆不啻如自其口出。此为余半年中所得一大语文教学经验。

七

如是一年，余忽得病，就医城中，断为初期肺病，令休息疗养。若泰、英章诸人乃绝不许余预闻校事，皆曰："萧规曹随，兄复何虑。"茂如方规划创设一图书馆，馆址即在学校旁。若泰、英章诸人强余迁居图书馆楼上。一人孤寂，日临许氏《说文》，学写篆体大字。病良已。茂如又命余偕镇上别一邹君游西湖，名为赴杭州、上海、苏州采购书籍，实以假余作疗养。其时，余能于半日间，徒步连登西湖南北两高峰，则体健可知。

在杭州购书时，得康有为《新学伪经考》石印本一册。图书馆购书，皆须木刻大字本，此书遂归余私有，为余八九年后写《刘向歆父子年谱》之张本。

此次购书归来，余遂日夜读以前未见书。一日，读钱竹汀《年谱》，至某年竹汀"因病自撰《年谱》"语，心大疑。念竹汀生平有许多著作，何竟一字不提。读及后半，始知竹汀许多著作，皆在其因病自作《年谱》之后完成。心又大奋。余尚年轻，病亦良已，以竹汀为例，此下正大可努力也。

是年春，余部署图书馆一切略就绪，遂行开幕礼。是为无锡县各乡市设图书馆之第一所。然其时，有一大不愉快在余心头者。时乡里初小毕业生，除士绅子弟多远出升学外，余多镇上小商人家子弟，毕业即留家，在商店中服务。或茶肆，或酒馆，或猪肉铺，或糖果摊，极少再升学者。余虽绝少至街市，然闻此甚不欢。念余在此教读，心力交瘁，积年读书工夫亦多放弃，而所得仅此。果是作一番试验则可，若久淹于此，恐违余志，遂决意离去。

八

余来校之第一上半年冬季，一夕，余与若泰、英章三人聚谈。时李石岑自欧留学返国，以哲学名，在上海《时事新报》副刊《学灯》任主编。每作一文，必以大一号字登首幅，其余皆小一号字排。余告两人，石岑文亦自语简意远，较胜他文。余当试投一稿，看其亦能用大一号字刊之首幅否？二人亦加怂恿。余撰一文，长可三百许字，题名《爱与欲》。投去。是为余生平在报纸上投稿之第一篇。越日，余文果以大一号字在《学灯》首幅刊出。若泰、英章两人大加揄扬，促余续为文。题已忘，忆是论希腊某哲人与中国道家思想之异同。稿既成，寄去，不数日，又以大一号字登《学灯》首幅。乃为《学灯》上刊载大一号文字李石岑外之第一人。若泰、英章倍加兴奋，又促余撰第三文。时《学灯》忽刊一小条，曰，"钱穆先生请示通讯地址"。两人更兴奋，谓"兄自此获知于当代哲人，通讯久，当有前途可期"。余覆函，写后宅镇第一小学地址。若泰、英章曰："君学问高出人一等，然奈何愚蠢若此。"余问："何愚蠢？"若泰曰："当待通信久，乃可让彼知君底细。若如此寄出，我敢打赌，必无通讯希望。"余曰："行不改姓，坐不改名。所作文字与所任职务乃两事。宁如君所想，余不愿打赌，但亦不愿不以余真相明白告人。"若泰曰："图书馆址即在侧，不如用图书馆字样，彼或疑君乃一宿儒，如此或可有通讯希望。"余不从，并附第三文去。不久，此文改小一号字体，刊入《青年论坛》中，亦终无来信。若泰曰："果不出我所料。"因告余，悦不信，可续投他文，将决不会再用大一号字登首幅。余似又寄第四文，续登《青年论坛》。自是遂绝不再投寄。①

后十许年，余已任教北京大学。暑假还苏州，时李石岑以婚变，其新恋人在苏，石岑亦来。某君召宴，余与同席。两人初见面，石岑尚忆余名。一见即问，君今在北大，

---

① 原编者案：上海《时事新报》《学灯》副刊于民国十年一月十六日刊先生作《意志自由与责任》，二十日刊《因果》，二十一日刊《爱与欲》，上述三文皆用大一号字刊出。据此可知商谈投稿事应在民国九年之冬季，为先生到后宅初小之第二上半年之冬季，非第一上半年。

尚作文言文否？余答然。此下遂别作他语，绝不及以前事。同席人亦不知余与石岑有此一段经过也。

九

若泰于余投稿《学灯》之明年春，去沪上晤其常州府中学堂同学施之勉。旅馆夜谈，纵论一时作家名学人。之勉首举余名，曰："在《学灯》见此人文，文体独异，惜不悉其人资历，及今何所在？"若泰曰："此人乃我辈常州府中学堂旧同学，近在后宅，与余同一学校。惟已改名，故君不知耳。"之勉时在厦门集美学校任教务长。告若泰："我此去，必加推荐。"若泰归告余："兄不见知于李石岑，今终见知于老同学施之勉。不久当可得来讯，吾侪相聚恐不久矣。"然直至夏季，之勉亦终无来信。

余与若泰、英章同赴后宅满三年，一夕，蔡英章忽言："吾三人如此寂寞相处，何可久耐。他日我蔡英章三字当以大标题刊报端，作第一条新闻，则我愿足矣。"余与若泰竞笑之。在国民革命军北伐前，英章任职某学校，竟在乡里中集众演说，获罪处死，亦可惜也。若泰去日本，获文凭返国，不详其究竟。

六　厦门集美学校

附　无锡县立第一高等小学校

一

民国十一年秋季，余辞去后宅小学及泰伯市立图书馆长职，转至县立第一高等小学任教。此校在前清时名俟实，为无锡杨氏初创第一所私立新式学校，极有名。民初，改为县立。

余到校未盈月，忽得厦门集美学校来电，又来聘书。是为余初获中学聘。时余得月薪二十四元，而集美则为月薪八十元。余意欲应聘，遂持原电呈县一校长，恳另觅替人，俾可去职。校长力加挽留。余归寝室，念已受聘，未获替人，岂可遽去。如是忐忑有日。一夕，忽一同事来余室，诧问余："闻君已得集美聘，并已向校长辞职，何以仍留校上课不去？"余告校长坚留，不便遽离。某同事言："此乃校长对君之礼貌。闻其已洽得替人。君不行，将反使校长为难。君当再度向校长请辞，惟弗提请觅替人事。只言辞便可。傥别有问题，我可再约同事一二人为君陈说。"余闻言，心下大解舒。遂再辞。于中秋假期前离校。是为余任教小学之最后一校，亦为任期最短之一校。

在家渡中秋节后，一人赴沪上，搭海轮赴厦门。余自民元起，在秦家水渠、荡口、梅村、后宅四处小学，辗转十足年有半，余年亦二十有八岁矣。

二

余初次渡海远游，长风万里，水天一色，时登船尾，晚观日落，晓观日出，尽日观赏。第三天傍晚，船抵厦门。知集美有接待处，然一人携行李数件，天色已黑，恐上岸后寻访为难。同船一人，乃留学生，问余，厦门大学有熟人否？余云"有"。彼云："不如径往厦大借宿一宵，明晨再来访求集美接待处较便。"遂为余雇一小艇，回驶向港口，黑夜望岸上灯火，惟闻桨声，深以为乐。艇泊一沙滩，艇夫肩余行李前行，余后随。至一处，艇夫大声呼叫。厦大有人来，接肩行李，余又随行。不久，进入厦大，至某相识宿处，已不记其姓名，留宿一宵。翌晨，访集美接待处，送上一小轮。港汊纡回，四望景色极美。轮上十余人，疑皆集美学生。群操闽南语，不知其所云。

抵校，无围墙，无校门。径往校长室。校长叶采真见余来，大欣慰。即送余至为余预定之寝室。在一楼上，室极宽大，三面皆窗，惟一床，大觉安适。此室为余与之勉两人同居。之勉另赁一屋在校外。是日下午来，与余初不相识，一见如老友。之勉小坐而去。

三

　　余所任，乃高中部、师范部三年级同届毕业之两班国文课。翌日，即上课。同授曹操《述志令》一文。时余方治中国文学史有新得。认为汉末建安时，乃古今文体一大变。不仅五言诗在此时兴起，即散文为体亦与前大异。而曹氏父子三人，对此方面有大贡献。惟曹氏此文，不仅不见于《文选》，即陈寿《三国志》亦不录，仅见裴松之注中。故首加选讲。校长时在课堂外徘徊。授此文既毕，校长即夕盛宴，列席者皆本学期新聘同仁，余居首座。隔日，之勉来告余："君初到，不敢骤以告。君所任两班课，前任一人年逾五十，乃一老名士，西装革履，教白话文，今方返南京，自办一学院。一人乃南京第一高等师范旧同学，年三十左右，戴瓜皮帽，穿长袍，教文言文。两人年龄老幼相差，而意趣新旧又别。年老者趋新，年幼者守旧，而两人皆各得其班上学生之推崇佩服。一旦均以事辞职而去。学校拟聘一新人兼此两班课，骤无把握。去年我曾向校长推荐君，校长询问已详，多经考虑，终不接受。今遇此难关，来问我，'君前年所推荐者，若来同时任此两班课，能保其胜任否？'我答'非特胜任，又必有出色过人处。'今兄来，校长连日不安，自得两班同学佳誉，心大喜悦，特来告我。闻已邀兄盛宴相款，故我亦敢详以奉告。"

余之首授曹氏此文，正在当时文学上新旧两派争持之间。而曹操为人，同学间亦初不知其在中国文学史上有如此一特殊地位。故两班学生骤聆余课，皆深表钦服。此亦殊出意外也。

四

集美校址广大，校舍恢宏，高楼丛立。校主陈嘉庚兄弟乃集美村人，随其父经商南洋。其父破产，依南洋侨商惯例，其子可不偿父债。陈嘉庚兄弟家业续起，乃逐步清偿其父旧欠。债主皆云："此间例，父欠子不偿，可勿尔。"两兄弟谓："已有盈裕，偿债不害此下之经营。"于是信誉日隆，业务日扩。

又南洋旧例，出赀兴学可不负税。于是在其故乡集美村，先创一小学，聘无锡名教育家侯保三任校长。此后学校日扩，有中学、师范、女子中学、商船、水产、农业六部。嘉庚仍不自满，决心办大学。以大学经费大，恐非独立所能胜任。乃不在集美村旧址，另办新校于厦门，名厦门大学。初意欲广揽众力共任之。而南洋侨商群谓，陈嘉庚回国兴学孰不知，旁人相助，彼独享名，复何意义。遂皆袖手。厦大仍由陈嘉庚独赀支持。

陈嘉庚兄弟轮年必归集美一次。一日，陈嘉庚返集美村，至校长办公室。门仆见其村俗，禁不许入。嘉庚言："我乃校主，欲见校长，请赐通报。"门仆惊惶入告，校长出迎，一校传为嘉话。

余漫游学校各部分，皆高楼矗起，惟校长办公室乃一所平屋，最不受注意。最先小学旧址犹在，屋舍更简陋。而校主住宅亦在学校内，更是一所普通平民屋。陈嘉庚兄弟回国，即住此。嘉庚有一子，在校读书。有一自行车，往返住宅与学校间。又畜一马，星期日驰骋学校内外，为健身运动。其所异于其他同学者惟此。

五

施之勉乃余常州府中学堂低班同学。余在校，虽不与相熟，而亦曾知其名。之勉毕业后，又升学国立南京高等师范学校，受其师柳诒徵翼谋之称赏。时集美教师多来自南、北两高师。之勉曾任教务长。

时集美同事住校者皆单身，之勉则携其新婚夫人沈韵秋女士赁一小屋，居村中。余每星期日必至其家。之勉体弱多病，又因家贫负债，欲求节省清偿，日以进薄米稀粥，以盐拌水豆腐佐膳。其夫人则贤慧有加，侍夫治家，食淡攻苦，绝无应酬。之勉年方过三十，俨然一恂恂儒者。而其夫人则纯如一旧式之闺秀。又有无锡同乡与之勉南京高师同学蒋锡昌，时亦在集美任教，必与余同至施家。

每逢星期日，余与锡昌同赴厦门，又常同游鼓浪屿。尤好游其两公园，一在山上，一在海滨。滨海者有曲折长桥架海上，更所爱游。返厦门，以叉烧包当午膳。买猪蹄一，海参几条。归，竟往施家。与之勉三人畅谈。其夫人炖海参蹄膀至极烂，供晚餐。余与锡昌必饱啖至尽。之勉则极少下箸，仍以盐豆腐薄米粥为膳。如是，每星期不变。其夫人之炖治海参蹄膀，亦每膳不变。一如天下之至乐，乃无过于此者。

余离集美越一年，锡昌亦离去。锡昌乃无锡乡间一富农，不脱农人本色，乃绝无富人气味。常自其乡来城访余于第三师范。遇雨，则穿其家中自制之油鞋，鞋底钉声铿铿，终不见其穿皮鞋。余两人常在无锡公园中畅谈尽半日。锡昌好道家言，著有《庄子哲学》一书。余后曾采其说入余著《庄子纂笺》中。

之勉离集美，在家养病。余在三师时，亲访之其家施家宕。同游其附近之唐平湖，其时顾颉刚《古史辨》方问世，余手一册，在湖上，与之勉畅论之。余离三师至苏中，之勉来三师，一校同事几尽为其南京高师及中大之同学。抗战军兴，之勉在重庆界石之蒙藏学校任教。余自成都至重庆，亲访之。其幼子方积年病在床，几不起，一家生活益清苦。之勉则以其时成《秦会要》一书。

胜利还都，之勉助其师柳翼谋重整江苏省立国学图书馆。又返无锡，任县中校长。余在江南大学，常去其家。后之勉避共来台，随其长子在台南一农场，余又时访之。其时之勉生活则清苦更甚于往常。及之勉任台南成大教职，余又得屡与相聚。之勉仍多病，即饮水亦有定时定量。其夫人治家侍夫一如往昔，而之勉终能在贫病中著述不辍。后其夫人亦时病，之勉从成大退休后，又随其长子至台中中兴新村。其夫人长期卧病在医院中，余夫妇又亲访之。其夫人卒不治。余题其墓碑曰："艰难缔姻，刻苦持家。贞德弥励，幽光永嘉。"盖道实也。

今之勉乃鳏居，仍著述不辍。今年已八十九，而体健转胜往时，亦其积年谨慎清淡所致也。忆余生平所交，惟之勉为最亲亦最久。而生活之清苦，亦惟之勉为甚。余尝一日问之勉，读《论语》何章最感受亲切。之勉举"饭疏食饮水"一章以对。今已不忆是何年事，当逾五十年矣！然之勉毕生安贫，殊堪后生之佩仰，惜不能一一详述之。

<h1 style="text-align:center">六</h1>

余在集美，寝室既宽静，教课又轻减，乃一意肆力于读书。图书馆距余寝室不远。校长屡告余："图书馆事，盼时加指导。"又告余："已告图书馆长，当谨听规划。"余疑之勉前年推荐，时必受若泰意见，言余为图书馆长，不言余为小学校长。故集美校长乃存有此印象。然余未以询之勉。惟图书馆长视余落落，余亦仅借书即离去，不逗留。犹忆在集美所读，以《船山遗书》为卷帙最巨。余在梅村已成习惯，读书必自首迄尾，通体读之。不抽读，不翻阅，读《船山遗书》亦然。遇惬意处，加以笔录。后在北京大学写《近三百年学术史》，《船山》一章所用资料即本此。又读其注《楚辞·九歌》，言"屈原居湘乃汉水，非

沅湘之湘"，尤有启发。后在《先秦诸子系年》一书中详论之。又为《楚辞地名考》《周初地理考》《三苗疆域考》，最后为《史记地名考》，余之注意古史地名迁革，其起源在此。后余又撰《庄子纂笺》一书，亦从船山注《庄》发其义。

余在集美又好作海滩游。预计每日海潮上下之时刻，先潮涨而去，坐大石上迎潮，潮迫身而退。独有一唱歌图画教师，今已忘其名，亦好来迎潮，每与相值。彼好述其师李叔同后出家为弘一法师者之言行，纤毫备叙。余闻此等语，真如在世外，非人间，令人神往，诚当年余游海滩一异遇也。

七

年假后，余再往学校，风潮骤起。学生对学校多所请求，校长拒弗纳。学生益坚持，久相持，不决。事闻于校主。校主告人，我请了校长，学校事一切由其作主，我决不过问。校长遂由此绝不作退让意。时同事中，有两人，与余而三，愿出面居中作调停。同学已接纳，校长派人来言，学校自有主张，幸勿介入。最后乃激起公愤，群议散学。一晨，学生召集一大会，惟学生素所敬重之教师皆邀请预会，相聚言别。其中实多事前在背后对诸生鼓荡或赞助此风潮之人。余亦被邀列席。学生一一请诸师临别赠言，亦请余，余辞。诸师皆言，学生反抗学校，走向光明，乃教育之成功。学生屡屡鼓掌不已。及正午十二时，赠言方毕，将散会。余听诸同事言，心有感，不耐久默，起立求发言。主席邀登台，余一时兴奋，直言不忌，大意谓："诸生反抗学校，走向光明，如谓是教育成功，亦即是学校之成功。果学校教育失败，诸生今日散去，前途恐无光明可期。诸生回家后，恐诸家长暑假后仍会令诸生回校，到时诸生当忆余此刻所言。傥诸生决意不返，宁无继续来此求学之人，则学校仍是此一学校。否则学校空留此一堆壮丽美好之大建筑，寂寂无人，诸位与此学校或久或暂，均已结合有此一段因缘，思之岂不可惜。学校纵有不是，诸生岂宜争一时之义气，出此下策。"诸生骤闻余言，皆默坐无表示。余又谓："此刻诸生不鼓掌，但亦不发嘘声，此乃诸生之良心显露。请皆认取此刻，归后细思之。"余退。有学生欲登台发言，主席大声叫，大会已毕，勿再发言。会遂散。学生邀余作团体照者，又十余起。

时校长派人在会场后面窃听。散会后，即派人来余室。言余在会场凡言校长不是处，校长皆一一诚心接受，下学年当力求改进。随又派人送来下学年聘书，余拒不纳。又派人来，余言："厦门海轮已先定席位，明晨即起程。"来人坚不许携带行李。不得已，留行李两件，私下托锡昌随后带回。余以中秋节后前来，以端午节前离去。是为余在集美一学年之经过。及上船，鼓吹此次学校风潮诸同事多同轮，途中与余均绝不谈风潮事。

下一学年，余乃转至无锡第三师范任教。然仍两度续得集美聘书并蒙电召，余皆婉辞。一九四九年，余避共来香港，有人告余，集美校长叶采真亦来香港，闻君来，不日当来相晤。然亦竟未会面。前后相距，则已近三十年矣。

七　无锡江苏省立第三师范

一

民十二之秋季，余转入无锡省立第三师范任教。学校旧规，任国文课之教师，必随班递升，从一年级至此班四年毕业，再回任一年级。全校应有国文教师共四人。余应聘时，四年级国文教师为钱基博子泉。余之去三师，即其所介绍。子泉提倡古文辞，负盛名。曾私人创一定期刊物，忘其名，按期出一纸四面。余读其创刊，即投稿解释《易·坤卦》"直方大"三字，获载其第二期。[①]及是，闻余自集美回，遂来相邀，余即应之。三年级国文教师为吴江沈昌直颖若，年较子泉尤长。喜诗，尤爱东坡。为人谦和，以诗人兼儒家风。二年级国文教师急切未洽聘得人。余任一年级又暂兼二年级课。一年后，有新人来，余遂专任初教之一年级班，并为其班主任，直到该班四年毕业。此刻在台北之糜文开，即为其时班上之一人。曾随外交使节赴印度，留住多年，爱读泰戈尔书，有译本，并与其夫人台

---

① 原编者案：此稿在大陆搜寻多次，至今未获。据考钱基博先生私人未曾创办刊物，此或是其曾主编三师《校刊》之误。惟三师《校刊》至今尚未寻获。

大教授裴普贤女士同治《诗经》，颇有著述。

时子泉已在上海圣约翰及光华大学任教，因任三师四年班课，欲待其班毕业，故仍留校兼课。每周返，课毕，余常至其室长谈。时其子锺书方在小学肄业，下学，亦常来室，随父归家。子泉时出其课卷相示，其时锺书已聪慧异常人矣。子泉家近三师，彼一年离校后，遇其返，余亦常至其家。其双胞同胎弟基厚孙卿，亦甚有名。故余与子泉兄弟及锺书相识甚稔。及余去清华大学任教，锺书亦在清华外文系为学生，而兼通中西文学，博及群书。宋以后《集部》殆无不过目。锺书毕业清华后，留学英伦。归，又曾一度与余同在西南联大任教。后随其父同任教于湖北省之国立某师范学院。然与其父为学意趣已渐相异。

抗战胜利后之某年暑期，余赴常熟出席一讲学会。适子泉、锺书父子俱在，同住一旅馆中，朝夕得相聚。余告子泉，国难尚未已，国、共思想斗争，学校风波仍将迭起。余此下决意不再在北平、天津、南京、上海四处任教，暂避至较僻处，俾可一意教学，避免此外之许多麻烦。子泉即转面告锺书，"汝听宾四叔言如何"。江浙钱氏同以五代吴越武肃王为始祖，皆通谱。无锡钱氏在惠山有同一宗祠，然余与子泉不同支。年长则称叔，遇高年则称老长辈。故余称子泉为叔，锺书亦称余为叔。时子泉决意仍返湖北，而锺书则改在上海任教，两人对时局意态不同。两人同治文学，而意态亦不同。锺书亦时称余言以微讽其父。然余在中学任教，集美、无锡、苏州三处，积八年之久，同事逾百人，最敬事者，首推子泉。生平相交，治学之勤，待人之厚，亦首推子泉。余离大陆不久，即闻其卒于湖北。惜哉。锺书去北京初闻其任毛泽东英文秘书。最近见报载，始知系传闻之误。

二

自子泉离三师，颖若最为三师国文课之老师。其同乡有胡达人教英文，极具中国学人风度，绝不见有洋派气息。喜饮茶，善自烹煮。午后，余与颖若必聚其室，同品茗。后又有南京中大毕业之某君，亦来教国文课，亦吴江人，亦常同在达人室饮茶。唯余一人，每茶必至。达人最喜饮太湖"碧萝春"。自备一小垆，自煮水，用盖碗，泡三次而止。达人对一切烹煮皆有讲究。或同赴惠山品惠泉茶，或同至公园饮茶，言谈有风趣，余尤乐与之游。

三师同事中，又有常州府中学堂同班同学郭瑞秋，江阴人，曾游学日本。其寝室与余贴相接。书架上多日本书，有林泰辅《周公传》，蟹江义丸《孔子研究》，余尤喜爱。因念梁任公言，自修日本文，不两月即能读日本书。余亦遂自修日本文。识其字母，略通其文法，不一月，即读瑞秋架上此两书。试译《周公传》一部分，后付商务印书馆出版。及为《论语要略》，述孔子事迹，亦多得益于瑞秋架上之蟹江义丸书。日本自明治维新，而汉学亦开新境界。中国自"新文化运动"起，古籍遂成国渣，疑古非孔，新义迭出，两国相异在此。然今日日本书亦尚日语化，其新出汉学书，余亦不能再读矣。

一日，瑞秋邀余至其江阴城中家吃河豚。俗言，"拼死吃河豚"，余心戒之，以询。瑞秋言，彼有姑母，最擅烹河豚术。已先请在家，可勿虑。路上行一日，到瑞秋家已入夜。桌上放河豚，余仅略下箸，心终不释。乃亦不感其味。翌晨，瑞秋引赴市上，见满街满室皆河豚，心始释然。归午餐，始大啖，并感其味之美。晚又尽情大啖。江阴又出刀鱼。瑞秋又一次自其家烹治携赴学校，余觉味较河豚尤美，更嗜之。瑞秋为人极素朴，绝不留意饮膳。河豚刀鱼乃江阴乡土味，瑞秋为人亦深具乡土味。一乡人嗜之，故彼亦邀余啖之耳。

三

民十四孙中山先生病逝北平之翌年春，一日，前后宅小学同事国语教师赵君自沪上来，特约至其旅馆相晤。赵君告余，彼已加入国民党，此来乃特邀余入党。赠余中山先生《三民主义》一书，曰："君试读之，我下周再来听君意见。"下周，赵君又来，重在旅馆相晤。问余读此书否。余答已读过。并告赵君："余读此书，震动佩服，迥出读其他现代人一切著作之上。"赵君曰如此君应可即日入党。余曰："此事余已细思，他日余学有进，当对此书致力阐扬。苟入党，则成为一党人，尊党魁，述党义，国

人认余为一党服务，效力有限。余不入党，则为中国人尊
一中国当代大贤，弘扬中国民族精神，一公一私，感动自
别。余意已决，幸勿再劝。”赵君怅然别去。后闻其常在
上海街头公开演讲，以积劳卒。距相别不一年。后余著
《国学概论》一书，以中山先生《三民主义》为殿。或讥
“《三民主义》乃国民党之党义，何得编入《国学概论》中，
不伦不类，君将作何意图”。余亦急切无以作答。然余之
悉心读《三民主义》，则自赵君始。

余前在果育小学投考常州府中学堂时，得识华叔勤。
及在鸿模小学任教，叔勤特命其二子自城来从学。余离鸿
模时，叔勤幼子抽刀割手指，血书请学校坚留。后彼兄弟
转学沪上，肄业某大学。余在三师，一日，忽其幼子来，
劝余进同善社，余却之。彼坚劝不已。谓得师一人入社，
功德胜劝千万人入社。余无法开导，只言再说。越数日，
又来，请益坚，几不容余吐一语。乃严辞命之出。偕之至
校门，告门房曰："他日此人来，勿许其进入。"叔勤幼子
聪慧英锐，有绝人之姿。不谓数年间迷信当时盛行之同善
社，一变至此。亦可惜也。

余初兼二年级国文课，班上有两生，后皆加入共产党。
余离大陆，其中一人服务北平教育部，一人绾江苏省政务，
皆有名。此两人，与余师生之谊亦皆甚挚。其绾江苏省政
者，犹常派人至余苏州家中问候。余今连带忆及此四人，
则一时人心之纷歧，人才之奔溢突出，无共同之趋向。而
国事之艰，社会人事之乱，亦可由此推想矣！

四

三师又规定，每一国文教师，随班递升，于国文正课外，每年必兼开一课。第一年为"文字学"，第二年为《论语》，第三年为《孟子》，第四年为"国学概论"。子泉、颖若各自编讲义，余亦循例。第一年文字学，讲六书大义，以篇幅未充，未付印，今已失之。近日偶为及门某生谈及，如形声一部分，本宋人"右文"义，即就在梅村县四小学，讲壁字、臂字推广阐说可数十条。即如"或"字，从口乃指民众。从戈乃指武装。口下一划，乃指土地。故或字即指民众、土地、主权三项。加一口则为国字，增一土旁则为域字，实则或字中涵有"国"字"域"字义。至少亦可谓或字中本涵有"群"字义。群中必分别包有"个人"，个人在群中即成"或"。但后人用或字已忘去其含有群字义，则便不能阐说或字之本义，只认或字为人与人相别义，如从心即为"惑"字。人之相知贵相知心，彼此不相知，即为惑。而其从口从戈从口下一划之"或"字原形，遂成不可说。而"国"字"域"字亦不能说。又如"禺"字左从阜，即为"隅"，各居一旁不相通。从辵为相"遇"，从人为相"偶"。偶必两人，然既两人为偶，即必有偶然一人如此，一人或不如此。两人相偶，即可有偶然。如群中必有或，无或不成群。禺从心为愚，不知人相偶之必有偶然，是愚也。此皆深切人情而又具有日常人生中之一番深意存在。由此可见中国古人造字精妙。从中国文字学即可推阐出中国传统文化之由来，其深义有如此。但于禺字原义则仍须阐说。此"或""禺"两字，似不在余当年之旧讲义中。但当年旧讲义必多类此之例。余除阐说形声字外，于会意字，于转注假借字，又多有新义发挥。惜今都已不可复忆矣。不知往日三师旧学生中，亦仍有藏此讲义者否？今僻在海外，亦无可访求矣。

第二年，编成《论语要略》一书，已由商务印书馆出版。第三年，编《孟子要略》，后在苏州为友人某君取去，惜已忘其名，此书遂由另一书肆出版。① 此两书今皆收入余之《四书释义》一书中，由台北学生书局再版。自余考孟子年代，遂继此而为《先秦诸子系年》，则于转苏州中学后开始。② 第四年为《国学概论》，讲义仅成一半，亦于转苏州中学后完稿，亦由商务出版。余前在梅村县四高小曾先成《论语文解》一书，至是成此四稿，始为余正式从事著述之年。然此四稿，皆由学校课程规定而来，初亦未敢遽以著述自任也。

余在三师时，又值奉天军南下与孙传芳军冲突。余家在乡间亦遭劫。余居乡偶成《公孙龙子解》一小书，特以消遣忘忧。是为余在梅村县四成《墨经阐解》后之继续工

---

① 原编者案：《孟子要略》一书于民国十五年由上海大华书局出版。

② 原编者案：据作者《先秦诸子系年·跋》："十六年春，整理《系年》积稿，居然成卷帙矣。"是年暑，始转苏州中学任教。

作。后足成为《惠施公孙龙》一册，亦由商务出版。今所能记忆者仅此。国民革命军北伐成功，定都南京，学校改组，余遂离三师，转赴苏州中学任教。在三师适四年。

五

余在三师时，又相识两人，为余终生所难忘。一为常州孟宪承。毕业南洋大学，赴美留学。归国后任教于光华大学，与子泉同事。一日，子泉偕其来三师，介绍与余相见。三人同坐会客室，子泉默不语，悉由余两人谈话。时宪承方将转北平清华大学，任中文系主任。宪承告余，出国前，国学根柢未深。此去当一意通体细诵《十三经注疏》。俟阅读此书毕，庶对国学或可稍有所窥。余闻语深为感动。《十三经注疏》常在余案头，然余迄今始终未通读其全部。每念宪承言，心终不能释。此后余与宪承晤面极少，然当时此一番话，则时在余心头也。

又一人为唐文治蔚芝。为余生平交游中之最年高者。长南洋大学时，孟宪承即出其门下。蔚芝在无锡创办国学专修馆，即在三师之对门，仅一水之隔。专修馆旁，即为孔庙。子泉亦曾在专修馆兼课。余读蔚芝书，有一节语大受感动。大意言，死者尸体入殓盖棺，以至下窆掩土，一时时，一刻刻，瞬息有变，永不可追。而乃至于人天永隔。描写人子临丧，哀痛之情，字字生动，语语入微。似在其讲《小戴礼·祭义篇》。窃谓本人性，论孝道，古人多由婴孩言，蔚老此文由成人言，细腻亲切，前未之见。然余自以后生小子，未尝敢轻率进入国学专修馆之门，一施拜谒之礼。不记以何因缘，于余离三师前，乃一度晋谒于其无锡城中水西门之私邸，时蔚老精神甚健旺，相谈近两小时。又不忆当时所欲请教者何语，蔚老之所告示于余者又何语。惟忆蔚老告余，彼之双目失明，乃在前清"戊戌政变"时，哭其友袁爽秋，流泪过多，自后遂不复能治，视力日退，以至于失明。其在国学馆讲授，悉由记诵。遇记诵不谛，乃由一助教同在讲台上侍立蔚老旁，随时提示。此助教亦即馆中之教授，并为学校事务之实际主持人。余之晋谒，似亦由其作介。临别，蔚老乃赠其全部著作两大包。此后余曾几度晋谒。抗战后，蔚老病卒于沪。其气度风范则常留余心目中。所谓虽无老成人，犹有典型。若蔚老真为余生平所遇一近代中国之典型人物也。

八 苏州省立中学

一

民十六年之秋季，余年三十三岁，转入苏州省立中学任教。校长汪懋祖典存，苏州人，留学美国归，曾一度为北平师范大学校长。转来苏中。三师旧同事沈颖若、胡达人诸人皆被聘，余即由达人所推荐。

苏州自吴王阖庐、夫差以来，两千五六百年，为中国历史最悠久一城市。城内外远近名山胜迹，园林古刹，美不胜收，到处皆是。余在苏中三年，游历探讨，赏览无遗。惜为本书体例所限，未能一一详述。窃意此城，自余当时所见，傥能一一善加保护，其破旧者则略为修葺，宋元明清近千年之历史文物，生活艺术，远自宋代之至和塘沧浪亭起，直迄清末如俞荫甫之曲园，吴大澄之窓斋，依稀髣髴，一一如在目前。举世古城市，当无一堪与伦比。惜乎近代中国破旧开新，其抽象方面之学术思想犹尚有图书馆所藏古籍，可资搜寻。其具体方面实际人生，则毁弃更易，追究无从。此实一大堪惋惜之事也。

二

余初来苏中，即觉校风与无锡三师大异。三师风气纯良，师生如家人，四年未遭风波。余来苏中，任其最高班之国文课，并为全校国文课之主任教席，又为所任最高班之班主任。一日，班中同学来余室，谓："学校前遇欠薪时，任课老师为同学所尊仰者，必告假缺席，不赴校上课。其依然上堂来授课者，必为同学所卑视。今先生授课极受同学尊崇，乃近日学校欠发薪水，先生独上堂不辍，同学同表诧异，不识何故。"余闻言，亦大诧，谓："学校欠发薪水，乃暂时之事。诸生课业，有关诸生之前途，岂可随时停止。诸生惟安心上课，勿以此等事自扰。"诸生闻言，各默默相对，无语而退。

忽一日，又来余室，告余班中已决议罢课，派代表去南京催发薪水。余谓："此应由教师向学校，学校向政府催发，与诸生何预。"诸生谓："学校催发，政府不动心。必由学生催，始有效。"余告诸生："汝辈尚年幼，未涉社会人事，何知政府之内情。幸勿妄听别人言，轻举妄动。"诸生谓："同班公议已决，定期罢课，特来相告。"遂退去。至期，果罢课。余亦归乡间。上书校长，引咎辞去班主任一职。待罢课期满，余再返校。典存亲来余室，力恳万勿辞班主任职。并言"诸生去京返校，已面加斥责。诸生皆表示此后必诚心听训诲，不敢再有违抗。"明日，余乃召班上诸生面加谕导。

诸生皆表悔悟，恳余仍任其班主任。并言以后每事必先来请示。自此余与典存过从益密，学校风气亦逐有改进，与初来时迥别。时诸生所称请假缺席为学生素所崇拜之诸师，尚多留校任教者，态度言论亦迥然与前相别。

苏州中学乃前清紫阳书院之旧址，学校中藏书甚富。校园亦有山林之趣。出校门即三元坊，向南右折为孔子庙，体制甚伟。其前为南园遗址。余终日流连徜徉其田野间。较之在梅村泰伯庙外散步，尤胜百倍。城中有小读书摊及其他旧书肆。余时往购书。彼辈每言昔有王国维，今又见君。盖王国维亦曾在紫阳书院教读也。

十七年春，是为余任教苏中之第二学期。方壮猷曾毕业于清华大学之研究所，并为胡适之《章实斋年谱》作《补编》。一日，自沪上来苏州相访。告余，顷正为商务印书馆编《万有文库》，尚有两书，一《墨子》，一《王守仁》，未约定编撰者。余告以可由余一手任之。方君谓："出版在即，能勿延时否？"余告："当尽速一周成一书，可乎？"方君欣然，遂定约。余即在是年春成此两书。今皆印《万有文库》中。① 后《王守仁》一书又略加改定，付台北正中书局印行。

又是年夏，应苏州青年会学术讲演会之邀，讲《易经

① 原编者案：据《先秦诸子系年·跋》，方君请撰书事在民国十八年秋。查《墨子》出版于十九年三月，《王守仁·序》作于十九年三月，与《先秦诸子系年·跋》正相合。此处误记在十七年春。

研究》一题。今此稿收在余之《中国学术思想史论丛》第一册。时老人张一麟仲仁亦在座。讲毕，仲老与余握手，甚赞余之国语音吐明白。其实余之国语尽皆吴音，惟不杂土语而已。仲老久于京宦，与袁世凯不合而退。其国语顾不如余，加以赞赏，亦可笑矣。余在苏州与仲老亦时相往返。及抗战军兴，仲老以唱编"老子军"遍传全国。民三十年，余自沪赴蜀，小住香港，仲老时寓九龙汉口街，余特往拜候，并同在仲老常往之香港某茶楼，两沙发，一小几，对坐品茗，作半日之长谈。及余长住香港，每过茶楼旧址，辄甚念此老不已。

三

余来苏州得交吴江金松岑天翮，侨寓在此。松岑乃《孽海花》一书之最先起草人，后乃由他人续成之。松岑以诗名，亦擅古文，有《天放楼集》行世。其时，应安徽省政府聘，为安徽省修《通志》，时时为余道江慎修、戴东原不绝口。又介绍其戚属中一幼辈来苏中，私人从余专意学《公羊春秋》。其人文秀聪慧，惜今忘其名。出赀自办一杂志，似名《原学》，惜今亦记忆不真矣。余有《荀子篇节考》一文，刊《原学》之第一期。[①] 自谓有创见，

———————

① 原编者案：编者近年曾数度在北京、上海图书馆查寻，无《原学》杂志，亦未觅得《荀子篇节考》一文。

言人所未言。但今无此杂志在手，因此亦未能将此文刊入余近所编之《中国学术思想史论丛》中。此杂志不发售，分赠各图书馆。将来当犹可查觅也。

余之第一妻亡故，松岑为余介绍其族侄女，毕业东吴大学，有校花之称。年假中略通书札，春季开学，余即如约去松岑家，在书斋中晤面。松岑偕女父避去，余与女对谈逾时。后其女告松岑，钱先生为师则可，为夫非宜。松岑遂又介绍一女弟子，亲从受业者，在外县任教。松岑去函，女弟子答，钱君生肖属羊，彼属虎。羊入虎口，不宜婚配。松岑又失意。及余续娶，乃请松岑为介绍人。松岑兀傲自高，不落落预闻世俗事。苏州城中学人多著籍称弟子，独与余为忘年交。余在厦门集美、无锡三师、苏州中学三校，校内敬事者有钱子泉，校外敬事者有金松岑，皆前辈典型人也。

四

余在苏中除完成无锡三师讲义《国学概论》一书外，一意草为《先秦诸子系年》一书。时北平上海各大报章杂志，皆竞谈先秦诸子。余持论与人异，但独不投稿报章杂志，恐引起争论，忙于答辩，则浪费时间，此稿将无法完成。故此稿常留手边，时时默自改定。

又余前在无锡三师时，每周必有周会。诸生聚大礼堂，由学校聘校内外一人作演讲，讲辞由《校刊》刊载。有一次由余主讲，讲题今已忘。大意为先秦诸家论礼与法。蒋锡昌时在四川重庆某校任教。得三师《校刊》，将余此篇讲辞转示其同事蒙文通。[①] 文通川人，其师廖平季平，乃当时蜀中大师。康有为闻其绪论，乃主今文经学。而季平则屡自变其说。文通见余讲辞，乃谓颇与其师最近持义可相通。遂手写一长札，工楷，盈万字，邮寄余。及余在苏中，文通已至南京，在支那内学院听欧阳竟无讲佛学。一日，来苏州访余，两人同游灵岩山，直至太湖滨之邓尉。时值冬季，余与文通各乘一轿，行近邓尉时，田野村落，群梅四散涤望皆是。及登山，俯仰湖天，畅谈今古。

在途数日，痛快难言。而文通又手携余《先秦诸子系年》稿，轿中得暇，一人独自披览。语余曰："君书体大思精，惟当于三百年前顾亭林诸老辈中求其伦比。乾嘉以来，少其匹矣。"及返苏州城，文通读《系年》稿未毕，但急欲行，遂携余稿返南京。文通有友专治墨学，见余稿，手抄其中有关墨家诸篇，特以刊载于南京某杂志，今亦忘其名。[②] 是为余之《先秦诸子系年》稿，最先惟一发表之一部分。

常熟陈天一毕业南京中央大学，任教苏州东吴大学，与余相识，惟往来不甚密。一日，苏州女子师范请胡适之

---

① 原编者案：三师《校刊》至今尚未觅到。

② 原编者案：南京《史学杂志》二卷二期民十九年五月出版，载《诸子系年考略》。二卷三期民十九年九月出版，载《先秦诸子系年考辨略钞》（共二十一节）。

来演讲。翌晨，转来苏中演讲。余早在前排坐定。典存偕适之进会场，见余即招至台上三人同坐。适之袖出天一一束示余，束云，君来苏州不可忘两事，一当购长洲江湜弢叔《伏敔堂集》一书，盖适之提倡白话诗，江湜乃咸同间人，遭洪杨之乱，工诗，造语遣词颇近昌黎，多写实。可为作白话诗取镜。此集惟苏州有售。其二，则莫忘一见苏州中学之钱某。适之与余本不相识，盖以询典存，故典存招余上台同坐也。余时撰《先秦诸子系年》，有两书皆讨论《史记·六国年表》者，遍觅遍询不得。骤遇适之，不觉即出口询之。适之无以对。演讲毕，典存留宴，余亦陪席。适之午后即欲返沪，典存告以太匆匆，何不再留一宵。适之谓，忘带刮胡子刀，今晨已不耐，不可再留。典存谓：刮胡子刀可购可借，区区小事，何足为困。适之言，积习非此常用刀不可。典存云，距下午火车时刻尚远。遂驱车同游拙政园。此乃苏州三大名园之一。同席皆陪往，散坐园中一石船头部四围之石座上，露天环水，闲谈历一小时有顷。乃同送之火车站。适之临离石船前，手撕日记本一纸，写一上海住址，授余。曰："来上海，可到此相晤。若通讯，亦照此地址。"余与适之初次识面，正式与余语者仅此。自念余固失礼，初见面不当以僻书相询，事近刁难。然积疑积闷已久，骤见一天下名学人，不禁出口。亦书生不习世故者所可有。适之是否为此戒不与余语。傥以此行匆匆不克长谈，可于返沪后来一函，告以无缘得尽意。余之得此，感动于心者，当何似。颜斶见齐王，王曰斶前，厮曰王前，终不前。此后余亦终不与适之相通问。余意适之既不似中国往古之大师硕望，亦不似西方近代之学者专家。世俗之名既大，世俗之事亦扰困之无穷，不愿增其困扰者，则亦惟远避为是。此后余与适之再见面，则已在余赴北平燕大任教时。事详后。

又一日，天一又偕顾颉刚亲来余室，是亦为余与颉刚之第一次见面。颉刚家居苏州，此次由广州中山大学转赴北平燕京大学任教，返家小住。见余桌上《诸子系年》稿，问："可携返舍下一详读否？"余诺之。隔数日，天一又来，告余："颉刚行期在即，我两人能偕往一答访否？"余曰："佳。"两人遂同至颉刚家。颉刚言："君之《系年》稿仅匆匆翻阅，君似不宜长在中学中教国文，宜去大学中教历史。"因云，彼离广州中山大学时，副校长朱家骅骝先，嘱其代为物色新人，今拟推荐君前去。又告余，彼在中山大学任课，以讲述康有为"今文经学"为中心。此去燕大，当仍续前意并将兼任《燕京学报》之编辑任务。嘱余得暇为《学报》撰稿。余与颉刚初相识仅此两面。

一日，忽得广州中山大学来电，聘余前往。余持电，面呈典存校长。典存曰："君往大学任教，乃迟早事。我明年亦当离去，君能再留一年与我同进退否？"余乃去函辞中大之聘，仍留苏中。

余与天一私交不密，仅在公园中约面茶叙，而天一视余特厚。松岑为余介绍东吴一毕业生事，天一亦知之。事不成，天一欲为余介绍东吴一女同事，余婉却，事遂止。

后天一因病常离校。又不知何故，闻其欲出家为僧。及余离苏州去北平，与天一音讯遂绝。抗战后，闻其在常州任县立中学校长，惟亦未通音问。

五

吴梅瞿安，时在南京中央大学任教。家在苏州，每周必返。因典存校长之邀，亦来苏中兼课。余因与相识。常邀余至其家午餐，不约他人，因遂识其夫人及其一女。餐后长谈，或一家同唱昆曲，余独一人旁听，如是者亦有年，后余离苏中，遂不相晤。抗战军兴，一日，在昆明公园中重遇。天朗气和，移坐长谈者半日。又约晤公园凡两三次。瞿安乃由其旧学生云南某君所招，赴其家避难。某家所在县邑名，已不复忆。瞿安去，不久，以病卒。

瞿安乃一代昆曲巨匠，著作斐然，有盛誉。但以避轰炸离重庆，溘然长逝于云南一僻县中，良可惜也。时加忆念，怆然在怀。

时典存夫妇亦在昆明，余亦曾与一面。然余去蒙自宜良，方一意撰《国史大纲》，极少去昆明。胜利后，余返苏州，典存夫妇亦自滇来归。其家在苏州中学附近一大院落，平屋一排四五间，地极静僻。乃典存离苏中校长任时所建。时典存已病，余常去问候，典存起坐床上，余坐床榻旁，每相语移时。典存应上海某书局约，方拟撰一书，有关文学方面者。典存初在北平时，白话文方盛行，而典存有意保存传统古文。至是，意不变。所撰乃有关文辞文学之教学方面者。余往，典存必告其最近所撰之作意。典存所罹乃胃病。余在成都时，亦患十二指肠溃疡，几不起。方谓典存病，亦不久可愈。乃不意在民三十七年之冬，典存遽不治。时余在无锡江南大学，竟未克亲临其丧。

典存夫妇亦曾为余续婚事，欲介绍典存夫人北京女师大一同学，时任江苏省某中学校长，办学甚有声。女方矢言独身，议亦寝。私情公谊，积载相处。乱世人生，同如飘梗浮萍。相聚则各为生事所困，相别则各为尘俗所牵。所学则又各在蛮触中，骤不易相悦以解。怅得在升平之世，即如典存、瞿安夫妇，以至松岑、颖若诸老，同在苏州城中，渡此一生。纵不能如前清乾嘉时苏州诸老之相聚，然生活情趣，亦庶有异于今日。生不逢辰，此诚大堪伤悼也。

九　北平燕京大学

一

民十九之秋，余开始转入北平燕京大学任教，时年三十六岁，又为余生活上一大变。

回忆在小学时，如在三兼，有秦仲立。在鸿模，有须沛若。在梅村，有朱怀天。学校同事，情如家人兄弟。即为余书所未详述者，亦复皆然。每校学生亦都在一百人上下，师生相聚，俨如一家。及在后宅，更觉师生亲切，寝于斯，食于斯，团体即如家庭，职业即是人生。假期归家固属不同，然进学校如在客堂，归家如返卧室。不得谓卧室始是家，客堂即不是家。故在小学中任教，总觉此心之安。

及去集美，学校规模庞大，组织复杂，始觉余之与此团体，有主客之分。余属一客，显与主体有别。然其时大部分同事多来自北方，极少携家眷。三餐同室，惟江、浙、豫、鲁口味不同，则各自分桌。日必见面，情意易相通。及转锡师、苏中，全校只四班，每班五十人，则全校仅两百人，同事亦仅二三十人。住校同事，寝室骈连，亦多朝夕接触。学校事无大小，皆所预闻。团体小，投其中，不觉是一客，仍如一大家庭。不得谓居家始有生活，在此只是一职业，只是求生活一手段。但一进大学，则感觉迥异。

二

余在苏中，函告颉刚，已却中山大学聘。颉刚复书，促余第二约，为《燕京学报》撰文。余自在后宅，即读康有为《新学伪经考》，而心疑，又因颉刚方主讲康有为，乃特草《刘向歆父子年谱》一文与之。然此文不啻特与颉刚诤议，颉刚不介意，既刊余文，又特推荐余在燕京任教。此种胸怀，尤为余特所欣赏。固非专为余私人之感知遇而已。

将启程，津浦路以积雨中断，须乘海轮。张一麟仲仁介绍与潘昌祜佑荪同行。佑荪亦苏州人，前清进士，曾赴日本学法律，返国后，仕于民初北洋政府为法官。年老退休，亦在燕大任教。与余一见如故，亦获与为忘年交。

既至校，与佑荪同住朗润园。园在故圆明园废址左侧，由燕京大门北向越一桥，不百步即至。单身教授率居此。一大餐厅，人各分食，遇佑荪每同桌。佑荪家住北平西城，其妻与幼子居之。佑荪周末返家，周一晨来校。极熟北平一切掌故。常与偕游颐和园及西郊各名胜，又曾同游妙峰山。一湖南某君，忘其姓名，亦在燕大任课，教法律，事佑荪如师。三人结队，自山脚登山顶，分八程，每一程八里，沿途有庙，来者遇庙必小驻膜拜，虔诚者则三步一拜。

七程五十六华里，历级升达山顶，已黑夜。自此再一程，转向下，群峰四绕，妙峰如在盆底。遥望灯火，如游龙，诸路环向之。知各地来敬香者，正络绎不绝。余三人餐后小憩，亦携灯火续行。抵妙峰，已深夜，无宿处。道士引至一小屋，供周文王神座，幸得隙地。佑荪拼两空桌为床，睡其上，余睡神座右侧地上。凡求子者皆来拜，终夜不绝，一如其向余而拜，竟终夜不得眠。明晨下山，佑荪精神旺健如常，诚亦难得也。

三

余初到校即谒颉刚。其家在校之左，朗润园则在校之右。其家如市，来谒者不绝。余初见其夫人及其二女，长女幼年得病而哑，其夫人乃续娶，未育，有贤德。宾客纷至，颉刚长于文，而拙于口语，下笔千言，汩汩不休，对宾客呐呐如不能吐一辞。闻其在讲台亦惟多写黑板。然待人情厚，宾至如归。常留客与家人同餐。其夫人奉茶烟，奉酒肴，若有其人，若可无其人。然苟无其人，则绝不可有此场面。盖在大场面中，其德谦和乃至若无其人也。余见之前后十余年，率如此。然颉刚事忙，余常去，彼不常来，仅一视余寝室而止。

余初见颉刚，即陪余同谒校长吴雷川，又同去郭绍虞家。绍虞亦苏州人，亦一见如故交，然亦忙于撰述。宾客少于颉刚，而生活鲜暇则如之。初到所遇皆生人，惟晤佑荪、绍虞及颉刚，使余无身居异地之感。

　　某日学校大宴会，新旧同事皆集，皆身悬姓名为标记。余仅与同桌左右座略交谈数语而止。越后数十年，在美国纽约哥伦比亚大学遇何廉淬廉，乃即往日同桌座右人也。遂相叙如故旧交。余屡与相见，又至其家，彼曾为余详述山东人丁龙故事及哥大创设"中国文化讲座"一事之来历。真恨相识之早而相交之晚也。余性迂而执，不能应付现代之交际场合又如此。

四

　　一夕，燕大监督司徒雷登在其宅招宴，席上皆新同事。余终不能忘以往十八年半在中小学校中故态，视校事如家事，有问辄直吐胸臆，不稍隐避。燕大校务全由司徒雷登一人主持。校长乃应中国教育部规定，必任用中国人，但徒拥虚名而已。司徒雷登问诸人到校印象。余直答："初闻燕大乃中国教会大学中之最中国化者，心窃慕之。及来，乃感大不然。入校门即见'M'楼、'S'楼，此何义，所谓中国化者又何在？此宜与以中国名称始是。"一座默然。后燕大特为此开校务会议，遂改"M"楼为"穆"楼，"S"楼为"适"楼，"贝公"楼为"办公"楼，其他建筑一律赋以中国名称。园中有一湖，景色绝胜，竞相提名，皆不适，乃名之曰"未名湖"。此实由余发之。有人知其事，戏谓余曰："君提此议，故得以君之名名一楼，并与胡适名分占一楼，此诚君之大荣矣。"

燕京大学一切建筑本皆以美国捐款人姓名标榜，如"M"楼"S"楼"贝公"楼皆是。今虽以中文翻译，论其实，则仍是西方精神。如校名"果育"，斋名"乐在"，始是中国传统。然无锡明代有东林书院，后乃即其遗址建校，初亦名东林，后改名县立第二高等小学。欲求东林精神，固已渺不可得。又如紫阳书院，改称江苏省立苏州中学，以前紫阳书院之精神，亦已不可捉摸。是则中国全国新式学校及其教育精神，其实皆已西化，不仅燕大一校为然。此时代潮流，使人有无可奈何之感矣！

天津南开大学哲学教授冯柳漪，一日来访。告余："燕大建筑皆仿中国宫殿式，楼角四面翘起，屋脊亦高耸，望之巍然，在世界建筑中，洵不失为一特色。然中国宫殿，其殿基必高峙地上，始为相称。今燕大诸建筑，殿基皆平铺地面，如人峨冠高冕，而两足只穿薄底鞋，不穿厚底靴，望之有失体统。"余叹以为行家之名言。

屋舍宏伟堪与燕大相伯仲者，首推其毗邻之清华。高楼矗立，皆西式洋楼。然游燕大校园中者，路上一砖一石，道旁一花一树，皆派人每日整修清理，一尘不染，秩然有序。显似一外国公园。即路旁电灯，月光上即灭，无月光始亮，又显然寓有一种经济企业之节约精神。若游清华，一水一木，均见自然胜于人工，有幽蒨深邃之致，依稀仍一中国园林。即就此两校园言，中国人虽尽力模仿西方，而终不掩其中国之情调。西方人虽亦刻意模仿中国，而仍亦涵有西方之色彩。余每漫步两校之校园，终自叹其文不灭质，双方各有其心向往之而不能至之限止。此又一无可奈何之事也。

五

余在燕大有两三琐事，乃成为余之大问题。余往常考试批分数，率谓分数无明确标准，仅以分成绩优劣。成绩分优劣，亦寓教育意义。不宜有劣无优，亦不宜有优无劣。优者以寓鼓励，但不宜过优，故余批高分数过八十即止，极少在八十五分以上者。劣者以寓督劝，故余在一班分数中必有低于六十分者，以为分数不及格只补考一次即可，然常不在五十分以下。及来燕大，任两班国文，一新班第一年级，又一班为第二年级。月终考试照例有不及格者数人。忽学生来告，新生月考不及格例须退学。余曰："诸生有不远千里自闽粤来者，一月便令退学，彼于本学年又将何往。"遂至办公室，索取考卷，欲更改分数。主其事者告余，学校无此前例。余曰："余乃今年新到，初不知学校有此规定，否则新生月考决不与以不及格分数。"主事人曰："此乃私情。君今不知学校规定，所批分数乃更见公正无私。"余曰："余一人批分数即余一人之私，学校乌得凭余一人之私以为公。余心不安，必取回另批。"主事者难之，商之上级，余终得所请。取考卷回，另批送校，此一班遂无退学者。然余心终不安，始觉学校是一主，余仅属一客，喧宾夺主终不宜。然余在此仅为一宾客，而主人不以宾客待余，余将何以自待。于是知职业与私生活大不同，余当于职业外自求生活。此想法为余入大学任教后始有。又念在大学任教，惟当一意在自己学业上努力，传授受业诸生，其他校事尽可不问，庶能使职业与生活不相冲突。遂决意果在大学任教，绝不愿兼任行政事务，此想法亦于其时始定。余本好宋明理学家言，而不喜清代乾嘉诸儒之为学。及余在大学任教，专谈学术，少涉人事，几乎绝无宋明书院精神，人又疑余喜治乾嘉学。则又一无可奈何之事矣。

又学校发通知，每用英文。余寝室水电费须按月缴纳。得通知，遂置不理。积一年，学校特派人来问："按月通知收到否？"余曰："收到。"问："水电费何不按月缴纳？"余答："余乃学校所聘一国文老师，不必要识英文。何以在中国办学校必发英文通知？"派来人大愠，云："我特来收费，其他学校事我不敢知。"我乃授款与之，而心终有不适。

又每到学校上课，国文系办公室中阒无一人。傥欲喝水，又非自带热水壶不可。如此之类，使余不愿再留。一日，赴颉刚处，告欲离去。颉刚乃夷然，不对余加一挽留语，亦不问所以。仅云："此下北大清华当来争聘，君且归，到时再自决定可也。"余临去，燕大亦未续发聘约。不知颉刚是否已转告，余此后亦未询及。

余在小学任教十载又半，初到集美，为余职业上一大转进。然余未先有他处接洽，一年即匆匆离去。在中学任教整整八年。初到燕大，又为余职业上另一大转进。又仅及一年，即匆匆离去，亦未先有他处接洽。余性顽固，不能适应新环境，此固余之所短。然余每告人，教大学有时感到不如教中学，教中学又有时感到不如教小学。此非矫情，乃实感，必稍久乃心安，然亦终于离小学入中学，离中学入大学。此亦可谓又一无可奈何之事矣。惟今落笔，以此告人，恐仍有人认余为乃一时故作矫情之辞者。人生自有多方面，实难一语道尽也。

六

余居燕大朗润园，园之后半为屋舍，前半有池石林亭之胜，余每在此散步。读于斯，游于斯，绝少外出。一日，在城中某公园适晤冯友兰芝生。通姓名，芝生即曰："从来讲孔子思想绝少提及其'直'字。君所著《论语要略》特提此字，极新鲜又有理。我为《哲学史》，已特加采录。"余自撰《刘向歆父子年谱》刊载《燕京学报》后，初去燕大，颉刚又来索稿，以旧作《关于老子成书年代之一种考察》一文与之，续刊《燕京学报》。曾获欧洲某汉学家来函推崇，谓读余文，乃知中国学术问题需由中国人自加论定，非异邦人所能为力也。又一日，颉刚来，手持胡适之一函，与彼讨论老子年代，函中及余此文。颉刚言："君与适之相识，此来已逾半年，闻尚未谋面。今星期日，盼能同进城一与相晤。"余诺之,遂同进城,赴适之家。坐书斋久,又出坐院中石凳上。适之言:"今日适无人来,可得半日之谈。他日君来,幸勿在星期日,乃我公开见客之日,学生来者亦不少,君务以他日来,乃可有畅谈之缘。"此日则尽谈了一些老子问题。适之谓天下蠢人恐无出芝生右者。适之后为文一篇,专论老子年代先后,举芝生颉刚与余三人。于芝生颉刚则详,于余则略。因芝生颉刚皆主老子在庄子前,余独主《老子》书出庄子后。芝生颉刚说既不成立,则余说自可无辩。然余所举证据则与芝生颉刚复相异,似亦不当存而不论耳。但余与芝生颉刚相晤,则从未在此上争辩过。梁任公曾首驳适之老子在孔子前之主张。在当时似老子出孔子后已成定论。适之坚持己说,岂犹于任公意有未释耶!

余在燕大又识张星烺,每星期五来燕大兼课。其寝室与余相邻,必作长夜之谈。余喜治地理之学,星烺留学英伦治化学。返国后,改从其父,治地理,尤长中西交通史。余与星烺谈尽属此门。及星烺归寝,竟夜鼾声直侵余室,余每夜必过四时始睡,故闻之特清晰。然临晨星烺又去清华上课。彼云,即日返城,仍有课。盖其时政府欠发薪水,又打折扣,故兼课之风甚炽。而星烺之鼾声则终使余常在耳际不能忘。

余初来北方,入冬,寝室有火炉。炉上放一水壶,桌上放一茶杯,水沸,则泡浓茶一杯饮之。又沸,则又泡。深夜弗思睡,安乐之味,初所未尝。时《诸子系年》已成稿，遇燕大藏书未见者，又续有增添修改。又特制《通表》，半年始毕。颉刚知之，告余："芝生《哲学史》已编为《清华丛书》，君作何不亦申请列入其《丛书》内。当为介绍。"遂持去。翌年，颉刚重来，乃知审查未获通过。列席审查者三人，一芝生，主张此书当改变体裁便人阅读。一陈寅恪，私告人，自王静安后未见此等著作矣。闻者乃以告余。又一人，则已忘之。后遂以稿送商务印书馆。

余撰《刘向歆父子年谱》，及去燕大，知故都各大学本都开设"经学史"及"经学通论"诸课，都主康南海今文家言。余文出，各校经学课遂多在秋后停开。但都疑余主古文家言。及年假，余返苏州，遂于新年中撰《周官著作时代考》一文，及下学期在朗润园又撰《周初地理考》一文，此为余考论古史地名一费力之作。上两文亦皆刊载于《燕京学报》。

七

余离苏中之一年，中学始许男女同学，然仅初中约得女生一二人，高中尚未有。来燕大，则女生最多，讲堂上约占三之一。后在清华上课，女生约占五之一，北大则仅十之一。燕大上课，学生最服从，绝不缺课，勤笔记。清华亦无缺课，然笔记则不如燕大之勤。北大最自由，选读此课者可不上堂，而课外来旁听者又特多。燕大在课外之师生集会则最多。北大最少，师生间仅有私人接触，无团体交际。清华又居两校间。此亦中西文化相异一象征也。

余在燕大上课，仅持曾国藩《经史百家杂钞》一书，以临时机缘，或学生申请选授一篇。不在上课前预定，却增添了学生上堂之兴趣。一日，偶书一题为"燕京大学赋"，由学生下堂后试撰。有一女生李素英，文特佳，余甚加称赏，一时名播燕大清华两校间。后李生遂兼受清华研究院课，后又改名李素。余在香港创办新亚书院，李素服务图书馆，专责编英文书目。后为《燕京旧梦》一书，犹亦提及此事。余之教国文课至燕大时始止，此亦余之任教国文一最后成绩也。

一〇　北京大学

附　清华大学及北平师范大学

一

民二十之夏，余在苏州，得北京大学寄来聘书。待余赴平后，清华又来请兼课。此必颉刚在北平先与两方接洽，故一专任，一兼课，双方已先洽定也。但余亦未以此面询之颉刚。①

余赴北大，在历史系任教，是为余在大学讲授历史课程之开始。所任课，一为"中国上古史"，一为"秦汉史"，皆必修课由学校指定。另一门选修课可由余自定。余决开"近三百年学术史"。此一课程，梁任公曾在清华研究所已

---

① 原编者案：先生去世后三年，顾颉刚先生女公子顾洪小姐在北京将一相关资料交编者，乃颉刚先生于民国二十年三月十八日致胡适之先生函之摘录。内文如下："（上略）闻孟真有意请钱宾四先生入北大，想出先生吹嘘。我已问过宾四，他也愿意。我想，他如到北大，则我即可不来，因我所能教之功课他无不能教也。且他为学比我笃实，我们虽方向有些不同，但我颇尊重他，希望他对我补偏救弊。故北大如请他，则较请我为好，以我有流弊而他无流弊也。他所作《诸子系年》已完稿，洋洋三十万言，实近年一大著作，过数日当请他奉览。（下略）"

开过，其讲义余曾在杂志上读之。任公卒后，某书肆印此书，梁家以此书乃任公未定稿，版权所属，不准书肆发行。余求其书不得。或人告余，可赴东安市场，在某一街道中，有一书估坐一柜上，柜前一小桌，可径授与八毛钱，彼即在其所坐柜内取出一纸包授汝，可勿问，亦勿展视，即任公此书也。余果如言得之。

余因与任公意见相异，故特开此课程，自编讲义。一日，某君忘其名，来电话，询余"近三百年学术史"最近讲到陈乾初《大学辨》一篇，北平最富藏书，但此间各友好皆不知此文出处。并举冯芝生为例。君于何处得读此文。余答："余之讲义，付北大讲义室，待下周去上课时，始领取分发，君何先知？"彼在电话中大笑，谓："君此讲义人人可向北大讲义室预定。先睹者已群相讨论，君竟不知此事，可笑可笑。"亦可想见当时北平学术界风气之一斑。盖因余在任公卒后不久，竟续开此课，故群相注意也。

又有人来书，云："君不通龟甲文，奈何腼颜讲上古史。"余以此书告讲堂诸生，谓："余不通龟甲文，故在此堂上将不讲及。但诸君当知，龟甲文外尚有上古史可讲。诸君试听，以为如何。"又一日，告诸生："事有可疑，不专在古，古亦多无可疑者。如某姓钱，此钱姓即属古，无可疑。余确信有父有祖，乃至高曾以上三十几代前，为五代吴越国王钱镠。以上仍有钱姓。近乃有人不姓钱，改姓'疑古'，此何理？"有人来问："君何大胆若尔。"余问何事。彼言："君知班上有钱玄同之子亦来听课否？"答：

"知之。"其人曰："君自慎之，勿多惹是非。"余曰："余任上古史课，若亦疑古，将无可言。"又一夕，有某君设宴席，席上多大学史学教授。一清华大学西洋史教授孔某，一北大史学系教授孟森心史，两人皆年老。主人推两人居首座，曰："孔孟应居上，可勿让。"又指余与钱玄同曰："君两人同宗，可连座。"余遂与玄同比肩。坐既定，玄同问余："君知我有一子在君班上否？"余答："知之。"玄同又言："君班上所讲一言一句彼必详悉记载无遗。"余答诺，并谓彼勤奋好学殊少见。玄同又谓："彼在君班上之笔记我亦过目，逐字不遗。"余闻言，骤不知所答。窃恐或起争论，将何措辞。玄同乃续谓："彼甚信君言，不遵吾说。"余仅诺诺。玄同乃改辞他及，不再理前绪，余心始释然。

二

一日，又有人责余："君可无情乃尔。"余问何事。彼云："君知适之近患病进医院否？"余曰："顷正闻之。"彼云："适之尊君有加。有人问适之有关先秦诸子事，适之云可问君，莫再问彼。今病，访者盈户，君宁可不去？"余答："此显属两事，君并合言之，将教余何以为人。"又有一学生告余，彼系一新学生，旧同学皆告彼，当用心听适之师与师两人课。乃两师讲堂所言正相反，不知两师曾面相讨论可归一是否？余答："此处正见学问之需要。汝正当从此等处自有悟入。若他人尽可告汝一是，则又何待汝多学多问。"余自入北大，即如入了一是非场中。自知所言触处有忤，然亦无自奈何。

又有一生来问："师言老子出孔子后，又言出庄周后，除最近在《燕京学报》新有一文外，尚有其他意见否？"余答："有之。"彼云："愿闻其详。"余答："此非一言可尽，余在上古史班上当有述及，君傥愿闻其详，可试来听之。"彼乃哲学系四年级生，自是遂来余上古史班上旁听。越一年，来晤言："余听师上古史已一年，今信师言不疑。哲学系有毕业纪念刊，当整理一年笔记成篇刊入。不知师尚有所言未尽否？"余答："有之。"因请余再撰一文，亦同刊其班之毕业刊物中，并告余，亦当请适之师同为一文讨论其事。余允之。余因续撰一文，连同彼笔记同刊是年北大哲学系《毕业纪念刊》中。而适之则竟未为文。后余自刊《庄老通辨》一书，已在余居香港时，距当年亦已三十年矣。此君笔记载当年北大《哲学系毕业刊》者，余手边无之，容当觅得，再以补入。此君已忘其姓名，惟闻其留学德国，归国后，在南京中央大学哲学系任教。①

余与适之讨论老子年代问题，绝不止三数次。余曾问适之："君之《先秦哲学史》，主张思想必有时代背景。中

---

① 原编者案：民国十九年十二月《燕京学报》第八期载先生《关于老子成书年代之一种考察》一文。二十二年五月北大《哲学论丛》则刊《再论老子成书年代》一文，作者自记此文作于二十一年春，应北大哲学系《哲学论丛》征文。今两文皆已收入《庄老通辨》。

国古人所谓知人论世，即此义。惟既主老子早于孔子，则老子应在春秋时代，其言亦当根据当时之时代背景而发，君书何乃上推之《诗经》。即就《诗经》来论时代背景，亦不当泛泛分说乐天派、悲观派等五种人生观，认为乃老子思想之起源。当知乐天、悲观等分别，历代皆有，唐诗宋词中何尝无此等分别。即如最近世，亦复有此五等分别。何以老子思想独起于春秋时代，仍未有所说明。且如老子以下，孔子墨子各家思想，亦各有其时代背景。君书自老子以下，即以思想承思想，即不再提各家思想之时代背景，又何故？"适之谓："君之《刘向歆父子年谱》未出，一时误于今文家言，遂不敢信用《左传》，此是当时之失。"然对余之第二问题，则仍未有答。

此后适之见余，再不乐意讨论老子，而别撰《说儒》新篇。在彼撰稿时，屡为余道其作意。余随时告以己意。如是者数次。适之《说儒》终于成篇，文长五万字，仍守其初意不变。其说既与余上古史堂上所讲意义大相背驰，诸生举适之此文设问。余遂于堂上明白告诸生，余所持与适之《说儒》不同之所在。诸生或劝余为文驳论。余告诸生："学问贵自有所求，不应分心与他人争是非。若多在与他人争是非上分其精力，则妨碍了自己学问之进步。《孟子》一书，只在申孔，不在辟墨。遇两说异同，诸生贵自有折衷。并余已将今天堂上所讲，一一告之适之，不烦再为文辩论。"遂拒不为。诸生乃浼余助教贺次君即就余讲堂所讲撰一文，刊之北大史系同学在天津《益世报》所主办之副刊上。适之见之，大不悦，但亦未撰文反驳。主编此副刊之同学乃欲次君别为一文自解说，次君拒之，谓所辩乃本钱师之说，不能出尔反尔。不得已，主编此副刊之同学乃自为一启事，解说此事。自后余来香港，某君在港大《学报》上刊一文，专为讨论适之《说儒》。余始别为一小篇，追忆前说，则已上距当时十年外矣。今余此文，已收入余之《中国学术思想史论丛》第二册。①

大凡余在当时北大上课，几如登辩论场。上述老子孔子两氏不过其主要之例而已。闻有北大同事之夫人们前来余课室旁听，亦去适之讲堂旁听，退后相传说以为谈资。惟一时所注意者，亦仅为一些具体材料问题解释之间，而于中国历史文化传统之一大问题上，则似未竟体触及也。然孟子所谓"余非好辩，亦不得已也"，余深深了此意境。

又一日，适之告余，得商务来书，嘱编一中学国文教本。彼谓："君在中学任教国文课多年，对此富实际经验，盼我两人合作，共成此编。"余告适之："对中国文学上之意见，余两人大相违异，倘各编一部中学国文教科书，使国人对比读之，庶可有益。倘欲两人合编，其事不易，并使他人亦无可窥其底里。"遂拒不为。此事遂亦作罢。时适之在北大，已不授中国哲学史，而改授中国白话文学史。惟余与适之在文学方面甚少谈及，以双方各具主观，殊难相辩也。

---

① 原编者案：此文题名《驳胡适之说儒》。

三

时傅斯年孟真主持中央研究院历史语言研究所，亦自广州迁北平。孟真与颉刚虽一时并称适之门下大弟子，但两人学术路向实有不同。颉刚史学渊源于崔东壁之《考信录》，变而过激，乃有《古史辨》之跃起。然考信必有疑，疑古终当考。二者分辨，仅在分数上。如"禹为大虫"之说，颉刚稍后亦不坚持。而余则疑《尧典》，疑《禹贡》，疑《易传》，疑老子出庄周后，所疑皆超于颉刚。然窃愿以"考古"名，不愿以"疑古"名。"疑"与"信"皆须考，余与颉刚，精神意气，仍同一线，实无大异。而孟真所主，则似尚有迥异于此者。如其以"历史""语言"二者兼举，在中国传统观念中无此根据。即在西方，亦仅德国某一派之主张。大体言之，西方史学并不同持此观念。其在中国，尤属创新。故在其主持之史语所，其时尚仅有"地下发掘"与"龟甲文研究"两门，皆确然示人以新观念，新路向。然孟真心中之史学前途，则实不限于此两者。

余至北平，即与孟真相识。孟真屡邀余至其史语所。有外国学者来，如法国伯希和之类，史语所宴客，余必预，并常坐贵客之旁座。孟真必介绍余乃《刘向歆父子年谱》之作者。孟真意，乃以此破当时经学界之"今文学派"，乃及史学界之"疑古派"。继此以往，则余与孟真意见亦多不合。

孟真在中国史学上，实似抱有一种新意向。惟兹事体大，而孟真又事忙未能尽其力，以求自副其所想望，而遂有未尽其所能言者。彼似主先治断代史，不主张讲通史。彼著述亦仅限先秦以上，即平日谈论，亦甚少越出此范围。凡北大历史系毕业成绩较优者，彼必网罗以去，然监督甚严。有某生专治明史，极有成绩，彼曾告余，孟真不许其上窥元代，下涉清世。然真于明史有所得，果欲上溯渊源，下探究竟，不能不于元清两代有所窥涉，则须私下为之。故于孟真每致不满。

适之于史学，则似徘徊颉刚、孟真两人之间。先为《中国大史学家崔东壁》一文，仅成半篇。然于颉刚《古史辨》则备致称许。此下则转近孟真一边。故北大历史系所定课程似先注意于断代史。在余初到之年，北大历史系第一次开会，适之为文学院长，曾言办文学院其实则只是办历史系。因其时适之已主张"哲学关门"，则哲学系宜非所重。又文学系仍多治旧文学者掌教，一时未能排除。而历史系上古史一门除余专任其必修课外，又开选修课，凡八门，颉刚、孟真各任一门。此见当时学术界凡主张开新风气者，于文学则偏重元明以下，史学则偏重先秦以上，文史两途已相悬绝。其在文学上，对白话文新文学以外，可以扫荡不理。而对史学，则先秦以下，不能存而不论，但亦急切难有新成就。于是适之对北大历史系之兴趣，亦遂逐渐减轻。

四

余在北大，任"近三百年学术史"一年。翌年，改开"中国政治制度史"。系主任陈受颐弗允。受颐人素谦和，主讲西洋史，闻其于西洋中古史颇有深入，实际并不任系务，乃由孟真幕后主持。大意谓中国秦以下政治，只是君主专制。今改民国，以前政治制度可勿再究。余谓："言实际政治，以前制度可不再问。今治历史，以前究属如何专制，亦当略知，乌可尽置不问。"屡争，终不允。余言："余来任课，上古史、秦汉史由学校规定，余一课任余自由开讲，不论选课人多少，余意欲开此课，学校似不宜坚拒。"遂终允之。北大选课，学生可先自由听讲，一月后始定选。到时乃无人选余此课。当时法学院院长周炳琳告其同事，学生来校只知西洋政治，不知中国政治，今文学院开此课，当令学生前往听讲。遂有政治系全班学生来选听此课。稍后，人益多，乃历史系学生前来旁听。因北大校规松，选定之课可任意缺席，未选之课可随时旁听。故学校自开学后，讲堂必随时改换。旁听多，换大课堂。缺席多，换小课堂。某教师或自小课堂屡换大课堂，某教师或自大课堂屡换小课堂。学生以此为教师作评价，教师亦无如之何。清华燕大殊无此现象。惟余第三年仍开"近三百年学术史"，俾完成余之讲义。

余每次上堂必写此一堂之讲授大纲及参考材料。惜余此课所讲迄今未编撰成书，惟散见其要旨于余此后之《国史大纲》中。及余初来台北，有"历代政治得失"一讲演，已付印出版，亦可谓余在北大讲授此课一简编。则已距当年开讲近二十年之久矣。

时颉刚在燕大办一《禹贡》，陶希圣在北大办一《食货》，两杂志皆风行一时。诸生来余舍，请余办一《通典》，谓当与《禹贡》《食货》鼎足而三。余拒之。诸生曰："师仅挂一名，其他一切尽由吾侪负责，请勿忧。"余曰："今年开此政治制度一课，乃为诸生于此方面常识特缺，非为余于此特所重视。余爱《通典》制度，亦爱《食货》经济，又爱《禹贡》地理沿革。诸生当扩开兴趣，博学多通，乃能于史识渐有进。待他年学问基础既立，庶可择性近专精一门。此乃成学后事，非初学时事。倘诸生今即专骛一途，适以自限，非以自广。恐于诸生学业前途，有损无益。余为诸生着想，非自为计也。"诸生唯唯而退。

时国民政府令"中国通史"为大学必修课，北大虽亦遵令办理，但谓通史非急速可讲，须各家治断代史专门史稍有成绩，乃可会合成通史。故北大中国通史一课，乃分聘当时北平史学界，不专限北大一校，治史有专精者，分门别类，于各时代中各别讲授。历史系主任及助教两人，则随班听讲，学期学年考试出题阅卷，由彼两人任之。余亦分占讲席，在讲堂上明告诸生："我们的通史一课实大不通。我今天在此讲，不知前一堂何人在此讲些什么，又不知下一堂又来何人在此讲些什么。不论所讲谁是谁非，但彼此实无一条线通贯而下。诸位听此一年课，将感头绪纷繁，摸不到要领。故通史一课，实增诸位之不通，恐无其他可得。"乃有人谓，通史一课固不当分别由多人担任，但求一人独任，事亦非易。或由钱某任其前半部，陈寅恪任其后半部，由彼两人合任，乃庶有当。余谓："余自问一人可独任其全部，不待与别人分任。"民国二十二年秋，北大乃聘余一人独任中国通史一课。于是余在北大之课程，遂改为"上古史""秦汉史"及"通史"之三门。学校又特为余专置一助教，余乃聘常来北大旁听之学生贺次君任之。

自余任北大中国通史课，最先一年，余之全部精力几尽耗于此。幸而《近三百年学术史》讲义已编写完成，随时可付印。《秦汉史》讲义写至新莽时代，下面东汉三国之部遂未续写。余之最先决意，"通史"一课必于一学年之规定时间内讲授完毕，决不有首无尾，中途停止，有失讲通史一课之精神。其时余寓南池子汤锡予家，距太庙最近。庙侧有参天古柏两百株，散布一大草坪上，景色幽蒨。北部隔一御沟，即面对故宫之围墙。草坪上设有茶座，而游客甚稀。茶座侍者与余相稔，为余择一佳处，一藤椅，一小茶几，泡茶一壶。余去，或漫步，或偃卧，发思古幽情，一若惟此最相宜。余于午后去，必薄暮始归。先于开学前在此四五天，反覆思索，通史全部课程纲要始获写定。

此课每周四小时，共上两堂，每堂两小时。余于开学后上课前，必于先一日下午去太庙，预备翌日下午上堂内容。主要在定其讲述之取舍，及其分配之均匀。如余讲上古史，于先秦部分本极详备，但讲通史则不多及。又如余讲《近三百年学术史》，牵涉甚广，但讲通史则只略略提到。必求一本全部史实，彼此相关，上下相顾，一从客观，不骋空论。制度经济，文治武功，莫不择取历代之精要，阐其演变之相承。而尤要者，在凭各代当时人之意见，陈述有关各项之得失。治乱兴亡，孰当详而增，孰宜略而简，每于半日中斟酌决定明日两小时之讲述内容。除遇风雨外，一年之内，几于全在太庙古柏荫下，提纲挈领，分门别类，逐条逐款，定其取舍。终能于一年内成其初志。上自太古，下及清末，兼罗并包，成一大体。

下及第二年，余遂可不复至太庙古柏下，然亦随时随地不殚精思，于每一讲之内容屡有改动。又增写参考材料，就二十四史、三通诸书，凡余所讲有须深入讨论者，缮其原文，发之听者，俾可自加研寻。然此工作迄唐五代而止。因史料既多，学生自加研寻亦不易，此下遂未再续。所发姑以示例而止。

中国通史乃文学院新生之必修课，亦有文学院高年级生及其他学院诸生，复有北平其他诸校生，前来旁听。每一堂常近三百人，坐立皆满。有一张姓学生，自高中三年级即来听课，余在北大续授此课，前后凡四年，张生每年必至。余又在西南联大续任此课两年，张生亦先后必至。余知前后续听此课历六年之久者，惟张生一人。彼告余，余之每年任课所讲内容不断有增损，而大宗旨则历年不变。

彼谓于余历年所讲变动中，细寻其大意不变之所在，故觉每年有新得，屡听而不厌。如张生亦可谓善用其心矣。

二十年前，余曾去美国哈佛大学，杨联陞教授告余，彼其时肄业清华大学，亦前来旁听。计亦已二十五年上下矣。检其书架上两书相赠，一为余之《国史大纲》抗战期间在重庆之国难第一版，一为余之通史课上所发之参考材料。余受其国难新版，为余手边无有者。其参考材料，则嘱联陞教授仍留架上，或有足供参考处，余未之受。后此项材料由余英时交台北某书肆印行。①

余在北大任此课时，又常有日本学生四五人前来旁听。课后或发问，始知此辈在中国已多历年数。有一人，在西安邮局服务已逾十年，并往来北平西安，遍历山西河南各地。乃知此辈皆日本刻意侵华前之先遣分子。并常至琉璃厂、隆福寺，各大旧书肆，访问北平各大学教授购书情形，熟悉诸教授治学所偏好，以备一旦不时之需。其处心积虑之深细无不至，可惊，亦可叹。

---

① 原编者案：民国二十二年，先生授通史一课，编有参考材料。此项材料先生生前无意出版，故未受杨先生之赠。一九六四年大陆"文化大革命"前，先生长子钱拙曾寄出先生自存之通史笔记数册，此项笔记，任课六年间逐年有增补，亦即先生编写《国史大纲》一书之祖本。先生生前亦无意出版。

五

　　余任北大及兼清华课外，越两年，又兼燕大课，于是每周得两次出城，各半日。此乃无法辞卸者。某年秋，师范大学历史系主任某君忽来访，邀余去兼秦汉史课一门。某君忘其名，乃北平史学前辈，其所编讲义亦正流传东安市场各书肆。其来言辞恳切，有坚求必允之意。余告以北大校规，校外兼课只许四小时，余已兼清华燕大两校课，适足四小时之限。逾越校规，非余所愿，亦非余所能。且开学已久，清华燕大两校课亦无法中途言辞。如是往复半日而去。一日，某君又来，谓："已商得北大当局同意，先生去师大兼课，北大决不过问。"余无奈，勉允之。

　　余住马大人胡同，近东四牌楼，师大校址近西四牌楼，穿城而去，路甚遥远。余坐人力车，在车中闭目静坐，听一路不绝车声。又街上各店肆放留声机京戏唱片，此店机声渐远，彼店机声续起，乃同一戏，连续不断，甚足怡心。及登堂，听众特多，系主任亦在窗外徘徊。第二周课毕，系主任邀余赴其办公室。告余："真大佳事。此课本请某君担任，上堂后，学生问，中国封建社会系秦前结束，抑秦后开始？又或秦前秦后一体直下无变？某君所答，听者不满，争论不已，终至哄堂而散。某君遂决不再来。别请某君，复如是，仍哄堂而散。某君遂亦决不来。恐直言相告，先生决不愿来。今幸两堂过，学生竟不发此问。并闻对先生深致满意。真大佳事。"此亦当年北方学风。甚至同学校同一班级，两课堂所讲如同水火。师大此事虽所少有，然闻者亦终不以为怪。

六

在北大任教，有与燕京一特异之点。各学系有一休息室，系主任即在此办公。一助教常驻室中。系中各教师，上堂前后，得在此休息。初到，即有一校役捧上热毛巾擦脸，又泡热茶一杯。上堂时，有人持粉笔盒送上讲堂。退课后，热毛巾热茶依旧，使人有中国传统尊师之感。

孟森心史与余同年到北大任课。一日，在休息室相晤。心史问余何年级？余答惭愧，亦在此教书。因诸生亦得来休息室问难，故心史有此误会耳。又一日，余送《燕京学报》新刊余所著《周官著作时代考》一文赠心史。心史展视，谓："此乃经学上一专门问题，君亦兼治经学耶！当携归，细读之。"自是余遂与心史常在休息室中闲谈。又一日，心史特来寓址，自是往返益密。

某一年暑假，余回苏州省亲。及返北平，特访心史。心史书斋西向。余谓："今年酷暑，不知先生作何消遣。"心史言："此暑期乃成一大工作。商务新出版《永乐大典》中之《水经注》，今暑专为此书作了许多考订。"遂引余视其桌上积稿，并历述清代各家治《水经》之得失，娓娓忘时。余告心史："已向商务预约此书。方期不日去取书，作一番考订工夫，为戴校《水经注》一案作一定论。不谓先生已先我为之。"心史说："此书实无新资料可供考订。君不如向商务另购他书，俟余此番考订络续出版，君可就此作商榷，不烦另化一番工夫也。"余谓："与先生相识有年，初不知先生亦对此有兴趣。"然心史所考订，送北大《国学季刊》，主其事者，因适之方远在国外，心史所考，与适之意见有异，非俟适之归，不敢轻为发布。而心史此项存稿遂亦迟未整理，所发表者殊有限。及翌年，抗战军兴，日本军队进北平，闻心史曾在北大图书馆发现一旧地图，于中俄两国蒙古边疆问题有新证据之发现。遂派人特访心史，于其宅前并曾摄一相而去。而心史不久以病进医院。双十国庆后，北大同人络续离北平南下。余赴医院与心史话别，不谓心史竟以不起。余自抗战胜利后，即未去北平，每念心史有关《水经注》考订一稿，其整理成篇，及其未及整理者，究在何处？及其有关蒙古新地图一事，仍有人留意及之否？人尽知心史在北大任教明清史，其对清初入关前史有著述。对此两事，人或不知，追忆及此，岂胜惘然。

心史是一好好先生，心气和易。所任明清史，讲义写得太详密，上堂无多话讲，学生缺席，只少数人在堂上，遇点名时轮流应到。心史说，"今天讲堂座上人不多，但点名却都到了"，仍自讲述不辍。学生传为谈资。其时北平方唱尊孔。有人说，军阀何堪当尊孔大任。心史说："专要堪当尊孔的人来尊，怕也尊不起。"适之为文，倡言中国文化只有太监、姨太太、女子裹小脚、麻雀牌、鸦片等诸项。心史为文驳斥，不少假借。但我们见面，他从不提起这件事。他从不放言高论，甚至不像是一争辨是非的人。在北大同人中，却是另具一格。

七

与余同年来北大者，尚有哲学系汤用彤锡予。本任教于南京中央大学，北大以英庚款补助特聘教授之名义邀来。余是年携眷去北平，潘佑苏割其寓邸之别院居之，距北大甚远。一日，锡予来访。其翌日，锡予老母又来访。谓："锡予寡交游，闭门独处，常嫌其孤寂。昨闻其特来此访钱先生，傥钱先生肯与交游，解其孤寂，则实吾一家人所欣幸。"自是余与锡予遂时相往返。

一年后，余家自西城潘宅迁二道桥，凡三院四进，极宽极静。年假以榆关风声紧，挈眷奉先慈返苏州，锡予老母亦随行返南京。明年春，余单身先返北平，适锡予老友熊十力自杭州来，锡予先商于余，即割二道桥第三进居之。此本为先慈居住之所，平屋三间。其第二进仅一书室，为余读书写作之所。此两进相隔最近，院最小，可以隔院相语。十力既来，而余眷久不来。锡予为余一人饮食不便，又劝余迁居其南池子之寓所，割其前院一书斋居余。而又为十力别邀一北大学生来居二道桥之第一进。

是年暑假，蒙文通又自开封河南大学来北大，与余同任教于历史系。锡予在南京中大时，曾赴欧阳竟无之支那内学院听佛学，十力、文通皆内学院同时听讲之友。文通之来，亦系锡予所推荐。文通初下火车，即来汤宅，在余室，三人畅谈，竟夕未寐。曙光既露，而谈兴犹未尽。三人遂又乘晓赴中央公园进晨餐，又别换一处饮茶续谈。及正午，乃再换一处进午餐而归，始各就寝。凡历一通宵又整一上午，至少当二十小时。不忆所谈系何，此亦生平惟一畅谈也。

自后锡予、十力、文通及余四人，乃时时相聚。时十力方为《新唯识论》，驳其师欧阳竟无之说。文通不谓然，每见必加驳难。论佛学，锡予正在哲学系教中国佛教史，应最为专家，顾独默不语。惟余时为十力、文通缓冲。又自佛学转入宋明理学，文通、十力又必争。又惟余为之作缓冲。

除十力、锡予、文通与余四人常相聚外，又有林宰平、梁漱溟两人，时亦加入。惟两人皆居前门外，而又东西远隔。漱溟又不常在北平，故或加宰平，或加漱溟，仅得五人相聚。宰平与漱溟则不易相值。

某日，适之来访余。余在北平七八年中，适之来访仅此一次。适之门庭若市，而向不答访，盖不独于余为然。适之来，已在午前十一时许，坐余书斋中，直至午后一时始去，余亦未留其午膳。适之来，乃为蒙文通事。适之告余，秋后文通将不续聘。余答："君乃北大文学院长，此事与历史系主任商之即得，余绝无权过问。且文通来北大，乃由锡予推荐。若欲转告文通，宜以告之锡予为是。"而适之语终不已。谓文通上堂，学生有不懂其所语者。余曰："文通所授为必修课，学生多，宜有此事。班中学生有优劣，优者如某某几人，余知彼等决不向君有此语。若班中劣等生，果有此语，亦不当据为选择教师之标准。在北大尤然。在君为文学院长时更应然。"适之语终不已。余曰："文通所任，乃魏晋南北朝及隋唐两时期之断代史。余敢言，以余所知，果文通离职，至少在三年内，当物色不到一继任人选。其他余无可言。"两人终不欢而散。文通在北大历史系任教有年，而始终未去适之家一次，此亦稀有之事也。

文通既不续聘。史系主任遂邀余任魏晋南北朝史，余拒不允。余言聘约规定余只任上古、两汉，不愿再有增添。其隋唐史一门，则聘陈寅恪兼任。上堂仅盈月，寅恪即辞去不再来。谓其体弱，其夫人言，若不辞北大兼职，即不再过问其三餐。于是此课遂临时请多人分授。学生有发问者，谓此课既由多人分授，何以独不有钱某来上课。史系主任始来请余。余遂亦上堂一二次。文通自离北大，即转至天津一女师任教。其家仍留北平，与锡予及余诸人之来往则一如旧日无变。

八

余又因锡予获交于陈寅恪。锡予、寅恪乃出国留学前清华同学。寅恪进城来锡予家，常在余所居前院书斋中聚谈。寅恪在清华，其寓所门上下午常悬"休息敬谢来客"一牌，相值颇不易。余本穿长袍，寅恪亦常穿长袍，冬季加披一棉袍或皮袍，或一马褂，或一长背心，不穿西式外套，余亦效之。

余亦因锡予识吴宓雨僧。彼两人乃前中大同事。余在清华兼课，课后或至雨僧所居水木清华之所。一院沿湖，极宽适幽静。雨僧一人居之。余至，则临窗品茗，窗外湖水，忘其在学校中。钱稻孙与余同时有课，亦常来，三人聚谈，更易忘时。雨僧本为天津《大公报》主持一《文学副刊》，闻因《大公报》约胡适之、傅孟真诸人撰《星期论文》，此副刊遂被取消。雨僧办此副刊时，特识拔清华两学生，一四川贺麟，一广东张荫麟，一时有"二麟"之称。贺麟自昭，自欧留学先归，与锡予在北大哲学系同事，与余往还甚稔。荫麟自美留学归较晚，在清华历史系任教。余赴清华上课，荫麟或先相约，或临时在清华大门前相候，邀赴其南院住所晚膳。煮鸡一只，欢谈至清华最后一班校车，荫麟亲送余至车上而别。

余其时又识张孟劬及东荪兄弟，两人皆在燕大任教，而其家则住马大人胡同西口第一宅。时余亦在马大人胡同，相距五宅之遥。十力常偕余与彼兄弟相晤，或在公园中，或在其家。十力好与东荪相聚谈哲理时事，余则与孟劬谈经史旧学。在公园茶桌傍，则四人各移椅分坐两处。在其家，则余坐孟劬书斋，而东荪则邀十力更进至别院东荪书斋中，如是以为常。

一日，余去北大有课，携《清华学报》所刊余近撰《龚定庵》一文，过孟劬家门前，嘱其门房递进。及课毕归，见孟劬留有一纸条，乃知孟劬已来过余家，盖不知余赴北大有课也。余遂即去孟劬家，孟劬娓娓谈龚定庵轶事，意态兴奋，若疑余有误会。孟劬与余亦属忘年之交。前辈学者，于昔人事，若不干己，而诚诚恳恳不肯轻易放过有如此。孟劬又常告余，彼同时一辈学人，各不敢上攀先秦诸子，而群慕"晚汉三君"，竞欲著书成一家言之意。余因孟劬言，乃识清初学风之一斑，以较余与孟劬同在北平时情形，相距何堪以道里计。因念孟劬慕古之意特深，而东荪趋新之意则盛。即就彼兄弟言，一门之内，精神意趣已显若河汉。诚使时局和平，北平人物荟萃，或可酝酿出一番新风气来，为此下开一新局面。而惜乎抗战军兴，已迫不及待矣。良可慨也。

其他凡属同在北平，有所捧手，言欢相接，研讨商榷，过从较密者，如陈援庵、马叔平、吴承仕、萧公权、杨树达、闻一多、余嘉锡、容希白肇祖兄弟、向觉民、赵万里、贺昌群等，既属不胜缕述，亦复不可忆。要之，皆学有专长，意有专情。世局虽艰，而安和黾勉，各自埋首，著述有成，趣味无倦。果使战祸不起，积之岁月，中国学术界终必有一新风貌出现。天不佑我中华，虽他日疆土光复，而学术界则神耗气竭，光采无存。言念及之，真使人有不堪回首之感。

九

又有远道相交者。某年，章太炎来北平，曾作演讲一次。余亦往听。太炎上讲台，旧门人在各大学任教者五六人随侍，骈立台侧。一人在旁作翻译，一人在后写黑板。太炎语音微，又皆土音，不能操国语。引经据典，以及人名、地名、书名，遇疑处，不询之太炎，台上两人对语，或询台侧侍立者。有顷，始译始写。而听者肃然，不出杂声。此一场面亦所少见。翻译者似为钱玄同，写黑板者为刘半农。玄同在北方，早已改采今文家言，而对太炎守弟子礼犹谨如此。半农尽力提倡白话文，其居沪时，是否曾及太炎门，则不知。要之，在当时北平"新文化运动"盛极风行之际，而此诸大师，犹亦拘守旧礼貌。则知风气转变，亦洵非咄嗟间事矣。

又某年，余返苏州。太炎国学讲习会一门人某君来约，余依时往访。是为余面晤太炎之第一次，亦惟此一次。室中惟两人，无第三人参加。余询太炎："近见报上中央政府有聘先生赴南京任国史馆长消息，确否？"太炎答："我与政府意见不相洽，焉得有此事。报章传闻不足信。"余又言："傥果政府来聘，先生果往，对此下撰写新国史有何计划？"太炎谓："国史已受国人鄙弃，此下当不再需有新国史出现。"余曰："此姑弗深论。傥有新国史出现，较之前二十五史体裁方面将有何不同？"太炎沉默有顷，曰："列传与年表等当无何相异。惟书志一门，体裁当有大变动。即如外交志，内容牵涉太广，决非旧史体例可限。"因言居沪上，深知治外法权影响深广。如加叙述，所占篇幅必钜。其他方面更然。外交以外，食货刑法诸门亦皆然。所需专门知识亦更增强。惟此"书志"一门，必当有大变动。在今难可详谈。余以下午三时许去，畅谈迄傍晚。太炎又别邀苏州诸名流张一鹏等，设盛宴，席散始辞归。此一问题，亦恨绝少与他人论及。

又一年，余自北平返苏州。张君劢偕张一鹏来访。不忆晤谈于何处。一鹏乃一麟胞弟，曾任袁世凯时代司法部长，久已退居在家。君劢系初识，时方有意组一政党，在赴天津北平前，邀余相谈。谓"君何必从胡适之作考据之学，愿相与作政治活动，庶于当前时局可有大贡献"。余告以"余非专一从事考据工作者，但于政治活动非性所长，恕难追随"。语不投机，一鹏似亦对此不热心，谈话未历一小时即散。自后余与君劢在香港始获再晤。

又络续由南方来游北平相识者，有缪赞虞凤林，张晓峰其昀，皆从南京中央大学来。赞虞则住余家，两人曾同游卢沟桥。民二十六年晓峰自浙大来函，聘余前往，余辞未去。续聘张应麟，亦未允。再聘贺昌群，昌群迟疑不决。一夕，余三人在一小馆共餐，余与应麟劝昌群往，昌群遂允行。

余在北平旧书肆购得顾祖禹《读史方舆纪要》之前八卷，嘉庆刊本，特为一文，刊载于《禹贡》半月刊上。浙江省兴业银行行长叶景揆葵初，特远自沪上来访。告余，彼持有此书一钞本，遍访刊本未得，君今得此刊本，乃与彼相持之钞本相符。又谓彼并有顾氏此书之全部手钞本一部。此书在未正式付印前，本多钞本流行，只白银四十两，即可向无锡顾家得一部。彼所得与其他钞本有不同，特不知其价值所在，欲恳余代为一查考。余允之。葵初又远自沪上携其书首几册来，余审其为顾氏家传本，特举证明。葵初大喜，谓："果如君言，当即谋付印。"余谓："此书卷帙浩大，傥仅付印，读者当就君之新刊本与旧刊本对读，乃始得其异同所在。此事大不易。不如将旧刊本与君本对校，即以异同添注旧刊本之眉端行间，乃以付印，则读者一披卷即得，不烦再一一比读矣。"葵初以为然。问余愿任其劳否，余复允之。时适余弟起八同在北平，余即命其从事校对。约年余，方毕直隶、山东两省。但时事益急，余恐仓促失误，嘱葵初将已校稿携返沪上，待事变定，再谋续校。而抗战烽火乃不久爆发。余曾于抗战期中，自昆明返沪，知葵初与张旭生合创一合众图书馆在法租界。余特往访，未得晤葵初，见主其事者为顾廷龙起潜，乃颉刚之叔父。起潜告余，彼之主要任务即为续校顾祖禹《读史方舆纪要》一书。及赤祸又兴，余又匆匆南来，迄今将三十年，闻合众图书馆已不存在，葵初与起潜亦不获其消息。《读史方舆纪要》之顾氏家传本，今不知究何在。苟使余不主先作校对，则此家传本将早已行世。余对此事之愧悔，真不知何以自赎也。[①]

一〇

又章实斋《遗书》之家传本，亦为余在北平所发现。一日课毕，北大图书馆长毛子水特来历史系休息室询余，坊间送来《章氏遗书》钞本一部，此书钞本在北平颇有流行，不知有价值否？余嘱其送余家一审核。是夜，余先查章实斋《与孙渊如观察论学十规》一文，此文在流行刻本中皆有目无文。刘承幹嘉业堂刻《章氏遗书》，曾向国内遍访此文，亦未得。而余在此钞本中，即赫然睹此文。乃知此本必有来历。嗣经收得其他证明，乃知此本确系章氏家传。若余诡言告子水，此书即退回原书肆，余可收归私藏。然余念公藏可供众阅，不宜秘为私有。乃连日夜嘱助教贺次君录出其未见于流行刻本者，凡二十篇左右。又有一篇，流行刻本脱落一大段数百字，亦加补录。即以原本回子水，嘱其可为北大购取珍藏。时余之《近三百年学术史》一书，方送商务印书馆在北平排版，由余亲自校阅，《实斋》一章已校讫，续又取回补入前所未见之重要有关部分若干则。《与孙渊如观察论学十规》一文，则全篇增附于后。及余离北平南行，又携所录之全部佚文藏大衣箱

---

① 原编者案：顾氏家传本《读史方舆纪要》一书，校对工作已由顾廷龙先生完成，一九九二年已由上海古籍出版社出版。

底，上加一木板，以避检查，辗转自香港经长沙南岳至昆明，以至成都。时蒙文通为四川省立图书馆长，遂将此佚文印两百册流传。及余避赤祸来香港，大陆又重印此书，而将余所为一小序抹去，则读者将不识此书之所由来。后余游巴黎，法国汉学家戴密微，曾特来询问此书，余详告之。后大陆又将此各篇散入章氏《文史通义》中。然余念当时特据家传本目录匆匆钞出其未见之篇，是否尚有遗漏，则不克再通体查阅矣。而此章氏家传本，颇闻子水实未为北大图书馆购取，特以转归胡适之家藏。及适之南来，此书未及携行，则不知又在何处。是亦大堪回念也。

又忆民十以前，余在小学任教，即深喜章氏之《文史通义》。一夕，忽梦登一小楼，由北面楼梯上，楼外三面环廊，楼中四壁皆书，又有一玻璃面之长方桌，桌面下一柜，亦皆藏书。余观之，乃悉是章实斋书，又多世所未见者。此梦醒来，初不为意。乃二十年后，不意此梦竟有印验，是亦余一人生平回忆中值得玩味之一事也。又余获睹《章氏遗书》后，又得戴东原未刊稿钞本一种，名《孟子私淑录》，为从来学者所未知，亦以廉价收得。与《章氏遗书》稿同携南下。今此稿已收入余之《中国学术思想史论丛》第八册。

其他尚有一家传本，为余在北平所发现者，则为北通州雷学淇所著之《竹书纪年义证》，凡四十卷。雷氏于《纪年》有两书，一为《考订竹书纪年》共十四卷，有刻本。余又知其尚有《义证》一书，在北平坊肆遍觅未得，后乃在北平图书馆珍藏书中得其家传之稿。其先乃由其家人献之北大校长蔡子民，请由北大付印，其眉端有陈汉章校。于上古之部较详，春秋后较简，不知何由此稿乃转入北平图书馆。余既择其有关者，一一补入余之《先秦诸子系年》一书中。又晒蓝本一部，而交还其原稿。民国二十六年，始将此稿之晒蓝本交书肆排印，是年双十国庆后，余匆匆离平，而此书尚未印成，书首遂缺一序。及国民政府来台，有人携有此书在台重印，亦未有序。惟此书之流传，则实由余始其事也。

一一

余自民国十九年秋去北平，至二十六年冬离平南下，先后住北平凡八年。先三年生活稍定，后五年乃一意购藏旧籍，琉璃厂、隆福寺为余常至地，各书肆老板几无不相识。遇所欲书，两处各择一旧书肆，通一电话，彼肆中无有，即向同街其他书肆代询，何家有此书，即派车送来。北大、清华、燕京三校图书馆，余转少去。每星期日各书肆派人送书来者，逾十数家，所送皆每部开首一两册。余书斋中特放一大长桌，书估放书桌上即去。下星期日来，余所欲，即下次携全书来，其他每星期相易。凡宋元版高价书，余绝不要。然亦得许多珍本孤籍。书估初不知，余率以廉价得之。如顾祖禹《读史方舆纪要》之嘉庆刻本，即其一例。

余又曾在无锡城门洞一小书摊购得朱右曾《竹书纪年存真》一部，书价仅几毛钱。取以校王静庵所校本，乃知王校多误，朱本甚有价值。余特撰一文，收入《先秦诸子系年》中。傅孟真来余家借此书，曾遍嘱北京各书肆为彼访购，积数年，皆无以应。乃以余所藏晒蓝本藏入中央研究院书库中。其他类此之例，难于一一缕举。余于明代以下各家校刊《竹书纪年》，搜罗殆尽。专藏一玻璃书柜中。锡予见而慕之。彼亦专意搜罗《高僧传》一书，遇异本即购。自谓亦几无遗漏矣。后余在成都，一女弟子黄少荃，专治战国史。余告彼，他年返北平，当以余所藏各本《竹书纪年》相赠，乃今返忆，真不啻如痴人说梦话矣。

又胡适之藏有潘用微《求仁录》一孤本，余向之借阅。彼在别室中开保险柜取书，邀余同往。或恐余携书去有不慎，又不便坦言故尔。余携归，适书记贾克文新来，嘱其谨慎钞副，亦不敢轻付晒蓝。余移寓南池子锡予家，一日傍晚，一人偶游东四牌楼附近一小书摊，忽睹此书，亦仅数毛钱购得。既归，锡予闻而大喜。晚饭方毕，即邀余重去此书摊。余告以此书摊绝无他书可购，余亦偶尔得此。锡予坚欲往，乃乘夜去其地。书摊已关门，扣门而入。屋内电灯光甚微弱，一一视其摊上书，皆无足取，遂出。而书摊主人却语余："先生傍晚来购书，殆一佳本，先生廉价得之，故又乘夜重来乎？"余曰："适偕吾友重过此门，再来相扰，幸勿介意。"然彼意若终不释。

一日，一书估来访，适余案头展读《三朝北盟会编》

一书。书估谓："先生喜读此书，我有此书钞本仅半部，先生亦肯收藏供欣赏否？"余嘱其携来，知出浙东某名家，纸张字样墨色皆极精美。藏之有年。及民国二十六年春，余遍游琉璃厂各书肆，乃于某一家小书摊旁墙边书架中见一书，书品装潢精美有别，即于书堆中取出，赫然即余所藏《三朝北盟会编》钞本之另半部。惊喜出意外，即问摊主此书售价。摊主在余身傍，见余取阅此书，即甚注意。凝视余久之，乃曰："此乃残本，先生知之否？"余答："知之。"又问："购此残本何用？"盖彼或已疑余藏此残本之又一半也。余曰："此书纸张字样墨迹书品皆佳，虽残本，置案头，亦堪供欣赏。"摊主乃言："本摊不拟售此残本。"余曰："既不拟售，为何陈列此架上。"摊主久默不语，乃曰："此书既不售，可勿再论价。"余知难强，乃默记其地址而去。特招一熟书估来，告其事，嘱为余设法得此书。书估去，数日后来，告余，已赴此书摊，先与摊主求相识。彼书系残本，决不易售出，先生万勿再往，彼知先生有此书之半部，必高昂提价，难以成议。当冷淡一时，我必为先生取得此书来。乃此后战氛日迫，余亦无心及此。至今追忆，余拥有此书之半部，今亦已不知去处矣。

北平如一书海，游其中，诚亦人生一乐事。至少自明清以来，游此书海者，已不知若干人。今则此海已湮，亦更无人能游而知其乐趣者。言念及此，岂胜惘然。

余前后五年购书逾五万册，当在二十万卷左右。历年薪水所得，节衣缩食，尽耗在此。尝告友人，一旦学校解聘，余亦摆一书摊，可不愁生活。二十六年，余一人匆匆离北平，临时特制二十余大箱，将所藏书装其中。及全家离去，蒙宅主人雅意，愿辟一室堆此诸箱。谓此宅决不再租他人，俟他年事定，可再来取。不谓余自抗战胜利后，竟未再去。傥移书南下，运费尚易筹措。此大批书之藏处，又须每夏晒晾，乏地乏人，迟疑有年。后余去江南大学任教，方拟移书送学校存藏，而共党已占北平。宅主知余老友锡予在北大，走告，促其即移书去，彼不敢为此获罪。锡予亦无法，乃嘱一与余相熟之书估取去。书估愿出百石米价。取余书去时，余已在广州，得此讯，即电告锡予，所藏书仍盼保留。书估允不以出售，待他年余返北平，出百石米价，可全部让回。后余在香港，老友沈燕谋为新亚研究所购备藏书，得《资治通鉴》一部，乃余先兄声一先生生前阅读本，由先兄手书书根，书中亦多先兄手迹，乃余特从苏州家中携去北平。今此书出现港埠，则其他五万册书，流散人间，可以想见。然其时锡予已死，无可查询。又余藏书绝不加盖私章。尝谓，余所藏书，几乎无不经前人藏过。有一书而经六七家以上之收藏者。又记有《皇清经解》一部，显有谭延闿藏印。当代钜公之藏，乃亦转入余手，亦堪诧慨。余又何必多增一印，以供他日别人之多一嗟叹乎！不谓余年未七十，此言已验。则洵足增余私人之嗟叹矣。

又余苏州家中亦尚多藏书。余抗战时返苏州过上海，张家璈尽赠其最近新刻书，皆藏苏州家中，今亦不知其尚犹存在否。友亡书散，此诚余晚年一大堪嗟叹事也。今则两目已盲，与书绝缘，捉笔书此，更不胜其自慨矣。

一二

又有贾克文，亦为余北平新识，永留记忆之一人。余迁居二道桥之岁尾，一日，得北平图书馆研究员刘盼遂电话。时北平图书馆有研究员向达、王庸、刘盼遂等五六人，集居馆中之地下室，余时去其处，极相稔熟。王庸夫妇亦曾赁居二道桥余家前院。刘君电话告余，彼近登报征一书记，有贾克文远从保定来应征。昨夕方到，今晨起床，令其倒一盆洗脸水，克文乃作色言，我来应征为书记，非为仆人充杂役，请从此辞。刘君大惊讶，告失言，请留，必弗再扰以他事。克文坚不允。刘君告以"君远道来，我不慎失言，君遽辞去，我心终不安。恳小留一日，当为君介绍另一去处，俾我心安。"克文始允之。刘君谓："兄家有佣妇，有乳娘，又常闭门少人事，故首虑及，盼为我留之。"余诺其请。

克文当晨即来，朴厚寡言。告余，家有老祖父在堂，拥田百顷，生活可无忧。其表兄孙连仲乃军人，在关外，屡招之，不愿往。因慕北平文风，遂来此。余宅第三院大厅左侧有一小屋，中仅一榻，乃北方旧式炕床之仅存未改者。床下生火，冬夜卧其上，极感舒适。榻前一桌一椅，不容他物。桌临南窗，阳光照射亦极悦目。余本卧此小屋中，以让克文。告以闭小屋门，即与外面隔绝。觉倦可开门到大院中散步。除钞写外，决无他事，克文遂留。

时适榆关事变，风声屡作，北平人心惶惶。余拟乘年假送母南归，全家随行。家中一佣妇亦辞去，拟独留克文守舍度岁，乃与商之。并言："开春余全家即返，君肯耐此一段寂寞否？"克文慨允。及开岁，余妻儿又因事不克同行。余一人北上，告克文以不得已，嘱其赴街上招一佣妇，乃因家无女主人，无论老少皆不来。克文问余，一日三餐作何应付。余曰："君不已一人在此度岁乎，添余一人亦如往日可也。"克文谓："一人勉图果腹则可，我作餐何堪入先生口。"余曰："慎勿作此想，强君作餐，余滋不安，更贪求享口福乎！"燕大郭绍虞之夫人，闻讯来访，随带两大锅菜，可供余一人四日之食。如是每周以为常，直迄余迁居锡予家为止。克文不得已，洒扫膳食乃胥一人任之。

锡予来招余迁居南池子，割其前院一书房让余。克文则住院侧厨房中，乃俨然为厨夫。所坐乃一轮椅，尽日转动。余时时赴厨房中与共语，以稍减其不安。晚餐余与锡予家人同进，晨午两餐则仍由克文治理。一日，余告克文："余喜食鱼，君上市可买鱼来试烹之。"又一日，告克文："余喜烹活鱼，君上市可买活鱼，勿买死鱼。"又一日，余至厨房，见活鱼数尾排列长板上。余告克文，如此，鱼即死矣。克文曰："我畏杀活鱼，故待其死，乃烹之。"余曰："如此则可勿再买活鱼矣。"余又喜食大白菜。克文买白菜归，必尽割其外叶，仅留一中心，烹以供余。其外叶则克文另烹自食之。余屡去厨房，屡见其事。告克文，仅余与君两人共食，何必如此分别。余屡言之，克文终不听。

一日，余语克文："君犹记及前在刘君家否？唤君倒一盆洗脸水，君即愤而辞去。今在余处，乃任一厨夫，君忍为之，何耶？"克文曰："我来先生家，不旬日，先生全家南归，独留我一人守宅。先生视我如一家子弟，勿稍疑虑。我离家即遇先生，如仍在家中侍奉长老。先生又把每月用款交我掌管支配，先生更不问，我心更感。只有待师母他日回来，我可向之报账。若能有剩余，无亏欠，我心始释。我侍先生，一如在家侍老祖父，惟盼先生不再见外。"

一日，余又告克文，余之清华兼课时间改在上午，明晨须一早出门，去趁清华校车，傥或晏起，君勿忘来唤醒。余在梦中闻床前呼声，披衣急起，出视院中，明月正在中天。余告克文："如此月光正乃午夜耳，何遽来叫。"克文曰："我亦梦中骤醒，见满窗光亮，乃不虑有此误。"余乃留与作竟夕谈。

某日，有一人自四川来。其人善相，家世相传已三代矣。其来特为梁漱溟相，即住漱溟家。漱溟特邀十力、锡予同余俱至其家，请相士一一为余三人相。又一日，其人特来南池子锡予家余室中，十力亦在，彼又为余三人相，所言皆能微中。谓十力乃麋鹿之姿，当常在山林间。并言漱溟步履轻，下梢恐无好收场。言余精、气、神三者皆足，行坐一态，此下当能先后如一。适克文自外端茶入，余告相士："可为此君一相否？"相士乃曰："此君有官相。"乃摸其后脑骨有顷，曰："为日不远，官运来逼，弗可避。"锡予、十力皆出手挽克文臂曰："汝闻之，即日作官人去，可庆可贺。"克文默不言，即避去，不再来。

不久，余家人重来北平，迁一新居。克文亦再得其表兄之招，余力劝之行，克文乃辞余家而去。计其前后在余家亦十月左右矣。克文去至张家口，任警务，然终不安于职。未一载，即返北平，又重来余家。余惊问何速归，今任何职。克文告余："任局长非所愿，今改闲职，只在城区巡视各家庭，使人不以长官视我，我乃心安。"余大喜曰："君今任此职，又可为余帮一大忙。余渴欲觅一清闲大院，君巡视所至，幸为留意。"一日，克文来告："在北大附近觅得一大宅，前三院宅主所住，后三院现空置，房屋宽敞。从马大人胡同后门进出，可与前三院隔绝。我商之宅主，宅主问租者何人，我略道先生概况，宅主已同意，可往一看。"余遂偕克文同去，看后大喜，不日迁往。宅主乃北通州人，在北平任大律师职，惜已忘其姓名。彼不喜交游，乃见余一如故交。然彼仅来余宅一次，余亦仅答访一次。前后宅中间一门常关闭，不再相往来。马大人胡同此宅遂为余在北平最后居住最感安适之一宅。

及"七七"抗战，余一人离家南下，乃将空置之两院房屋出租，即以房租补家用。克文更常来，时时督教余子女读书。又时出钱济余家用。余妻告以家用已足，可勿虑。

越两年，余家亦离北平南下。克文恋恋不舍，屡告余妻："他年钱先生自后方归来，无论在南在北，我当追随终身。"余妻归后，亦常与通讯。直至余又只身赴广州避赤祸，与克文音讯遂绝。迄今距与克文别，前后又逾四十年。回忆往事，如在目前。

余年八十七，赴香港，晤伟长侄。告余，克文已告退在家，每年必赴伟长家一次。及克文老，乃改命其子亦年去伟长家。伟长亦遭共党斗争清算，劳改逾二十年之久，然克文父子照例年必一往。顷想克文当仍健在，诚亦使余难忘也。

一三

余在北大凡七年，又曾屡次出游，及今犹能追忆者，一为与吴其昌世昌兄弟同游八达岭万里长城。先一夕，余移宿其兄弟家，与其昌作竟夕谈。翌晨，黎明前，即坐人力车赴火车站。路上忽悟宋人词"杨柳岸晓风残月"一语。千年前人一词句，可使千年后人诵之如在目前，此岂随手拈来。而近人乃以死文学目之，真可大笑。火车上又不断追忆詹天佑。国人非无科学天才，徒以百年来社会动乱，无可表现。国人乃以追咎四千年文化传统，亦良可怪也。登万里长城上，尤不胜其古今之悼念。

又一次，缪凤林赞虞从南京来，宿余家。一日，同游卢沟桥。桥北距平汉路线不远，然火车中旅客窗外遥望，终不得此桥之景色与情味之深处。元明以来赴京师，最后一站即在此。翌晨即入都门矣。"卢沟晓月"一语，在八百年来，全国士人得入都门者之心中所泛起之想象与回念，又岂言语所能表达乎！而余与赞虞之来，国事方亟，两人坐桥上石狮两旁，纵谈史事，历时不倦。若使吾两人亦在科举时代，在此得同赏卢沟之晓月，其所感触，又岂得与今日城市扰攘中人语之。

又一次，则余与锡予、十力、文通四人同宿西郊清华大学一农场中。此处以多白杨名，全园数百株。余等四人夜坐其大厅上，厅内无灯光，厅外即白杨，叶声萧萧，凄凉动人。决非日间来游可尝此情味。余等坐至深夜始散，竟不忆此夕何语。实则一涉交谈，即破此夜之情味矣！至今追忆，诚不失为生平难得之夜。

一四

其他近郊之游不详述，远游凡四次。第一次在民二十二之春季，游津浦路泰安、济南、曲阜。同游者为北大史系四年级生，结队为毕业旅行，余为之督队者。全队二十余人，惟燕大及门徐文珊一人，毕业后，从余益勤，及是遂随行。抵泰安，游岳庙，大堂四壁有宋真宗巡狩泰山壁画，文物车骑，宛然连幅，乃千年古物。虽有剥坏，迭经修补，仍保旧观。冯玉祥驻军在此，于墙上遍贴革命标语。及离去，墙上标语亦遭削除，而壁画已多破毁，残壁旧泥，触目皆是。亦无善绘事者，重为补修。余幸于泰安市某一照相馆，觅得一套完好之照片。然此项照片，恐亦少有。千年壁画，亦为革命牺牲矣。

庭院中，古柏参天。冯军许小贩进入经营，小食摊设炉灶煮食物供游客，柏树或烧死，或半枯，几数十株。破败满目，俨若当前举国疮痍之景象，感慨何极。

学生雇山轿，每人一座。余谓穷一日之力，可抵山顶。余欲验腰脚，不坐轿。诸生谓山轿亦人生中一新经验，强余乘之。晨兴，惟文珊一人随余步行。两空轿随后。由山麓历级而上，每遇一游处，必小憩。及抵栖真观，余夙慕胡安定孙明复之为人。适冯玉祥驻观内，遂拒不入，独徘徊投书涧上。诸生竞入，获冯玉祥接谈，出皆欣然。及登南天门，两山胁立，中一道，极宽阔，石级三四十层，每层一平台，各四十级左右。仰视豁然。宛如在天空辟此一门。初抵山脚，即可仰见。登山惟此一路。人生境界亦如此，当惟辟一线上达。造其巅，回视全山形势，俨如一巨人，南面巍然而坐。余观《五岳真形图》，正写出此形态。乃知古帝皇必登泰山，亦有其所以然也。

自南天门抵山顶一寺庙，皆平地。宿庙中一宵，晨起出庙门，东行抵一崖，观海上日出。云雾蔽天，迷濛无所见。回念十余年前，赴厦门集美，在海轮畅观日出，恍如目前。此晨实亦依然日出，能见不能见，事关于己。俯仰天地，回念史迹，不胜怆然。

返抵南天门，诸生围聚，谓："吾师昨已一整天徒步登山，今不以山轿下此天门，群心滋不安。"不得已，乃坐轿。下石级仅两层，觉坐卧不稳，乃以随带厚棉被垫身下者紧裹全身，手中坚握一手杖，紧插两脚中间之椅上。方仓惶中，怪声忽作，系缚坐椅之绳索一端朽折，坐椅从轿旁两竹杠中翻转，余亦从坐椅上坠落在地。幸身裹厚棉被，辗转数石级，即停止，未遭创伤。两轿夫紧张失措，同队二十余山轿皆围集。诸生向余备致慰问。群责轿夫不慎。令重择最佳山轿，最佳轿夫，让余乘坐。不由分说，拥余上另一轿。两轿夫扛之，直飞而下。余连声叫且慢，两轿夫言无事，可勿怕，向下直奔益疾。盖此轿实安稳，两轿夫亦健者。余连叫，谓余恐慌，乃更飞步。未达上午十时，即安抵市区旅邸。诸生皆逾午始归。余方期今晨下山，遇昨日惬心处，恣意加赏。不谓如此失去机会，亦良可笑矣。翌日再游山后诸胜，而山前一路，则惟有在梦想中再遇之。

游泰山后，再游济南大明湖。小舟荡漾，天光亭影，流连迷人，几疑身在江南。至如湖中泉涌，则惟肄业常州府中学堂时，旅行镇江扬州，游舟山天下第一泉有其髣髴。又念刘鹗《老残游记》，因思山水胜境，必经前人描述歌咏，人文相续，乃益显其活处。若如西方人，仅以冒险探幽投迹人类未到处，有天地，无人物。即如踏上月球，亦不如一丘一壑，一溪一池，身履其地，而发思古之幽情者，所能同日语也。

除游其他近郊外，余又在济南城中一旧书肆，获睹大字《仪礼》一部。眉端行间，校注满纸，朱楷工丽，阅之怡神。检视知乃王筠手笔，王氏系清代道光时一小学名家，余初不知其于此经乃用功如此之深。因问书肆主人此书售价，主人答此书乃藏家送来整修，非本肆所有。闻之怅然。又念今人率好轻蔑前人，讥其道路之误，或斥其见解之卑。然论前人对学问之功力，则似有远超于时贤者。恨不能使此等书之真迹广为传播，亦可使时人多见。姑不论学术路向，亦不论见解识力，要之用功深浅，亦足资人反省也。

游济南后，又去曲阜。自火车站至曲阜城，乃乘旧式骡车。车中念顾亭林，即在如此旅途中，默诵精思，以成其绝学。余今乃始一尝此滋味，愧惭何极。抵曲阜，赴衍圣公府。时孔德成尚年幼，其叔父某携之接客，并摄影为念。余详询孔府经济情况，及曲阜农民生活。因沿途来，诸生颇疵议孔家非官府，乃享受封建社会之贵族生活。故亦欲彼辈闻其详，以知其实况也。

转赴孔林，余嘱诸生必行三鞠躬敬礼，诸生亦无违。然诸生游泰山大明湖，莫不兴高采烈，及来曲阜，既无慕古朝圣之心理素养，风气感染，徒觉疑团满腹。则此来成照例公事，兴趣价值俱减。亦如生为一中国人，不得不一读中国史，成一负担，复何其他意味之可言。

孔林碑碣林立，然皆在金元以后，北宋以上则甚少。余告诸生："当时中国人受异族统治，乃不得不更尊孔，使外族人亦知中国有此人物，庶对中国人不敢轻视。今君辈争言孔子乃自来专制皇帝所尊，以便利其专制。试读此间碑碣，亦岂当时许多中国人惟恐外族人不易专制，故亦教之尊孔否？"诸生默无言。余又言："游历亦如读史，尤其是一部活历史。太史公幼年，即遍游中国名山大川。诸君此游归，再读《史记》，便可有异样体会矣。"

一五

第二次游平绥路，大同、绥远以至包头。不忆在何年。同游者皆清华师生。先至大同，赏其云冈石刻。诚千古所稀见。其非中国文化嫡传，亦一见可知。又在城中一楼，偕三四人午餐。据云此楼系大明正德皇帝在梅龙镇遇见李凤姐之原址，信否无可考。然余屡听《游龙戏凤》平剧，在此一餐，亦若特具佳味。

在绥远吊汉明妃冢，所历益远，所遇中国历史故事乃益古，亦诚大堪嚼味。参观绥远城中一中学校，教员寝室乃一大炕床，可同卧数十人。余不禁回忆起前清时在南京锺英中学读书时宿舍景况。余归后，告北大清华诸生，中国天地大，诸生毕业后，大有去处。即如绥远，民情敦厚，对学校师长特具敬意。诸生傥愿去，大炕床亦足供安卧。而日常接触，皆一生所难遇。驰马阴山大草原上，何等痛快。即恋旧游，寒暑假仍可来北平，何必尽在此惯居之城市间争一啖饭地。去至塞外，可向国家民族作更大贡献。人生亦互有得失优劣，非一言可判也。闻此后诸生亦颇有去绥远任教者，惜不久日军入侵，则又是一番天地矣！

至包头，由车窗南望，高桅丛峙，诚所少见。与一友某君言，到此人人去市区吃黄河鲤鱼，我两人何不去渔埠，亦有鲤鱼可吃，岂不较赴市区为佳。遂两人去渔埠。不悟乃一沙滩。少顷，河水上泛，群艇即皆浮水中，何来有店铺。及返火车，市区吃鲤鱼者皆返，津津夸鱼味之佳。余两人心不平，视手表，往返当可及火车未开。遂讴讴雇人力车去市区，即在市端觅一家，进门即大叫鲤鱼。吃得两味，赶还，距火车离站亦为时无多矣。强不知以为知，必欲异于人以为高。傥赶不上火车，岂不成大笑话。

一六

第三次似在二十五年夏，余一人从平汉路经汉口，转长江至九江，游庐山。先在汉口小住，赴武昌，参观武汉大学，游黄鹤楼。并赴汉阳。在长江船中识一川人赖君，亦只身赴庐山，遂约同游。及抵牯岭，锡予有一宅在此，其老母已先来，锡予滞平未到。余宿其家，每晨起即偕赖君遍游各处。尤爱三叠泉瀑布，下有三潭，潭水清洁，余曾裸身卧一潭中大石上半日，及起，懒不能堪。

一日，与赖君由山北下游西林寺。在岭上，忘其为暑天。未及半山，已热不可忍。下抵山脚，尚须行田塍数华里，乃抵寺。炎阳照射水稻，热气熏蒸，更不能受。达寺门，衣衫尽湿。寺中休憩半日。及离寺，再行田塍间，夕阳余威更酷。返抵山脚，疲不能行。然不能不登山，较之来时下山更艰困。未达山腰，夜色已深。赖君谓："当在此露营。"余谓："或遇虎遇盗，更奈何。"不得已，仍尽力爬行。林间灯光微露，寻至，乃一警察派出所。喜出望外，得饮水解渴。返寓，已逾午夜。是为余游山最感寻常而最遭艰困之一次。

锡予已来牯岭，一日，偕其同游岭上之僧寺，似是开先寺。寺门外一大旷场，佛殿亦宽敞，游客率一过，鲜停留。余与锡予坐殿西侧一长桌饮茶，方丈偃卧佛殿正中大像前右侧长沙发上，手摇一大扇，适近余座之背后。余高呼和尚和尚三声，方丈慢起前来，谓："茶点已具，客高呼和尚何事？"余问："和尚何事不上香礼拜，不诵经念佛，不回房学禅打坐，亦不招接游客，乃在佛前挥扇高卧。"方丈急陪礼，谓："两客有闲小坐，请移后厅为佳。"乃肃锡予及余进入大殿之后轩。轩不广，可容大圆桌设宴席。而向北长窗垂地，窗外竹荫蔽天，竹外丛树，即山野，亦即僧园。方丈呼侍者更茶点，茶味既佳，点心四碟，一一精美。方丈又推窗陪余两人闲步竹树中，为余游庐山来从未到过之另一佳处。佳在其即借庐山之胜以为胜，非赖建筑，非赖陈设，只是一寻常后轩屋，而起坐俯仰，其中真若不在人间，已在天上。以前若非有一高僧具绝大聪明，绝大智慧，乌得有此佳构。今此俗僧，坐享其成，则亦无足与语此耳。锡予不能远步，终日在家侍母。余与同游庐山，亦仅此一次。

余又爱一人漫步往返牯岭至五老峰路上。一日归途，忽遭豪雨，备极狼狈。在屡游中，获此稀有之遇，亦甚感兴奋。

又一日，偕赖君同下山南访白鹿洞。沿溪游山南诸名寺。每坐寺外石桥上，俯听溪流，深觉乐趣无穷。下午四时许，坐一寺客室中避雨，游客二十许人。一军人屡作大声高语。雨止，客散。一人语："此军人恐不得善终。"余问："君善相否？"客对："亦偶知之，但非善相。"余因问："君必别有所擅。"客答："善手相。"是夜，同宿寺中。晚餐后，余语客："愿君先作约略陈述，再请遍相诸人。"客云："中国本有此术，我乃习自印度。"先出其手，逐一纹路作解说。然后相余及赖君手，又相寺中方丈及一侍者，又遍及他人。其相余与赖君手，显有不同。相方丈及侍者手，更见分别。一一堪与其先言相佐证。余后在成都遇两善相者，在香港又遇一善手相者，皆有奇验。因念凡属流行人间者，亦各有其所以然。尤如中医中药，岂得以己所不知，轻以"不科学"三字斥之。又如国人读《论语》，两千余年，人人读之，然岂人人尽得《论语》书中之妙理。高下深浅，自在读者。一语斥尽，亦仅见斥者之无理耳。

余已遍游庐山诸处。因闻朱子曾驻五老峰，遂一人往，独住五六宵。时中大教授胡先骕，在山中辟一生物研究所，余亦往游。余与先骕素不相识，然闻其名久矣。此去亦未晤面。又念欧阳永叔《庐山高》诗，乃昔人登山处，余恨未往。

余之此游，心慕陶渊明、周濂溪，惜皆未至其处。其时朱子书则尚未精读。故纵游白鹿、五老，亦惟游其处，乃虚慕其名，于吾心未留深切之影响，至今为恨。

是夏，余重由长江轮转回无锡乡间小住。返北平，曾建议学校，每学年教授休假，率出国深造。以吾国疆土如此之广大，社会情况如此之深厚，山川古迹名胜如此之星罗而棋布，苟使诸教授能分别前往考察研究，必对国家民族前途有新贡献。此事无下文。而"七七事变"骤起。余由越南赴滇，又屡言越南受吾国文化薰陶，积数千年之久。今联合大学同仁任课均减少，可派一部分赴越南作联络访问，将来于中越两邦，或望有新发展。但此议亦鲜应者。太平洋战事起，亦不复有此希望矣。言念及此，怅悼何极。

一七

第四次远游，在民二十六年春，乃自平汉路转陇海路，游开封、洛阳、西安。同游者亦清华师生，而较前游为盛。在开封曾获河南大学盛宴，吃黄河鲤鱼，乃与包头、潼关、洛阳、济南所吃大不同。若不说明，几不知其为黄河鲤鱼。盖开封是一大都会，自北宋以来已历千年，烹调日益讲究，乃不见其为鱼状矣。

洛阳萧条，市区惟有古董铺，亦皆小店肆。游伊阙，爱其江山之美，及石刻之古雅，较之大同、云门，可谓风格迥殊，典型自别。余尤爱徘徊其西北之飞机场，本西晋石崇之金谷园故址。袁世凯特辟为新兵训练处，后又转为空军基地。萧条凄凉中，乃留树木数百株，似乎每一枝上都留有历史痕迹也。余极欲一游孟津古渡，乃迫于行程，竟未去。

余等于潼关特下车，一游函谷关古道。又登潼关，吃黄河鲤鱼，鱼味之佳，似胜于洛阳、济南。至开封之精制，则当别论。至于在包头吃黄河鲤鱼，其事常在心头，其味实未留口齿间。北望龙门，更感鲤鱼之未化为龙，乃为余之盘中物。笑谓同餐者，一部二十五史中，五千年来之人物，如此盘中所烹，又几许。则又嗟叹不已。

赴西安，获得遍游郊内外名胜。有一处，传为王宝钏之窑洞。余等亦特去，在两峡间，品茗移时。而为余等此游特所注意者，乃最近蒋委员长为张学良拘禁处。此事距余等之游不百日，省政府特派员同往。此为委员长卧床，此为委员长跨墙处，一切器物陈列如旧。较之游故宫慈禧太后寝宫卧室，其动人更何啻千百倍。而余更注意大厅近南窗靠西壁一书架上，置张学良日常所阅书。余告同游，观此架上书，可知张学良其人，及近日此事经过之一部分意义矣。惜当时忘未将此一批书名钞录，否则当为对近代史知人论世一项大好材料。今亦无可记忆矣。然张学良亦知好读书，终不失为同时军人一佼佼者。至如毛泽东在北平接客室中，乃堆有大批古籍，知人论世又岂在此一端上，则难于言之矣。余等游华清池其他所在，如贵妃入浴处等，则仅一寓目而止。盖一时兴趣俱已为蒋委员长近事吸引以去矣。

游西安毕，遂于归途游华山。先由省政府电话告华阴车站，有北平大批游客来，嘱先雇数十辆人力车在站等候。余等至，已入夜。余坐第一辆，随后三四辆皆清华女学生。起程未半小时，路旁暴徒骤集，两人胁一车，喝停。余随身仅一小皮箧，肩上挂一照相机，乃此行特购，俾学摄影。两暴徒尽取之，并摘余脸上眼镜去。其余数十辆车，大率尽劫一空。余忽念此游华山，乃余平生一大事，失去眼镜，何以成游。遂急下车追呼："余之眼镜乃近视！他人不适用，请赐回。"无应者。同游挟余行抵宿处，余终不忘怀。念暴徒或戴上眼镜不适，弃之路旁，乃又邀一学生陪余重至劫车处觅看，竟无得。废然归。一省府随员来云，闻君失去眼镜，我随身带有另一眼镜，请一试。余戴上，觉约略无甚大差。乃喜曰："此行仍得识华山矣。"再三谢而别。是夜暴徒盖预闻余等行程，乃约集以待也。

翌晨，登山路。沿途见山石上镌大字："当思父母""及早回头"等，可二十余处。亦可想见前面山路之峻险矣。是夜，宿北峰一庙中。翌晨，再上路。出门即一大桥，过桥即摩耳崖。同游张荫麟，忽欲止步。余强挟之行，曰："岂有在此止步者。"过桥乃重重险境，由苍龙岭抵一线天，即随身手杖亦当抛弃。并不得旁人扶持，必当一人独行。抵东峰一庙，遥望山下一塔，建筑庄严。不知当年何从集合人力及材料，在此兴造。诚亦人世一奇迹也。

有一美国学生，新来清华，随身一照相机，失手坠峰下。失声大哭，谓其母新从美国寄来，何忍失之。庙中人在峰下种菜蔬，有一路，晨夕上下。诸生遂偕此美国学生同下。沿崖有石级，不数级，即须转身，在空中翻从另一条石级下，故名"鹞子翻身"。如是下者，可十许人。余等在崖上，即石级亦不敢窥视。因必俯身，倘两目一眩，即坠身崖下矣。少顷，果拾得照相机归。

自此转南道，旁有一险处，忘其名。旬前两法国人在此坠崖身死，惟非正路所必经。我队人多，一人勇往，余人随之。乃木制狭阁，悬高崖外，下临千仞，曲折而前，抵一洞。仍依原道返。幸皆无恙。大队游山，心意自壮，较之一两人往游，自又不同。再由正路抵落雁峰，欣悦莫名。穷一日之力，尽游东、西、北、中诸峰。归途再经苍龙岭，乃一狭长峭壁，砌石级铺成道路。石级两旁有铁链，高不及膝，不能俯身手扶，亦不能两人并肩行。惟当各自下顾石级，鼓勇向前。偶一转眺，两侧皆无地，自会心神震悸，无以自主。余等三四人同行，一生忽大呼两足麻不能动，余教其坐下，瞑目凝神，数息停念，俟余呼，再起行。余等停其前可廿步许，十分钟左右，呼其起，此生起立，乃能随队过岭。仍宿北峰。因告诸生，昔韩昌黎游此不得下山之故事。今历诸险，已经千数百年来不断兴修，远非往昔情况矣。

及返抵北平，乃以余近著新出版之《近三百年学术史》一部，邮赠陕西省府某委员，即赠余游华山之一副眼镜者。此副眼镜余每珍藏之，至二十六年冬离平时，仍藏大书箱中。今则不知其何在矣。

一一　西南联大

一

民国二十六年，双十节过后，余与汤用彤锡予、贺麟自昭三人同行。在天津小住数日，晤吴宓雨僧偕两女学生亦来，陈寅恪夫妇亦来。寅恪告我，彼与余同病胃，每晚亦如余必进米粥为餐。俟到昆明，当邀余在其家同晚餐。吴、陈两队皆陆行，余与锡予、自昭三人则海行，直至香港。小住近旬。

北上至广州，得晤谢幼伟，乃自昭老友。又数日，直赴长沙。前日适大轰炸，一家正行婚礼，受祸极惨，尚有尸挂树端，未及检下者。宿三宵。文学院在南岳，遂又南下。在长沙车站候车，自午后迄深夜，乃获登车。至衡州下车午饭，三人皆大饿，而湖南菜辣味过甚，又不能下咽。

文学院在南岳山腰圣经书院旧址。宿舍皆两人同一室。余得一室，闻前蒋委员长来南岳曾住此，于诸室中为最大。同室某君其家亦来，移住附近，余遂独占一室，视诸同人为独优。南岳山势绵延，诸峰骈列，而山路皆新辟，平坦宽阔，易于步行。余乃以游山为首务，或结队同游，三四人至数十人不等，或一人独游，几于常日尽在游山中。足迹所至，同人多未到，祝融峰又屡去不一去。曾结队游方广寺，乃王船山旧隐处，宿一宵，尤流连不忍舍。又一清晨独自登山，在路上积雪中见虎迹，至今追思，心有余悸。

除游山外，每逢星六之晨，必赴山下南岳市，有一图书馆藏有商务印书馆新出版之《四库珍本初集》。余专借宋明各家集，为余前所未见者，借归阅读，皆有笔记。其中有关王荆公新政诸条，后在宜良撰写《国史大纲》择要录入。惜《国史大纲》为求简要，所钞材料多不注明出处，后遂无可记忆矣。又读《王龙溪》《罗念庵》两集，于王学得失特有启悟。皆撰写专文。是为余此下治理学一意归向于程朱之最先开始。①

余每周下山易借新书。一日，忽觉所欲借阅者已尽，遂随意借一部《日知录》，返山阅之，忽觉有新悟，追悔所撰《近三百年学术史·顾亭林》一章实未有如此清楚之见解，恐有失误。而手边无此书，遂向友人携此书者借来细读，幸未见甚大失误处。然念若今日撰此稿，恐当与前稿有不同处。从知厚积而薄发，急速成书之终非正办也。

一日傍晚，冯芝生来余室，出其新撰《新理学》一稿，嘱余先读，加以批评，彼再写定后付印。约两日后再来。余告以："中国理学家论'理气'必兼论'心性'，两者相辅相成。今君书，独论理气，不及心性，一取一舍，恐有

---

① 原编者案：是年先生有《罗念庵年谱》及《王龙溪略历及语要》两文，现已收入《中国学术思想史论丛》第七册。

未当。又中国无自创之宗教，其对'鬼神'亦有独特观点，朱子论鬼神亦多新创之言，君书宜加入此一节。今君书共分十章，鄙意可将第一章改为序论，于第二章论理气下附论心性，又加第三章论鬼神，庶新理学与旧理学能一贯相承。"芝生云，当再加思。

又其前某一日，有两学生赴延安，诸生集会欢送。择露天一场地举行，邀芝生与余赴会演讲，以资鼓励。芝生先发言，对赴延安两生倍加奖许。余继之，力劝在校诸生须安心读书。不啻语语针对芝生而发。谓："青年为国栋梁，乃指此后言，非指当前言。若非诸生努力读书，能求上进，岂今日诸生便即为国家之栋梁乎？今日国家困难万状，中央政府又自武汉退出，国家需才担任艰钜，标准当更提高。目前前线有人，不待在学青年去参加。况延安亦仍在后方，非前线。诸生去此取彼，其意何在？"散会后，余归室。芝生即来，谓"君劝诸生留校安心读书，其言则是。但不该对赴延安两生加以责备"。余谓："如君奖许两生赴延安，又焉得劝诸生留校安心读书。有此两条路，摆在前面，此是则彼非，彼是则此非。如君两可之见，岂不仍待诸生之选择。余决不以为然。"两人力辩，芝生终于不欢而去。然芝生此后仍携其新成未刊稿来盼余批评，此亦难得。

一日，余登山独游归来，始知宿舍已迁移，每四人一室。不久即当离去。时诸人皆各择同室，各已定居。有吴雨僧、闻一多、沈有鼎三人，平日皆孤僻寡交游，不在诸人择伴中，乃合居一室，而尚留一空床，则以余充之，亦四人合一室。室中一长桌，入夜，一多自燃一灯置其座位前。时一多方勤读《诗经》《楚辞》，遇新见解，分撰成篇。一人在灯下默坐撰写。雨僧则为预备明日上课抄笔记写纲要，逐条书之，又有合并，有增加，写定则于逐条下加以红笔钩勒。雨僧在清华教书至少已逾十年，在此流寓中上课，其严谨不苟有如此。沈有鼎则喃喃自语："如此良夜，尽可闲谈，各自埋头，所为何来。"雨僧加以申斥："汝喜闲谈，不妨去别室自找谈友。否则早自上床，可勿在此妨碍人。"有鼎只得默然。雨僧又言："限十时息灯，勿得逾时，妨他人之睡眠。"翌晨，雨僧先起，一人独自出门，在室外晨曦微露中，出其昨夜所写各条，反覆循诵。俟诸人尽起，始重返室中。余与雨僧相交有年，亦时闻他人道其平日之言行，然至是乃始深识其人，诚有卓绝处。非日常相处，则亦不易知也。

二

时学校已决议诸生结队偕行，由陆道步行赴昆明。以余健行，推为队长。其时广西省政府派车来接诸教授往游，余慕桂林山水，曾读叶恭绰所为一《游记》，详记桂林至阳朔一路山水胜景，又附摄影，心向往之。乃辞去陆行队长之职，由闻一多任之。又有另一批学生，自由经香港，海行赴越南入滇。余则加入诸教授赴广西之一队。同队数十人，分乘两车抵桂林，适逢岁底，乃留桂林过新年，是为民国二十七年。并畅游桂林城内外诸名胜。又命汽车先由陆路去阳朔，而余等则改雇两船由漓江水路行。途中宿一宵，两日抵阳朔。

素闻人言，"桂林山水甲天下，阳朔山水甲桂林"。其实山水胜处，尤在自桂林至阳朔之一带水路上。既登船，或打瞌睡，或闲谈，或看小说，或下棋。两船尾各系一小船，余则一人移坐船尾小船上，俾得纵目四观，尽情欣赏。待中午停船进餐，余始返大船。餐后，又去小船独坐。待停船晚餐，再返大船。翌晨，余又一人去小船，人皆以为笑。忽到一处，顷已忘其地名，余觉其两岸诸山结构奇巧，众峰林立，或紧或松，或矮或高，水路曲折，移步换形，益增其胜。余急回大船告诸人，"此处乃此行山水极胜处，一路风景无此之美，此下亦将无以逾此。盼诸君集中精神，一意观赏，勿失去此机会。"或言："汝谓前无此奇，庶或有之，此下尚有过半日之路程，汝谓后无此奇，又从何言之。"余答："此乃余据一日又半之经验，觉山水结构更无如此之奇者。若诸君亦尽情观察，遇此下山水更有出奇胜此，则更不负吾侪之此行。吾言然否，亦可由此而判尔。"众人遂皆移情纵观。亦有随余同赴小船者。及傍晚，抵阳朔。或言君所语诚不差，我等经君一语提醒，亦得恣赏此一境。阳朔山水甲天下，幸未失之交臂也。

此下经广西南部诸城市，直过镇南关。冯芝生一臂倚车窗外，为对来车撞伤，至河内始得进医院。余等漫游数日去昆明，芝生独留，未获同行。

越四十日，芝生来昆明，文学院即拟迁蒙自。临时集会，请芝生讲演。芝生告余："南岳所言已在河内医院中细思，加入'鬼神'一章。即以首章移作《序论》。惟关'心性'一部分，屡思无可言，乃不加入。"

余常闻人言，芝生治西方哲学，一依其清华同事金岳霖所言。其论中国哲学，亦以岳霖意见为主。特以中国古籍为材料写出之，则宜其于"心性"一面无可置辞也。惟在南岳，金岳霖亦曾听余作有关宋明理学之讲演，而屡来余室。则芝生之出示其《新理学》一稿，乞余批评，或亦出岳霖之意。是日讲演，芝生谓："鬼者归也，事属过去。神者伸也，事属未来。"指余言曰："钱先生治史，即鬼学也。我治哲学，则神学也。"是芝生虽从余言增"鬼神"一章，而对余余憾犹在，故当面揶揄如此。

一日，余约自昭两人同游大理，已登入汽车中，见车后络续载上大麻袋。询之，乃炸药，送前路开山者。余与自昭心惧，临时下车。此后在昆明数年中，乃竟未获机去大理，是亦大可追惜之事也。余与自昭既下车，遂改计另乘车去安宁，宿旅店中。游附近一瀑布，积水成潭，四围丛树，清幽绝顶，阒无游人，诚堪为生平未到之一境。余两人久坐不忍去。明日再来。不意数日行囊已倾，无以付旅馆费。乃作书以此间风景告锡予等嘱速来。用意实求济急。一日，自昭坐旅店房中读书，余则漫步旅店走廊上。忽见一室门敞开，室中一老一幼对弈。余在梅村小学教书时，酷嗜围棋，一旦戒绝，至是已及二十年，忆在北平中央公园，曾见一童，立椅上，与人对弈。四围群聚而观。询之，乃有名之围棋天才吴清源，然余亦未动心挤入观众中同观。今日闲极无事，乃不禁往来转头向室中窥视。老者见之，招余入，谓余当好弈。彼系一云南军人，即此旅馆之主人，对弈者，乃其孙。告余姓名，已忘之。邀余同弈。余告以戒此已二十年矣。老人坚邀，不能却，遂与对弈。老人又言，君可尽留此，畅弈数日，食宿费全不算。不意当晚，此老人得昆明来讯，匆促即去。而余两人俟锡予诸人来，亦盘桓不两日而去。余之重开弈戒，则自此行始。

<h2 style="text-align:center">三</h2>

不久，西南联大文学院定在蒙自开课，余等遂结队往。火车中读当日报纸，见有一夏令营在宜良，游瀑布山洞石林诸胜，美不可言。余大声曰："宜良何地，乃有此奇景。"旁坐一友，指窗外告余，此处即宜良，亦云南一有名胜地。并曰："君即观两旁山色可知之矣。"实则当日所见报载夏令营旅游各地乃在路南，系另一地名，而余误以为在宜良，遂种下余此下独居宜良一段因缘。亦诚一奇遇也。

蒙自乃旧日法租界，今已荒废。有希腊老夫妇一对，在此开设一旅馆，不忍离去。曾一度回视故乡，又重来守此终老。联大既至，诸教授携眷来者皆住此旅馆中，一切刀叉锅碗杂物争购一空。余等单身则住学校，两人一室。与余同室者，乃清华历史系主任刘崇鋐，治西洋史，亦在北大兼课。故余两人乃素稔。崇鋐每晨起必泡浓茶一壶，余常饮之，茶味极佳。附近有安南人开设一小咖啡店，余等前在河内饮越南咖啡而悦之，遂亦常往其店。河内咖啡店多悬两画像，一为关公，一则孙中山先生。此店亦然。店主人有一女，有姿色，一学生悦之，遂弃学入赘。一夕有男女两学生同卧一教室中桌上，为其他同学发现，报之学校，遂被斥退。一时风气乃出格如此。

学校附近有一湖，四围有人行道，又有一茶亭，升出湖中。师生皆环湖闲游。远望女学生一队队，孰为联大学生，孰为蒙自学生，衣装迥异，一望可辨。但不久环湖尽是联大学生，更不见蒙自学生。盖衣装尽成一色矣。联大女生自北平来，本皆穿袜。但过香港，乃尽露双腿。蒙自女生亦效之。短裙露腿，赤足纳两屦中，风气之变，其速又如此。

入春来，值雨季，连旬滂沱，不能出户。城中亦罢市。其时最堪忧惧者，乃时有巨蛇进入室中，惊惶逃避，不可言状。及雨季过，湖水皆盈，乃成一极佳散步胜地。出学校去湖上，先经一堤，堤上一门，有一横扁，题"秋至杨生"四字。初不解其意。后乃知入门一路两旁皆种杨柳，雨季过，即交秋令，杨柳皆发芽，绿条成荫，更为湖光生色。柳皆春生，惟此独秋生也。余自此每日必至湖上，常坐茶亭中，移晷不厌。

一日，北大校长蒋梦麟自昆明来。入夜，北大师生集会欢迎，有学生来余室邀余出席。两邀皆婉拒。嗣念室中枯坐亦无聊，乃姑去。诸教授方连续登台竞言联大种种不公平。其时南开校长张伯苓及北大校长均留重庆，惟清华校长梅贻琦常川驻昆明。所派各学院院长，各学系主任，皆有偏。如文学院长常由清华冯芝生连任，何不轮及北大，如汤锡予，岂不堪当一上选。其他率如此，列举不已。一时师生群议分校，争主独立。余闻之，不禁起坐求发言。主席请余登台。余言："此乃何时，他日胜利还归，岂不各校仍自独立。今乃在蒙自争独立，不知梦麟校长返重庆将从何发言。"余言至此，梦麟校长即起立釐言："今夕钱先生一番话已成定论，可弗再在此题上起争议，当另商他事。"群无言。不久会亦散。隔日下午，校长夫人亲治茶点，招余及其他数位教授小叙。梦麟校长在北平新婚，曾有茶会，余未参加，其夫人至是乃新识也。

有同事陈梦家，先以新文学名。余在北平燕大兼课，梦家亦来选课，遂好上古先秦史，又治龟甲文。其夫人乃燕大有名校花，追逐有人，而独赏梦家长衫落拓有中国文学家气味，遂赋归与。及是夫妇同来联大。其夫人长英国文学，勤读而多病。联大图书馆所藏英文文学各书，几于无不披览。师生群推之。梦家在流亡中第一任务，所至必先觅屋安家。诸教授群慕与其夫妇游，而彼夫妇亦特喜与余游。常相过从。梦家尤时时与余有所讨论。一夕，在余卧室近旁一旷地上，梦家劝余为中国通史写一教科书。余言："材料太多，所知有限，当俟他日仿赵瓯北《廿二史札记》体裁，就所知各造长篇畅论之。所知不详者，则付缺如。"梦家言："此乃先生为一己学术地位计。有志治史学者，当受益不浅。但先生未为全国大学青年计，亦未为时代急迫需要计。先成一教科书，国内受益者其数岂可衡量。"余言："君言亦有理，容余思之。"又一夕，又两人会一地，梦家续申前议，谓："前夜所陈，先生意竟如何？"余谓："兹事体大，流亡中，恐不易觅得一机会，当俟他日平安返故都乃试为之。"梦家曰："不然，如平安返故都，先生兴趣广，门路多，不知又有几许题材涌上心来，那肯尽抛却来写一教科书。不如今日生活不安，书籍不富，先生只就平日课堂所讲，随笔书之，岂不驾轻就熟，而读者亦易受益。"余言："汝言甚有理，余当改变初衷，先试成一体例。体例定，如君言，在此再留两年，亦或可仓促成书。"梦家言："如此当为全国大学青年先祝贺，其他受益人亦复不可计，幸先生勿变今夕所允。"余之有意撰写《国史大纲》一书，实自梦家此两夕话促成之。而在余之《国史大纲》引论中，乃竟未提及。及今闻梦家已作古人，握笔追思，岂胜怅惘。

不久，忽传文学院决于暑假迁返昆明。余闻之，大懊丧。方期撰写《史纲》，昆明交接频繁，何得闲暇落笔。因念宜良山水胜地，距昆明不远，倘获卜居宜良，以半星期去昆明任课，尚得半星期清闲，庶得山水之助，可以闭门撰述。一友知余意，谓识宜良县长，有一别墅在西郊山中，或可暂借。余立促其通函商请，得覆函允可。余大喜，遂决一人去宜良。

时锡予、自昭皆惜蒙自环境佳，学校既迁，留此小住，待秋季开学始去昆明，可获数月流连清静，乃更约吴雨僧、沈有鼎及其他两人，共余七人，借居旧时法国医院。闻者谓，传闻法国医院有鬼，君等乃不惜与鬼为邻，七人亦意不为动，遂迁去。不久，又闻空军中漏出音讯，当有空袭。法国医院距空军基地不远，果有空袭，乃成危险地带。沈有鼎自言能占《易》。某夜，众请有鼎试占，得《节》之"九二"，翻书检之，竟是"不出门庭凶"五字。众大惊。遂定每晨起，早餐后即出门，择野外林石胜处，或坐或卧，各出所携书阅之。随带面包火腿牛肉作午餐，热水瓶中装茶解渴，下午四时后始归。医院地甚大，旷无人居，余等七人各分占一室，三餐始集合，群推雨僧为总指挥。三餐前，雨僧挨室叩门叫唤，不得迟到。及结队避空袭，连续经旬，一切由雨僧发号施令，俨如在军遇敌，众莫敢违。然亦感健身怡情，得未曾有。余每出则携通史随笔数厚册。自在北平始授此课，先一日必作准备，写录所需史料，逐月逐年逐项加以添写，积五六厚本，及离北平藏衣箱底层夹缝中携出，至南岳蒙自又续有添写。此乃余日后拟写《史纲》所凭之惟一祖本，不得不倍加珍惜。数日后，敌机果来，乃误炸城中市区，多处被轰毁，受祸惨烈。而城外仅受虚惊，空军基地无恙，法国医院亦无恙。此下遂渐安。开学期近，各自治装，锡予、自昭两人乃送余去宜良。

四

县长别墅在宜良西山岩泉下寺中。方丈先得命，出寺门迎候。寺南向，大殿左侧为寺僧宿舍。向北尽头为厨房。左侧有一门，过门乃别墅所在。小楼上下各三楹，楼前一小院，有一池，上有圆拱形小石桥，四围杂莳花果。院左侧又一门，门外乃寺僧菜圃，有山泉灌溉，泉从墙下流经楼前石阶下，淙淙有声，汇为池水，由南墙一洞漏出寺外，故池水终年净洁可喜。楼下空无一物。楼梯倚北墙。楼上分两室，内室东南两面有窗，西北角一床有帐，临南窗一木板长桌上覆一绿布。此为余之书房兼卧室。外室两楹，临南窗一小方桌一椅，供余三餐用。西侧一大长方桌，亦由木板拼成，上覆以布，备余放置杂物。是夜锡予、自昭与余同卧外室地铺上。两人言："此楼真静僻，游人所不到。明晨我两人即去，君一人独居，能耐此寂寞否。"余言："居此正好一心写吾书。寂寞不耐亦得耐。窃愿尽一年，此书写成，无他虑矣。"

翌晨，两人去。方丈即来谈余膳食事。谓："寺中皆蔬食，恐于先生不宜。"余言："无妨，只分一份送上楼即可。"不意所送极粗劣，几不能下口。勉强两日，觉腹饿，又不消化。乃招方丈来重商。彼言："寺中膳食只如此，先生必改荤食乃可。"余言："在楼下安一灶极不方便。"彼言："即寺厨做荤食尽可。"因请物色一女佣。彼言："适有张妈在此，可召来。"余见张妈衣履整洁，言辞有礼，大慰。询以膳食事，张妈言自信擅烹饪。问以余伙食每月需价几何。答："国币六元合新滇币六十元，中晚两餐可供一荤一素一汤，断可果腹。"遂定议。后乃知张妈乃方丈早招来寺，备为余供膳食也。

张妈烹煮既佳，又中晚两餐蔬菜必分两次在近寺农田购之，极新鲜。一日，张妈煮一鸡，余不忆何故，忽于午餐后须出寺，过厨房门，乃见方丈坐门侧，手持一鸡腿，方得意大嚼。余不禁问："和尚亦食鸡腿？"彼答："和尚不食鸡腿将何食。"又见灶陉上鸡汤一碗。始知余之荤食乃与此僧共之，皆由其事前安排布置。嗣又闻此僧在近寺村中有一家，不时往返，事属公开，则此僧其他一切亦不问可知矣。

余伙食既安，每晨餐后必出寺，赴一山嘴，远望宜良南山诸峰。待其云气转淡，乃返。晚餐后，必去山下散步。由山之东侧转进一路，两旁高山丛树，夹道直前，浓荫密布，绝不见行人。余深爱之。必待天临黑前始归。后遇日短，则在晚饭前去。除晨晚散步外，尽日在楼上写《史纲》，入夜则看《清史稿》数卷，乃入睡。楼下泉声深夜愈响，每梦在苏锡乡下之水船中。星四上午应昆明各报馆约，必草星期论文一篇，轮流分交各报。是日提早午餐后，赴距山八华里之火车站，转赴昆明。星期日一早返。

距寺向东八华里有一温泉，余每于星期日返寺后，携《陶渊明诗》一册，一路吟诵去温泉。乃一大池，池旁建屋，隔为数室，从池上有石级，亦有矮墙分隔，墙直下池中，可使各室浴者互不相睹。浴后可坐石级上，裸身作日光浴。浓茶一壶，《陶诗》一册，反覆朗诵，尽兴始去。或于星期日下午不能去，即改星期一上午去，向午方离。转到宜良县城中进午饭。温泉距城约亦八华里。宜良产鸭有名，一酒楼作北方烤鸭，外加烧饼，价滇币六元，即国币六角。余一人不能尽一鸭，饱啖而去。至县立中学访其校长，得向其学校图书馆借书。有二十五史，有十通，所需已足。每周来更换。校园中多盆景，有百年以上之栽品，亦如在苏州所见。盘桓小憩。又从城北行八华里返山寺，如是每周以为常。

有北大同事一人，夫妇同留学德国，乃锡予老学生，归来亦在北大哲学系任教。与余往来甚稔，在南岳又每日同桌共餐。有一姨妹，在北大读书，亦偕余等同餐。能唱平剧，效程艳秋。同出游，则必命唱。及来昆明，其夫人亦来，不乐交际应酬，一人移居宜良城中。其夫其妹两地往返。今惜忘其夫之名，姑称其妻曰"某夫人"。一日清晨，某夫人忽来寺，适楼前一樱桃树花开甚艳。余曰："夫人适来，可赏此花。"某夫人言："今晨特来邀先生作山游，不知能有雅兴，肯牺牲此半日之写作否？"余连呼同意，遂同出登山。山不高亦不峻，并无峰，乃随坡陀在山脊上行，至午始返。某夫人言："先生健步，我亦自负能山行，半日追随觉有倦意，先生神色谈笑一如常态，始知名不虚传。"乃知某夫人实特来试余脚力也。

后余又为姚从吾夫妇在宜良城中觅一屋，介绍其迁来。于是余赴宜良，常往访此两家。又曾登宜良城楼，绕一周费时仅一刻钟。又曾游宜良南城外，一路节孝碑坊林立，可四十数。中国传统风教远被偏远地如此。余又游宜良南山下一溪，此山即余每晨在宜良寺外山嘴之所望，山耸溪激，徘徊桥上不忍去。

一日，某夫人又来。告余："距此二十华里有一山，产茶有名，前清时为贡品。惟产量不多，一散入城市，即觅购不易。今适初采，可同往山中购取少许供日常品尝否？"余又随之往。某夫人好游，余常往山后散步，某夫人亦每至其地，谓极似德国黑森林。惟彼知余尽日撰写，乃不常来。不两日，方丈来告：附近一山产名茶，今日彼拟往，先生亦欲购取品尝否？彼不知余已先往山中购得。惟彼既来，姑付以钱若干，嘱购茶三斤。和尚言茶价甚贵，若许钱焉得购三斤。实则余付款已较前日购价略增。乃告之仅以此款购之，斤两可勿计。晚归，和尚以原款交回，曰："我已言茶价贵，不敢自作主张，谨退回原款。"此僧之狡狠有如此。余平居亦绝不与其他诸僧交言。如需洗衣服，夜间置外室长桌上，翌晨张妈上楼送茶水，即自取去。三餐仅呼请用饭，亦可不与交谈。乃有每星期四日半不发一言之机会，此亦一生中所未有。

某日，有三四女学生突自厨房破门而入，殆觉院中极静，亦不敢作声。楼下既无人，彼等乃轻步上楼。见楼上又无人，乃漫步向南窗前。忽见左侧门内有人，大惊狂呼，踉跄夺步下楼而去。余亦未觉有人来，闻其呼声及脚步声，亦一惊。乃知是少女声，又知必是三四人齐来也。山楼寂静，即此一事可知。

及寒假锡予偕寅恪同来，在楼宿一宵，曾在院中石桥上临池而坐。寅恪言："如此寂静之境，诚所难遇，兄在此写作真大佳事。然使我一人住此，非得神经病不可。"亦有联大学生来山邀余赴昆明讲演。余曰："汝等已来此，亲见此环境，尚开口作此请，岂不无聊。"诸生亦无言。

又有岩泉上寺。余居下寺，赴上寺一路石级，两旁密树，浓阴蔽天。即当正午，亦日光微露而已。常有松鼠一群，在树叶上跳跃上下，一路抬头皆可见，亦一奇景。上寺已成一道士院，有池石之胜。院旁一亭，备游人品茶之所。亭四围矮墙有靠背可坐。更适眺瞩。余常喜坐亭中，游人绝少，每在此写稿，半日始返。院中一道一仆，道士号静庵，极清雅。余至，必命仆泡佳茗。余告其与北平大儒王国维同名，道士谓知之，并云亦爱读其诗词。随口诵一两首，其不俗如是。告余彼乃广西人，八岁随其家逃荒来此，及家人归，留之道院中，至今未离。静庵道士嗜鸦片烟，必选精品自熬煮，屡强余一尝。余十七岁暑，犯伤寒病，几不起。病愈卧床，余一叔父每夜必携鸦片来，自烧烟泡，命吸。谓，可长精力。此事相距已二十八年，犹能回忆。然终婉拒不敢尝。道士又言，岁春新谷初收，又有黄豆，彼必赴附近一市区收购若干，放置楼上顶屋中。入夏价涨，商人来购去，一年生计尽赖此。先生出款少许，当代买代卖，不费一些心力。在我亦不加劳累，而先生坐增收入，曷不一试。余亦婉拒。道士又言，此间习俗收养女，只在农村中择少女年十三四聪慧者，价不贵，可供洒扫洗涤烹饪一切家务。及其长，可纳为妾室，否则备小款代为出嫁。先生傥全家来，能在此山长住，当一切为先生代谋。其仆亦亲切近人。余遂于后半年迁居上泉寺。道士特辟出楼上为余居，自寝楼下。张妈亦随来照顾，但仍留居下泉寺，晨来夕去。

院中有一白兰花树，极高大，春季花开清香四溢。道士采摘赴火车站，有人贩卖去昆明。张妈以瓶插花置余书桌上，其味浓郁醉人。楼下阶前流泉，围砌两小潭蓄之。潭径皆两尺许，清泉映白瓷，莹洁可爱。张妈以中晚两餐蔬菜浸其中，临时取用，味更鲜美。张妈言，先生长住山上，彼必奉侍不辍。若先生他去，彼愿在山上觅一地，筑一小庵，为尼姑终身。余在上寺心情较下寺更愉快。尽日操笔，《史纲》一稿，乃幸终于一年内完成。回思当年生活亦真如在仙境也。抗战胜利后，余重来昆明，每念岩泉上寺，乃偕友特访之。知曾驻军队，情形大非旧况。闻张妈已去昆明，询得其主人家地址，返昆明后求未获。静庵道士亦穷苦，闻仅赖白兰花度日。余去，适彼离寺，亦未遇及。人生乍变，良可嗟叹。最近余在香港晤伟长侄，告余彼夫妇近赴昆明，特去宜良访上、下寺。均已被乡民撤除。仅道旁尚留有石碑数处，约略可想见其遗址。余闻之，不胜怅然。

五

　　余住宜良，即探问石林、瀑布、山洞诸胜。乃知当年确有夏令营在此，而所游诸胜皆在路南县，距此尚远。须乘火车赴路南站，改乘山轿，数十里乃达。而途中又时有意外。后知云南大学教授李埏，前在北平师范大学曾听余"秦汉史"一课，家在路南。乃约余以年假往。又另约一人，今已忘其是何人，先一日来宜良下寺。翌日，李埏来，同赴路南，当晚借宿城外一学校中，寒假无人，极为清静。首日游石林，遍山皆石笋嶙峋，或大或小，簇立无可计数。洵平生所未见。尤奇者，在山前一大草坪，草皮平铺，青葱可爱，大石笋皆平地拔起，高耸云霄。每一笋皆作扁圆形，宽盈丈，愈上愈狭，成尖形。一排七八笋，排列作圆拱状，极整齐。有长文篆刻诸石笋下部。又数十笋错综圆拱于外，俨然若经天工设计，成此巨制。余等徘徊流连其下，俯仰欣赏，真若置身另一天地中。宇宙非此宇宙，人生亦非此人生矣。李埏告余两人，经地质学家研究，由何因缘，成此奇构。全世界惟西欧瑞士有一处与此略近似，此外更无他处可觅。因念在桂林城内外有山，亦平地拔起，惟此处乃群石拔起为异耳。地质学家仅言自然形成之经过，恨无大诗人来此吟咏，亦无大画家来此描绘。余不能诗，亦不能画，及今又逾四十年，追忆模糊，不仅失真，即当时影像亦复捉摸不到。惟恍惚犹知其为生平一奇遇而已。

言之良可叹也。

第二日另一路去游山洞。洞中石乳下滴，凝成诸石笋倒悬。犹忆前在无锡第三师范时，曾游宜兴张公、善权两洞，有一洞与此略类，已忘是何洞。而此洞尤大，非宜兴两洞可比。出洞游大瀑布。李埏云，比贵州某大瀑布更大。余前游庐山及他处，凡遇瀑布，必迎面仰观。此次则因路便，从山上直赴瀑布源头处，渐逼近，乃闻路旁泉声轰隆，愈前愈厉，三人语不相闻。至瀑布顶上，向下俯视，恨不识瀑布真面目，惟闻澎湃巨响，又怕失足下坠，神魂惶恐，亦忘其置身何处矣。因忆又二十年游美加两国交界处尼加拉瀑布，亦登其上源，但已经人工制造，游人倚石栏上下瞰，乃如在庭院中城市中。惟上有天，下有水，大自然景象转换成儿童玩具，更何奇丽可言。乃回头寻其源头所在，亦如游一园林，更无奇处。直到一大湖边，乃知此是瀑布上源而已。较之当时余三人在路南所历，天地已失原形，人生亦无多趣味矣。

余等为时间所限，不能再到山下瀑布正面观赏，只循瀑布下流，遵水而行。一路水势奔腾，声势犹壮。途中遇得一堆巨石在急流中，余等设法攀登其上，各择一石，仰卧默听，天地人生又尽没在一片轰隆中。亦可谓无天地，无人生，惟此一片轰隆而已。乃不谓今日于山洞瀑布以外，又得此一奇。洵知天地诚多奇，人生亦尽可多得之。惟在无意中偶得之，乃更佳耳。

两日游毕，乃作归计。李埏云："路南羊乳乃全省所产之最佳者，必当一尝。"因忆，一日在昆明，偕锡予两人在城外某一酒肆午餐，主人特赠羊乳一碟。余与锡予初未尝过，乃婉谢再四而去。今日当试一尝，真大可口。乃归告锡予，同赴酒家再试尝之，锡予亦甚赞不绝。饮食小节，亦多交臂失之，诚可笑也。

余每星四上午赴昆明，必赴车站旁一小咖啡店小坐。店主候火车到，为余代携书包，送余上车。火车在中午十二时左右抵站，途经数十山洞，于下午五时后抵昆明。余课排在晚七时，及到，时间匆促，出火车站径乘人力车直奔课室。途中买蛋糕，即在人力车上食之充饥。课室中多校外旁听生，争坐满室。余需登学生课桌上踏桌而过，始得上讲台。课毕，已夜九时。乃由学生陪赴市中餐馆进餐，待返宿舍，已深夜。星五星六两天有课，亦尽排在夜间。星五晨起，即浏览在宜良山中所未能寓目之报纸。除此外，两日日间均无事，常有学生来邀出游，昆明附近诸胜地几于足迹无不到。

在宜良昆明往返途中过一山，每见山南下一大池，固不能与昆明湖相比，然每念必有可游。一日，约锡予、自昭诸人前往，知其有温泉，遂赴某旅馆作温泉浴。温泉热度甚高，可熟生鸡。须先放水，隔几小时后始可浴。遂至镇上闲游，见湖水平漾，乃无游艇。询之，知湖中心有一大旋涡，曾有两法国人驾舟探之，误近旋涡边缘，即为旋涡卷去，人舟俱没。自此即沿岸亦无行舟。环湖胜地乃不开发。余等废然返旅馆，午餐后，浴温泉即归。

六

　　《国史大纲》稿既成，写一《引论》载之报端，一时议者哄然。闻毛子水将作一文批驳。子水北大同事，为适之密友，在北平时，常在适之家陪适之夫人出街购物，或留家打麻雀。及见余文，愤慨不已，但迄今未见其一字。或传者之讹，抑亦事久而后定耶！张其昀晓峰来昆明出席中央研究院评议会，晤及陈寅恪。寅恪告彼："近日此间报端有一篇大文章，君必一读。"晓峰问："何题？"乃曰："钱某《国史大纲·引论》。"晓峰遂于会后来宜良，宿山中一宵，告余寅恪所言。后此书印出，余特函寅恪，恐书中多误，幸直告。寅恪答书，惟恨书中所引未详出处，难以遍检。余意作一教科书，宜力求简净，惜篇幅，所引材料多略去出处，今乃无可补矣，亦一憾也。

　　越有年，《史纲》出版，晓峰一日又告余，彼在重庆晤傅孟真，询以对此书之意见。孟真言："向不读钱某书文一字。彼亦屡言及西方欧美，其知识尽从读《东方杂志》得来。"晓峰言："君既不读彼书文一字，又从何知此之详。"孟真亦无言。晓峰南高同学缪凤林赞虞，独举余书误引出处十余事。《史纲》重庆再版时，余特以缪文附载书末。后屡印新版，乃始一一改定，缪文遂不再附载。又北大学生张君，已忘其名，在上海得余《史纲》商务所印第一版，携返北平，闻有整书传钞者。其时尚在对日抗战中，滞留北平学人，读此书，倍增国家民族之感。闻钱玄同临亡，在病床亦有治学迷途之叹云。

余在昆明时，有联大学生赴湖南、江西前线者，临行前来求赠言。余告以诸生赴前线，首当略知军事地理，随身盼携带顾祖禹《读史方舆纪要》一书，即就湖南江西两章细加阅读。余观日军来犯，军中必有熟此书者。如其在天津，不沿京津铁路进军，而改道破涿州，切断平汉铁路，则北平乃在包围中。又其在上海不径沿京沪铁路西侵，而广备船筏，直渡太湖径犯广德，则已至南京之肘腋间。此皆攻我军之不备，而实为历史上军事相争一必攻必备之地。能读顾氏《方舆纪要》，则可知相争要害之所在矣。闻者赴市肆购此书，乃不易得。告之校方，设法从重庆成都觅之。校方因此盼余能在下学年开"军事地理"一课，为后方诸生讲授大要，余亦允之。后余决意去成都齐鲁大学国学研究所，此事遂已。余去成都后，亦从未为学生讲授此课，亦以主学校行政者，皆知常，不知变，故不知有讲此新课之必要也。

余之知日军中知重顾氏此书，乃自抗战前在北平读日人泷川氏之《史记会注考证》一书而知之。此书考证实疏，而凡遇一地名必详引顾氏书。既于古今地名沿革未能详加考证，而独引顾氏书不厌其详，故知日人于此书必有特加重视者。泷川未能免俗，乃备引不厌。而日人之重视此书，则必为其入侵吾国之野心者所发起。余在北平时亦尝以告人，而不谓余语之竟验也。后余又读日人有为顾氏此书作索引者，乃益信余初料之不误。

一二　成都齐鲁大学国学研究所

一

余草《国史大纲》既毕，适昆明方屡遭空袭，乃于民国二十八年暑假携稿去香港交商务印书馆付印。乘便赴上海，归苏州探母。锡予同行，在上海接其眷属从北平南下，同返昆明。余家亦同自北平来沪，返苏州。余在昆明，临行前，颉刚来访，彼获流亡成都之山东齐鲁大学聘，任其新设国学研究所主任职。实则此事由颉刚向美国哈佛大学燕京学社协商得款，乃始成立。颉刚来邀余同往。适北大历史系同学同来联大者，至是已全部毕业。余允颉刚之约。惟既拟归苏州，须秋后始去成都。颉刚亦允之。

余与锡予先同至河内，乘海轮赴香港。时商务印书馆已由沪迁港，余将稿交王云五，商请尽速付印。云五允之。遂抵沪，知余眷已先返苏州，锡予乃偕余同赴苏州。自离昆明途中，锡予询余，《史纲》已成，此下将何从事？余询锡予意见。锡予谓："儒史之学君已全体窥涉，此下可旁治佛学，当可更资开拓。"余言："读《佛藏》如入大海，兄之两汉三国魏晋南北朝佛教史，提要钩玄，阐幽发微，读之可稍窥涯涘，省多少精力。盼兄赓续此下隋唐天台、禅、华严中国人所自创之佛学三大宗，则佛学精要大体已尽，余惟待君成稿耳。"锡予谓："获成前稿，精力已瘁，此下艰钜，无力再任。兄如不喜向此途钻研，改读英文，多窥西籍，或可为兄学更辟一新途境。"余言："自十八岁离开学校，此途已芜，未治久矣，恐重新自 ABC 开始，无此力量。"及返苏州，获见老母，决心侍养一载，不遽离膝下。与锡予游街市，见公私书籍流散满街，有一书摊，尽是西书，皆自东吴大学散出。余忽动念，嘱锡予为余挑选，此一年当闭门勤读。锡予为余择购三书，余嫌少，嘱更多购。锡予谓："兄在北平前后购书五万册，节衣缩食，教薪尽化在书架上。今已一册不在手边。生活日窘，又欲多购西书何为。且以一年精力，读此三书足矣。"竟不许余多购。越两日，锡予即返沪。

二

余之《国史大纲》稿，既交商务印书馆，仍由上海旧印刷厂付印。当时规定，书籍著作须经中央某处审查，始可出版。审查凡分三例。一、审查通过即出版。二、依照指示改定后始出版。三、遵照指示改定后，须呈请再审。上海商务旧厂将余之《史纲》稿送重庆审查，批回属第三类。批云："此书出版当获国人重视，故尤当郑重。"商务得此批示，即函昆明西南联大告余，久不得覆。不知余在何处，付印事遂搁置。

余在苏州，久不闻此书出版，亲往上海商务旧厂探询。乃得读审查处批示。所命改定者，尽属"洪杨之乱"一章。批示需改"洪杨之乱"为"太平天国"。章中多条亦须重加改定。余作答云："孙中山先生以得闻洪杨故事，遂有志革命，此由中山先生亲言之。但中山先生排除满清政府，创建中华民国，始是一项正式的民族革命。至于洪杨起事，尊耶稣为天兄，洪秀全自居为天弟，创建政府称为太平天国，又所至焚毁孔子庙，此断与民族革命不同。前后两事绝不当相提并论。凡本书指示需改定语，可由审查处径加改定。原著作人当保存原稿，俟抗战事定，再公之国人，以待国人之公评。"审查处得余函，乃批示可一照原稿印行。然已为此延迟近半年。

《史纲》出版后，仅最先一批书数百本得海运送河内，运销后方。此后海运即断，不得再送，乃改在重庆以国难版发行。余此后在重庆成都各地，见各处室内悬挂中山先生画像，始注意到画像下附中山先生年历，第一项即为洪杨起事年月，第二项始为中山先生之生年。则无怪审查处之郑重将事也。以后此项画像遂少见。则一事之论定，宜非可率尔期之矣。

三

余通函颉刚，请假一年。颉刚覆函，允薪水可照发，嘱余开始编《齐鲁学报》，首期在上海接洽出版。余念，获一年薪水当另有撰述以报。余撰《先秦诸子系年》毕，即有意续为"战国地理考"，及是乃决意扩大范围通考《史记》地名。获迁居一废园中，名耦园。不出租金，代治荒芜即可。园地绝大，三面环水，大门外惟一路通市区，人迹往来绝少。园中楼屋甚伟，一屋题"补读我书楼"。楼窗面对池林之胜，幽静怡神，几可驾宜良上、下寺数倍有余。余以侍母之暇，晨夕在楼上，以半日读英文，余半日至夜半专意撰《史记地名考》一书。该书体裁别出，辞简义尽，篇幅不甚大，而《史记》全书逐一地名已考订无遗。尽取材于《三家注》。如《韩世家》一地名，其地实在魏，则移之入《魏地名考》中。尽录三家原注，再以今地名附之，略道其所以即止。或一家注得之，余两家失之。或两家注得之，其余一家失之。皆不繁论。只读余书先后之排列即可知。从来为《春秋地名考》《战国地名考》者，书已多有，未有如余此书之简净者。余乃得以一年之力完成此书。

余先一年完成《国史大纲》，此一年又完成此书，两年内得成两书，皆得择地之助。可以终年闭门，绝不与外界人事交接。而所居林池花木之胜，增我情趣，又可乐此而不疲。宜良有山水，苏州则有园林之胜，又得家人相聚，老母弱子，其怡乐我情，更非宜良可比，洵余生平最难获得之两年也。

余以半日力读英文，先读《大人国与小人国》一书。有中文译注，中英对列。每一生字不烦查字典。每一句皆有注，读注文，即可通，约一周，此书即读完。另一书亦与此同，亦一中英对照之小说。然余当时忽不耐烦，不愿再读。又一书全属英文，乃当时最通行之《世界史》，由美国两学者合作。余以《史纲》方成，亟喜读之。始苦其难，每一行必遇生字，逐一须翻字典，苦不堪言。如是者有日，乃竟不翻字典即可知其大义。即忽略生字不问，遇历史上特有名字，初不解其义，但续读屡见，亦复心知其意，乃大喜悦。不识之字渐成熟识，口虽不能言，心中已领略，所谓心知其意者，余在此始悟。乃念读中国书，如读《论语》《孟子》，仁、义、礼、智、性、命、情、气，屡读多读，才能心知其意，岂读字典而可知，亦岂训诂所能为功。所谓英文历史书中之特有名字，较之此等，岂不易知易晓，难相比论。余读此《西洋通史》原文仅到三分一，即感大愉快。竟在一年内，此书通读无遗。此乃余中年以后读书一新境界。使余如获少年时代。亦当年一大快事也。

余去上海又新识光华大学校长浙江张寿镛。在其租界之寓所，赠余以其新刻之《四明丛书》。其中黄梓材、冯云濠两人之《宋元学案补编》，尤为余所喜读。然携归亦未寓目。此一年之心力，则全在《史记地名考》及读英文之两事上。《史记地名考》成书，乃交上海开明书店，以齐鲁大学国学研究所名义出版。又编成《齐鲁学报》首期，交开明付印。而《史记地名考》一书，开明始终未印出。及余避赤氛来香港，乃有别一书店用开明版出书。余另加

《序文》，更交香港龙门书店出版。其中又费几许曲折，此不详述。然此稿终未散失，仍得流传，则亦一大幸事矣。

四

余侍奉老母一年，终辞慈颜，于民国二十九年夏重返后方。时自海上赴南越诸路已断，以张寿镛种种相助，获在香港径乘飞机抵重庆。适逢大轰炸，重庆街道一片破瓦残垣。余傍晚抵埠，宿旅店一宵。明日清晨，即赴郊外暂避。借宿伟长侄岳家，本山东滕县孔氏，名繁霨，留学日本士官学校，回国后在太原佐阎锡山治军，热心爱国家，好儒家言。每晨烹浓茶，对饮清谈。下午余出游山中，其外侄姚某陪行。姚君性爱中国古籍，在中学时，已能熟诵《左传》。家中强之学科学，毕业清华大学土木系，在重庆某校任课。至是，山中相随一月，乃欲尽弃其学而学。临别，嘱余开一书单，当试读之。俟有入门，再谋从学。余居山中逾月，得有飞机，再去重庆宿一宵，即乘飞机去成都。

齐鲁大学在成都南郊华西坝，借用华西大学校舍。国学研究所则在北郊赖家园，距城廿里许。有研究生十许人。有一藏书家，避空袭，移书赖家园，借研究所用。园中有一亭，池水环之，一桥外通。池中遍植荷，池外遍树柳。余尤爱之。风日晴和，必一人坐亭中读书。余又兼齐鲁大学课，由赖家园赴城，坐鸡公车，平生所未见也。每周必南北穿成都全城，在学校宿一宵，如是以为常。

五

居不半岁，嘉定武汉大学邀余去讲学，函电频促。余得家讯，老母病亡，心中日夜伤悼，遂决应之。嘉定适遭大轰炸，全城几毁其半，校长王星拱抚五移家城外。余一人住其城中寓邸。隔邻为文学院长朱光潜孟实寓。时孟实一人独处，余中晚两餐，皆去其寓与孟实同餐。畅谈甚相得。

马一浮复性书院设在岷江对岸山上。一日，渡江来访，邀余去书院讲演。熊十力住西湖，与一浮同居有年。及来北平，与余同居。余之知一浮，亦已有年矣。及一浮来此创办书院，十力亦同来。不知何故，龃龉离去。一浮自处甚高，与武汉大学诸教授绝少来往。武汉大学学生邀其讲演，亦见拒。又不允武大学生去书院听讲。及是，闻一浮来邀余，皆大诧怪。余告一浮："闻复性书院讲学，禁谈政治。傥余去，拟择政治为题，不知能蒙见许否？"一浮问："先生讲政治大义云何，愿先闻一二。"余告以："国人竞诟中国传统政治，自秦以来二千年，皆帝皇专制。余窃欲辨其诬。"一浮大喜曰："自梁任公以来，未闻此论。敬愿破例，参末座，恭聆鸿议。"遂约定。

及讲演之日，一浮尽邀书院听讲者，全部出席。武汉大学有数学生请旁听，亦不拒。一浮先发言："今日乃书院讲学以来开未有之先例，钱先生所谈乃关历史上政治问题，诸生闻所未闻，惟当静默恭听，不许于讲完后发问。"盖向例，讲毕必有一番讨论也。余讲演既毕，一浮遂留午餐。

一浮早鳏居，不续娶。闻有一姨妹，治膳绝精，常随侍左右。一浮美风姿，长髯垂腹，健谈不倦。余语一浮："君治经学，用心在《通志堂经解》，不理会《清经解》。然耶否耶？"一浮许余为知言。席间纵谈，无所不及。余盛赞嘉定江山之胜。一浮告余："君偶来小住，乃觉如此。久住必思乡。即以江水论，晨起盥洗，终觉刺面。江浙水性柔和，故苏杭女性面皮皆细腻，为他处所不及。风吹亦刚柔不同。风水既差，其他皆殊。在此终是羁旅，不堪作久居计。"

一浮衣冠整肃，望之俨然。而言谈间，则名士风流，有六朝人气息。十力则起居无尺度，言谈无绳检。一饮一膳，亦惟己所嗜以独进为快。同席感不适亦不顾。然言谈议论，则必以圣贤为归。就其成就论，一浮擅书法，能诗，十力绝不近此。十力晚年论儒，论六经，纵恣其意之所至。一浮视之，转为拘谨矣。但两人居西湖，相得甚深。殆以当年，两人内心同感寂寞，故若所语无不合。及在复性书院，相从讲学者逾百人，于是各抒己见，乃若所同不胜其所异，睽违终不能免。因念古人书院讲学，惟东林最为特殊，群龙无首，济济一堂。有其异，而益显其所同。惜乎一浮、十力未能达此境界也。

余与一浮纵谈过晡，乃送余至江边而别。自此不复再面。及今追忆当年一餐之叙，殆犹在目前也。

六

武汉大学历史系主任吴其昌，乃北平旧识。有两学生，一南通钱某，一桐城严耕望。其时上课皆在上午十时以前。余课在六时至八时。天未亮，即起身，盥洗进早餐，在路灯下步行至讲堂。晨光初露，听者已满座。十时后，备避警报，暂无课。晚无电，两生常来伴余，问学甚勤。钱生学业为全班第一人，其昌预定其为下学年之助教。严生居第二名，预请毕业后来成都进齐鲁国学研究所，余亦许之。又后一年，钱生亦来成都。钱生博览多通，并能论断。严生专精一两途，遇所疑必商之钱生，得其一言而定。然钱生终不自知其性向所好，屡变其学，无所止。后余在无锡江南大学，钱生又来问学，仍无定向。及余来台，再见严生，已学有专精。而钱生留大陆三十年来音讯未得，亦每念之。

嘉定距峨嵋仅一日程，余拟乘便往游，适得教育部电召，须赴重庆开会，遂临时决定离嘉定东归。意抗战未遽终了，留蜀尚有年，他日可再来，遂未去。余之来蜀及离去，皆乘飞机。水程未经三峡，陆路未上栈道，又以病胃畏寒，此下遂终未去峨嵋。乃余居蜀之三大憾事。

余之读英文书，仅在苏州一年，获得读《西洋通史》

一部。此后遂辍。及去嘉定，重读英文之念犹存怀中，临行只携中英对照本耶稣《新约圣经》一册，朝夕得暇，时加披览，逐条细诵，一字不遗。及离嘉定，此册幸得完卷。转青木关教育部后，此业又辍。然犹幸此《西洋通史》与《圣经》之两部，对余影响实深，精力未为白费耳。

七

教育部为避空袭，迁青木关。此次开会，讨论有关历史教学问题。徐炳昶旭生亦自昆明来预会。旭生曾从西方汉学家斯本赫定考查新疆，后为中法研究所所长。余在北平屡与谋面，但未深交。会既毕，余因出席中学教师暑期讲习会，仍留青木关。旭生方读余《国史大纲》，欲相讨论，亦不离去，迁来与余同室。上午余去上课，旭生留室中读余《史纲》。午后，因夏日西晒，室中不能留。小睡起，即离室去至郊外，择村间一茶座，坐树荫下对谈，至晚方归。如是以为常。余在讲习会有课一星期，余与旭生作半日讨论者，亦一星期。旭生读余书既完，讨论亦粗完。

一日，旭生忽背诵王船山《读通鉴论》一段，首尾逾百字，琅琅上口。余大惊讶，曰："此来，君未携一书，何从借阅，又背诵如滚瓜之烂熟乎！"旭生笑曰："此乃我在出国留学前，幼年熟诵，今追忆及之耳。"旭生年长于余，早年留学。至是，不禁大加佩服。曰："不意君于数十年前所读书，犹能随口背诵。今日一大学生，能翻阅及此等书，已是一大异事。则无怪吾辈两人，此番所讨论，已成为毕生难遇之奇缘矣。"

胜利后，余自成都东归，旭生方自昆明回北平，又遇于重庆。旭生健谈，每达深夜不能休。犹忆一夕，余在旭生寓所畅谈，旭生忽视手表曰："夜深矣，我当送君归，留待明日再谈。"余笑曰："今夜君乃输了。余每与君谈，余必先乞停。今夜存心要君先乞停，然亦恐此夕之难再矣。"两人皆大笑而别。自重庆分手，余与旭生遂未再谋面。今闻其已作古人，余每回念此夕，则犹如昨夕也。

八

余返成都赖家园国学研究所不久，颉刚又去职，赴重庆。颉刚人极谦和，尝告余，得名之快速，实因年代早，学术新风气初开，乃以栚腹，骤享盛名。乃历举其及门弟子数人，曰，如某如某，其所造已远超于我，然终不能如我当年之受人重视。我心内怍，何可言宣。其诚挚恳切有如此。而对其早负盛誉之《古史辨》书中所提问题，则绝未闻其再一提及。余窥其晨夕劬勤，实有另辟蹊径，重起炉灶之用心。惟亦因其秉性谦和，又乐于汲引之虚心，遂使其交际日广，应接日繁，有日不暇给之苦。又其时生活日清苦，颉刚气体不壮，力不从心，更感不安。其一妻两女，同居园中。夫人贤德，尤所少见。颉刚患失眠症，每夜必为颉刚捶背摩腿，良久乃能入睡。其两女乃前妻所出，而母女相处，慈孝之情，亦逾寻常。其长女幼年患病，口哑不能言，入盲哑学校。归来侍奉双亲，勤劳异乎常人。园中师生对颉刚一家之亲切，亦难以言辞形容。

颉刚留所日少，离所日多，又常去重庆。余告颉刚，处此非常之时，人事忙迫，亦实无可奈何。此后兄任外，余任内，赖家园环境良好，假以年月，庶可为国家培植少许学术后起人才，盼勿焦虑。而颉刚终以久滞重庆不归，乃正式提出辞去研究所职务，由余接替。其家暂留园中，随亦接去。余与颉刚之长日相处，亦计无多日。其夫人后因病在重庆逝世。颉刚又续娶，其新夫人余所未见。

抗战胜利后，余归苏州，在其家中又获一面。不久，颉刚即去北平。后余在香港，有人来言，颉刚面告，其在北平重获旧时学业生涯。盼余能设法早归。则其不忘情于余者，实始终如一。又闻其新夫人已为颉刚生得一子，此事迄今则又逾三十年矣！人生聚散有如此，他又何言。最近又闻颉刚已在北平逝世，则从此更无再见之缘矣。

九

余离青木关返成都赖家园，不久，即得教育部来函。告余，余在教育部召开会议中之最后一篇讲辞，刊载报纸，蒋委员长见之，疑余尚在青木关，电话召见。函中嘱余再去。余去函婉辞。翌年民国三十一年秋，蒋委员长亲来成都，获两次召见。嗣陈布雷来成都疗病，余见之于其寓庐，偕其夫妇三人同进晚餐。布雷告余：“闻委员长有意明年召君去重庆复兴关中央训练团讲演，君其早作准备。”翌年，果来召。时成都重庆交通已日感不便，余搭邮政局车去。黎明前即赴乘车处守候，黑暗中有一人续来，乃同车赴重庆者。互通姓名。其人忽曰：“君乃钱先生耶！我读先生之《先秦诸子系年》，仰慕久矣。今乃在此见面，非天意安排，不得有此机缘。”两人乃畅谈无休。知彼乃在邮政局任职，一路有所查询。车上司机极尽敬礼。中晚两餐，沿途邮政局皆盛宴招待。而余遂见推为上宾。入夜睡眠，床被舒适得未曾有，为余国难期中旅行最所未有之一次。直至重庆始别。惜已忘其姓名，无复向人询问矣。

一〇

是年春，又折赴遵义浙江大学，作一月之讲学，乃由张晓峰力邀成行。先在北平时，晓峰已邀余去浙大，余未去。又邀张荫麟，亦未去。嗣在昆明，荫麟屡责其妻治膳食不佳。其妻谓，君所交膳食费请各分一半，各自治膳。荫麟无以答，勉允之。夫妻对食，荫麟膳食乃大不如其妻之佳。其妻曰，果何如。荫麟遂愤欲离婚，经友人劝，先分居，荫麟乃一人去遵义。患肺病。余之去，荫麟已先在前年之冬逝世矣。

余来浙大，晓峰外，谢幼伟已先识，郭秉龢、缪彦威乃新交。余常与彼等四人往来，相谈甚欢。余于清代诗人尤好遵义郑子尹，常诵其诗不辍。此来惜不能一游其母之墓。余在果育小学时，即知有蒋百里。百里病殁于遵义，余来已不及见。

余尤爱遵义之山水。李埏适自昆明转来浙大任教，每日必来余室，陪余出游。每出必半日，亦有尽日始返者。时方春季，遍山皆花，花已落地成茵，而树上群花仍蔽天日。余与李埏卧山中草地花茵之上，仰望仍在群花之下。如是每移时。余尤爱燕子，幼时读《论语》"学而时习之"朱注，"习，鸟数飞也。"每观雏燕飞庭中，以为雏燕之数飞，即可为吾师。自去北平，燕子少见。遵义近郊一山，一溪绕其下，一桥临其上。环溪多树，群燕飞翔天空可百数，盘旋不去。余尤流连不忍去。

一日，李埏语余："初在北平听师课，惊其渊博。诸同学皆谓，先生必长日埋头书斋，不然乌得有此。及在昆明，赴宜良山中，益信向所想象果不虚。及今在此，先生乃长日出游。回想往年在学校读书，常恨不能勤学，诸同学皆如是。不意先生之好游，乃更为我辈所不及。今日始识先生生活之又一面。"余告之曰："读书当一意在书，游山水当一意在山水。乘兴所至，心无旁及。故《论语》首云：'学而时习之，不亦说乎？'读书游山，用功皆在一心。能知读书之亦如游山，则读书自有大乐趣，亦自有大进步。否则认读书是吃苦，游山是享乐，则两失之矣。"李埏又言："向不闻先生言及此。即如今日，我陪先生游，已近一月。但山中水边，亦仅先生与我两人，颇不见浙大师生亦来同游。如此好风光，先生何不为同学一言之。"余曰："向来只闻劝人读书，不闻劝人游山。但书中亦已劝人游山。孔子《论语》云：'仁者乐山，知者乐水。'即已教人亲近山水。读朱子书，亦复劝人游山。君试以此意再读孔子、朱子书，可自得之。太史公著《史记》，岂不告人彼早年已遍游山水。从读书中懂得游山，始是真游山，乃可有真乐。《论语》曰：'有朋自远方来，不亦乐乎？'如君今日，能从吾读书，又能从吾游山，此真吾友矣！从师交友，亦当如读书游山般，乃真乐也。"李埏又曰："生今日从师游山读书，真是生平第一大乐事。当慎记吾师今日之言。"

余在浙大上课，常有农人肩挑路过，即在课室窗外坐地小休，侧耳听课室中作何语。余每忆及王心斋泰州讲学时景象。自思，余今在此，固不如王心斋为农村人讲学，窗外人亦非真来听讲，然果使有王心斋来此，讲堂情形当大不同。天地仍此天地，古今人不相及，乃人自造，非天地强作此限制也。念此慨然。

一一

余在遵义仅一月，即离去。前在重庆，蒋委员长有意提倡宋明理学家言，命国立编译馆主编宋元明清四朝《学案》之简编。宋元明三朝即就黄全两《学案》删节，惟有清一代唐鉴所编未及其全，势当另有编造。乃以此事嘱余。

余返成都，因此书有时限，篇幅字数亦有限，又不愿草率从事，日夜尽力专为此一书撰稿。立意先读诸家集。读一集，始撰一稿，绝不随便钞摘。即前撰《近三百年学术史》凡所述及，如亭林、梨洲诸人，亦必重阅其集，另加编撰，以求全书体裁之一致。适新识友人彭云生，川人中治理学有名，方有西安之行。余特恳其代为搜购清代关学诸家遗书。彭君访求特勤，待其一月归，共得二十种左右。清代关学首尾，网罗略尽。并多外间颇少流布者。故余书对关学一部分最所详备。尤于《李二曲》一集，精读勤思，采其言行，为撰一新《年谱》，而二曲一生精神为之活跃纸上。自谓为诸学案开一未有先例，亦余此书中最所惬心之一篇。又江西宁都七子，成都四川省立图书馆皆藏有其书。余遍加阅览，择其相互讨论有关《中庸》"未发已发"一问题者，条贯叙述，亦为余此书中惬意之一部分。全书共约四五十万字，字字皆亲手钞写。以当时生活清苦，未能觅人另誊一副本，径以原稿寄国立编译馆。明年又去重庆复兴岗，蒋委员长面问此书已完成否，乃知编译馆于宋元明三稿皆未收得，拟俟全稿齐，始依次排印。委员长又亲加催促。但至抗战末期，此稿始在排印中，则已胜利还都矣。余之《清儒学案》一编，尚未付排，全稿装箱，由江轮运返南京。不期装船头诸箱，有堕落江中者，余稿适亦在内，竟未及捞取。余之此稿遂藏之长江水底，终饱江鱼之腹矣。所幸有《序目》一篇，已在该稿寄编译馆前，由四川省立图书馆刊之该馆所编《图书季刊》中，犹可知此稿各分目之大概耳。余后始读徐世昌所编之《清儒学案》一书，意欲重自撰写，则已无此精力与兴趣矣。

《清儒学案》完成后，又续写《中国文化史导论》一书。得晓峰来信，为其所办之杂志《思想与时代》征稿，嘱余按月投寄。余应其请，遂将《文化史导论》各篇，及续写有关中国文化与宋明理学方面论文数篇，络续寄去。此为余自入蜀以来在思想与撰述上一新转变。

亦因赖家园处境静僻，不仅离城远，即离附近一小市，亦在五六华里之外。孤立在乡野中，四邻皆农村，宾客稀少。研究所诸生，除临时偶有增添外，既无毕业年限，又不逐年招收新生，彼辈在所有年，亦能各有研讨，各自进修，不啻是一研究集团，各安所业。并无规定之课程，只在每周星六下午有一讨论会，每由余主讲一题，约一小时，余乃由诸生各别发问，各别讨论，直到晚餐前始散会。又讨论会每择研究所附近茶店中举行。围坐小园丛树中，藉作郊游，备极舒畅。又于星期日赴成都附近诸县邑诸名胜作竟日长途之旅行，以此较之在宜良山寺中一人孤寂独处之环境，又自不同。至余赴齐鲁上课，则每周仅有两日之往返而已，故得精力集中，光阴悠闲，绝少作无聊之浪掷也。

一二

时南京金陵女子文理学院亦借华西大学校舍上课，其教授罗倬汉，每逢余到齐鲁上课，彼必在图书馆相候。余课毕，即相偕赴江边茶馆品茗闲谈。彼告余："君近治两宋理学家言，但时代不同，生活相异，惟当变通，不能墨守。虽两宋理学家不求富贵利达，但吾侪今日生活之清苦则已远超彼辈当年之上，而工作勤劳又远倍之。姑不论其他，即每日阅报章一份，字数之多，已为从来读书人日常勤读所未有。论理学家之勤读生涯，已远逊清代乾嘉诸儒。而君今日读书，又勤奋逾清儒。生活清苦，营养短缺，此何可久。今日吾侪得此江边闲坐，亦正是一小休息。"华西坝近在成都西门外，西门内有八号花生最所著名。倬汉必购取两包，告余："花生富营养，惟恐消化不易，以浓茶辅之，俾可相济。吾侪此刻一壶浓茶，一包花生，庶于营养有小助。"

倬汉方治《左传》，成《史记十二诸侯年表考证》一书，余为之序。其论清代今古文经学，时有所见。亦为余在蜀所交益友之一。后余避赤祸过广州至香港，闻倬汉亦在广州，而未获晤面。及创办新亚，曾贻书邀其来港，惜未获同意，后遂不复得其消息矣。

又湖北人严重立三，在黄埔军校任教，北伐为东路统帅。胜利抵杭州，遽告退休，居西湖僧寺中。熊十力亦鄂人，亦同在西湖，常与往来。十力来北平，常告余立三之为人。抗战军兴，立三乃复出任湖北省主席。某年来成都，余特自赖家园进城访之。立三为人严毅清苦，迥异恒常，对政事教育亦具特见。余与谈中山先生《三民主义》，深蒙赞许。立三借居一空楼中，对坐畅谈，旁无第三人，尽半日方散。如是不只一次。翌年，立三又来，又与相晤畅谈。惟已不忆及当时晤谈之详情矣。后又闻立三在乡间遭虎噬逝世。斯人诚亦近世一难遇之人物也。

一三　华西大学　四川大学

一

齐鲁大学之南迁，本借华西大学校舍之一部分。故余在齐鲁授课，华西大学生亦同班听受。民国三十二年秋，齐鲁国学研究所停办，华西大学文学院长罗忠恕，邀余转去华西大学任教。忠恕留学英国，闻即终年御长袍不穿西装。漫游欧美归后，仍穿长袍。设立一东西文化协会，提倡中国文化。英人李约瑟亦常预会。他年李约瑟之撰写《中国科学史》，亦不得不谓其受有当时之影响。

忠恕来邀余，余提唯一条件，余谓闻华西各教授宿舍均在华西坝四围附近，惟校长住宅乃在华西坝校园内。华西坝内南端有洋楼四五宅，乃西籍教授所住，中西教授宿舍显有高下不同。倘适坝内南端洋楼有空，余愿住去，俾开中西教授平等待遇之先例。忠恕商之校长，竟允所请。亦适华西坝内南端最左一所洋楼空出，此楼乃各楼中之最大者，而余则惟一身，遂召齐鲁研究所研究员五六人随余同居。时老友蒙文通任四川省立图书馆馆长，兼华西教授，由其移借一部分图书寄放坝南余宅，供余及同居五六人研读之用。

是年冬，又应召赴重庆复兴关，为高级训练班讲学，同赴讲学者凡四人，一冯芝生，一萧公权，一萧叔玉，同居一屋中。余居复兴关凡一月。膳食极佳。一日，蒋委员长来，适中午桌上菜肴均已送上，委员长揭其盖视之，连称尚好尚好而去。余等住过阴历元旦，适是时重庆连月大雾，阴云不散，得见日光者仅一二日。余素病胃，在成都已久不荤食，来复兴关屡进盛馔，初亦不觉，及返成都，胃病遂大发。医言无大恙，惟须久养，如是卧床凡数月。

及稍痊，已春尽夏来，尚不能下楼，遂于楼廊置一沙发，日间卧其上，聊事阅读。向楼下索取《朱子语类》最后有关讨论宋代政治者各卷，逐条翻阅。倦则闭目小休，如是有日，精神渐佳，遂依次读至最后，再向前翻读。《朱子语类》全书一百三十卷，获在楼廊上全部读完，是为余通览《语类》全部之第一次。及读《语类》既毕，余病亦良已。暑假移居灌县灵岩山寺。又向寺中方丈某僧借读《指月录》全部。此数月内，由于一气连读了《朱子语类》及《指月录》两书，对唐代禅宗终于转归宋明理学一演变，获有稍深之认识。

有西南联大一学生，今已忘其姓名，其家在老人村，距灌县西约二十华里，适来寺中，遇余，劝余往游。余闻老人村之名已久，欣然偕往。村沿一溪，溪之上源盛产枸杞，果熟多落水中。据云，村人因饮此溪水，故均得长寿。村中数百家，寿逾百岁者，常数十人。此村为自成都通西康雅安之要道，有一小市，常有人私携枪械过市，暂宿一两宵，遂赴西康贩卖，获大量鸦片返，复过此市，不法钜利，往返如织。村人除种田外，亦赖此生活优裕。村中山水风景极宽极幽，村民遂亦不喜外出，风俗纯朴。如某生远赴西南联大读书，乃为村中向外求学之第一人。余在老人村，借宿村边一小学内。暑假无人，独余一人居之。余偕某生尽日畅游，大为欣悦。越四五日，游览略尽，欲返灌县，生言不可。因村俗，一家设席款待，同席者必挨次设席。余初来即由某生一亲戚家招宴，因不知余即欲离去，遂于各家轮番招宴中，递有新人加入，迄今尚未逐一轮到。若遽言离去，则违背村俗，某生将负不敬之罪。恳余再留，嘱招宴者不再添请新人，俟同席者逐一轮到作一次主人，乃可离去。于是遂又留数日。临去之清晨，乃在某生家进早餐。某生之父言："先生来，即由某戚家设宴，吾儿未将村俗相告，遂致多留了先生几天，独我家未曾正式设宴，不胜歉疚之至。今此晨餐乃特为先生饯行。"此餐采田中玉蜀黍作窝窝头，全摘新生未成熟之颗粒，故此窝窝头乃特别鲜嫩可口。尚忆余在北平时，颇爱此品，但从未吃过如此美味者。这一餐可算是主人家的大花费，惟有感其情厚，他无可言。归后询之他人，老人村之名几无不知，而实到老人村者，余以外几无他人。自忖余之游老人村，实如武陵渔人之游桃花源，虽千载相隔，而情景无异也。

二

秋后又迁居，自华西坝南端左边第一家，迁至偏右之第二家。前居一幢三楼，由余一人独占。后居一幢只二楼，楼下一家亦华籍教授，仅夫妇两人，与余同迁入。前居则让新来一西籍教授之有多人眷属者。旧随齐鲁研究生诸人皆散去，独华西大学毕业一女学生黄淑兰相伴。淑兰有夫不在川，有一女在近县读中学。淑兰前在天津女师与余姨妹张一飞同学，极相善。来华西大学读教育系，兼学绘画，山水翎毛皆工，又善二胡，能拉刘天华诸曲。余来华西坝，遂来从学。余病惟彼乃一女生，常侍在侧。

及迁后居，屡逢空袭，每在傍晚。晚餐后，离坝至荒郊，躲一两时始归。入冬一晨遇骤寒，胃疾又作，较春初更厉。入华西医院，诊为十二指肠溃疡。卧院旬日始归。时适日军破长沙入广西，后方惶恐，多谋逃避。相识者皆来医院访问，欲偕余同逃。余告以军情不如此之急，可且观望。米价骤跌，不妨暂趁廉价收购。或信余言，皆得薄利。

余出医院后，遵医嘱，日进流质，薄米粥、鸡蛋汤、羊奶、豆浆、麦片、藕粉如是之类，每两小时进一餐，每日六餐或七餐。初则长日卧床，稍后可室内小坐，又稍后在室外东廊下躺藤椅上晒日光，又稍后可在园中菜畦间散步，如是亦几半年。遇精神佳，阅书消遣。

偶读胡适之论神会诸作，不禁操笔为文，写《神会与坛经》一长篇，投寄《东方杂志》。抗战胜利后，又去昆明续读智圆书。及在香港，又续读宝志书及《少室逸书》等。及迁居台北，又读宗密《原人论》诸书，更读铃木大拙书。络续为文，皆一意相承，收在《学术思想史论丛》之第四册。此实为治禅史及理学史思想传递一大公案。而天台华严两宗，亦时于言外旁及。余昔曾屡促锡予为初唐此三大宗作史考，锡予未遑执笔。余此诸文，前后亦历三十年之久，惜未获如锡予者在旁，日上下其议论也。余初撰《神会》一文时，陈寅恪亦因目疾偕其夫人迁来成都修养，余虽常与晤面，但因两人俱在病中，亦未克与之讨论及此。迄今以为憾。

三

余撰《神会》一文外，又旁论及于当时政治问题，投寄《东方杂志》，得六七篇。又兼收在赖家园旧作八篇，辑为一编，名《政学私言》，付商务出版。一日晨，方出门去上课，梁漱溟忽来访。余告以正值有课，漱溟曰："无妨，我来成都小住有日，并暂居君之隔邻。"遂约隔一日晨再面。余又返室，取《政学私言》一册与之，曰："君倘夜间得暇，可试先读此书。"隔一日晨，余遂访之于其寓。漱溟告余，此来有一事相商。彼拟创办一文化研究所，邀余两人合作。余即允之，问："此事将于何时开始。"漱溟曰："顷政府方召开政治协商会议，俟此事获有结果，当即进行。"又曰："君之《政学私言》已读过，似为政治协商会议进言也。"余曰："不然，书生论政，仅负言责。若求必从，则舍己田芸人田，必两失之。君欲作文化研究，以唱导后学，兹事体大，请从今日始。若俟政治协商会议有成果，则河清难俟，恐仅幻想耳。"漱溟闻余言，大不悦，起座而言曰："我甚不以君言为然。男大当婚，女大当嫁，今日国民党与共产党两党对峙，非为结合，他日国事复何可望。"余曰："君言固是，亦须有缘。君其为父母之命乎，抑仅媒妁之言乎？今方盛唱恋爱自由，君何不知。"漱溟怫然曰："知其不可而为之，今日大任所在，我亦何辞。"余两人遂语不终了而散。

抗战胜利后，余返苏州，任教无锡江南大学，曾于京沪车上两晤漱溟。时漱溟居沪，常往返京沪间，出席政治协商会议。先一次告余："每忆君在成都所言，此事诚大不易，兹当勉姑试之，不久或知难而退矣。"第二次，车厢中乘客挤满，无坐位。行过两厢，忽睹一空位，余即赴坐，乃旁坐即漱溟也。瞑目若有思，余呼之，漱溟惊视，曰："君来正佳，我此去坚求辞职矣。"语不多时，余即下车，不久乃闻漱溟又去重庆。后余至广州，不忆遇何人告余，已去函重庆促漱溟亦来，乃不意其后漱溟竟去北平。京沪车上之最后一面，则犹时时在余之心目中也。

又一日，冯芝生忽亦自重庆来成都，华西坝诸教授作一茶会欢迎，余亦在座。不知语由何起，余言吾侪今日当勉做一中国人。芝生正色曰："今日当做一世界人，何拘拘于中国人为。"余曰："欲为世界人，仍当先作一中国人，否则或为日本人美国人均可，奈今日恨尚无一无国籍之世界人，君奈之何。"芝生无言。漱溟语不忘国，芝生自负其学，若每语必为世界人类而发，但余终未闻其有一语涉及于当前之国事。则无怪此后两人同居北平之意态相异矣。

四

时四川大学迁回成都，校长黄季陆屡来邀余，不得已，勉允之。遂每周于华西坝从田间步行至望江亭，往返作散步。又好于望江亭品茗小坐，较之华西坝江边若更为清闲。城中公园亦有茶座。余之在成都其时间之消费于茶座上者，乃不知其几何矣。遇假期，则赴灌县灵岩山寺，或至青城山道院，每去必盈月乃返。青城山道院中有一道士，屡与余谈静坐，颇爱其有见解有心得。

重庆中央大学又邀余去主持历史研究所，余以气候关系，不欲往。读其毕业生所编刊物，有黄少荃一名，能读余《先秦诸子系年》，并有补余阙者。余告来邀者，如黄生有意，余愿任其指导。一日，黄生特来成都，时余犹在赖家园，始知黄生乃一女学生。以一女性而擅于考据，益喜其难得。又逾年，少荃乃辞去中央大学研究生之职，特来成都专从余学。并寄寓其寡姊家。其姊乃一诗人，姊妹两人性格各异，所学亦绝不同。而少荃亦时流露其名士派之一面，时来华西坝，余时已迁华西坝之后居。少荃常携带其亲自烹调之数肴，留余寓所晚餐。少荃能饮，余每以成都大曲浸枸杞等诸药物，酒性极烈，少荃可独自尽一瓶，余则仅饮数口而已。少荃有意专治战国史，余告以北平寓所留有《竹书纪年》各种版本一大书柜，他年君去北平，当举柜相赠。及余离成都，少荃尚住其姊家。后余在江南大学，少荃寄其所为《战国编年》之《楚国》一编来，凡八卷，斐然有述作之意。余至广州，又得少荃书，知其方应武汉大学之聘。余赴香港，而音讯遂断，至今不晓其成就之如何也。香港大学为余重刊《先秦诸子系年》，余则增入少荃语数条，乃为余读其文未识其人以前之所为。

又一日，政府一要人来，在华西坝讲演，号召青年从军。余特为《中国历史上青年从军先例》一文，文长及万言。历举史实，虽亦尚有疏漏，然在当时刊之报端，亦不无影响也。

五

回忆在华西坝之数年，几乎长在病中。某年，闻有张医生擅针灸，余先电话约定，自城南赴城北就针。两针自肩上刺入，觉有一股热力直达腹部，离医所乘车返，犹觉微热未已。如是每周一往。数周后，觉屡次先约感不便，遂不约径去。到门稍迟，就医者已盈座。久待必逾时。如是又数次，遂未往。然不久病又复发。不知傥屡针不辍，此病能治愈否。

　　又忆一日下午，赴军官学校作讲演，校长留宴，逾九时始归。自城北抵城南，一路寂静，过华西坝西侧一小溪上有一桥，极平坦，车忽翻，身落溪中，水没顶，幸未受伤。爬上岸，不百步即寓所。叩门入，即脱衣上床，长卧竟夜，亦未受病。乃于翌日午后，又至溪旁，捞起昨夜所遗失之眼镜及手表等。亦意外一险也。及抗战胜利，余因病体弱，仍留华西坝一年，又不敢乘长途汽车经剑阁由陆路归，遂于民国三十五年夏乘飞机赴重庆，再乘飞机直达南京转苏州。

一四　昆明五华书院及无锡江南大学

一

抗战胜利后，昆明盛呼北大复校，聘胡适之为校长，时适之尚留美，由傅斯年暂代，旧北大同仁不在昆明者，皆函邀赴北平，但余并未得来函邀请。又念国共分裂日显，自《雅尔达协定》后，美国急求撤退，而苏联则急求东进，国事蜩螗，方兴未艾。余昔在北平，日常杜门，除讲堂外，师生甚少接触。除"西安事变"一次以外，凡属时局国事之种种集会与讲演，余皆谢不往。每念书生报国，当不负一己之才性与能力，应自定取舍，力避纷扰。但自抗战军兴，余对时局国事亦屡有论评，刊载于报章杂志。学生亦遂不以世外人视余。幸余离昆明赴成都，得少人事纠纷。倘再返北平，遇国共双方有争议，学校师生有风潮，余既不能逃避一旁，则必尽日陷入于人事中。于时局国事固丝毫无补，而于一己志业则亏损实大。因此自戒，此下暂时绝不赴京、沪、平、津四处各学校，而择一偏远地，犹得闭门埋首温其素习，以静待国事之渐定。

曾被邀赴常熟作讲演，钱子泉锺书父子亦被邀，同住一旅馆中，讨论及此。适沪上各学校争欲招聘，子泉力赞余意，锺书则深盼余留沪。即彼父子两人，子泉仍返湖北，而锺书则终留上海。而余则适有滇人于乃仁来访。其弟乃义方长昆明云南省立图书馆，有志中国学术思想之研究。彼则在抗战时从事滇缅公路之运输，获有盈余，拟由其弟办一五华书院，邀余往。余于云南气候山水既所欣赏，又以其偏在边区，西南联大已离去，余再前往，正可谢绝人事，重回余书生苦学之夙愿。遂欣然允诺，于民国三十五年秋，只身前往。然其时余胃病仍未痊复，不啻扶病而行。

及晤乃义，其人纯谨退让，温和可亲，颇自欣慰。而乃义见余有病，亦绝不以五华一切杂务相扰，仅求余每周作讲演一次或两次。为余觅一住处，即在翠湖公园中，前后五六进，皆空屋无人，余单身住其最后一进。一女仆随侍作膳食。翠湖既少游人，此屋则绝无人到。

余此去，乃知昆明气候不宜早起，最好应于日出后起床。午后必有风，最好能作午睡，至四时始起，则风已退。入夜，气候更佳。省立图书馆即在翠湖公园中，余每日晨起，必往阅读半日。下午四时或再往，阅读一小时左右。晚饭后，则散步湖上，静寂无人，非深夜不归。月圆当可有三夜，则非过十二时决不返。

又云南教育厅长张君，忘其名，乃留法学人，为余介绍一中医，一周旬日必易一方，余之再来昆明，养病之事乃更过于讲学。

二

时西南联大旧同事留昆明者仅二人，一为刘文典叔雅，余在北平时为清华同事。住北平城中，乘清华校车赴校上课。有一年，余适与同车。其人有版本癖，在车中常手挟一书阅览，其书必属好版本。而又一手持烟卷，烟屑随吸随长，车行摇动，手中烟屑能不坠。万一坠落书上，烟烬未熄，岂不可戒。然叔雅似漫不在意。后因晚年丧子，神志消沉，不能自解放，家人遂劝以吸鸦片。其后体力稍佳，情意渐平，方力戒不再吸。及南下，又与晤于蒙自。叔雅鸦片旧瘾复发，卒破戒。及至昆明，鸦片瘾日增，又曾去某地土司家处蒙馆，得吸鸦片之最佳品种。又为各地土司撰神道碑墓志铭等，皆以最佳鸦片为酬。云南各地军人旧官僚皆争聘为谀墓文，皆馈鸦片，叔雅遂不能返北平，留教云南大学，日夕卧烟榻上，除上课外绝不出户。闻余去，乃只身徒步来访，闻者皆诧，为积年未有之奇事。时则余尚未到。及余居既定，乃屡访之。窗前一榻，余坐其榻之另一边。每语，必移晷而别。又一人罗膺中，乃北大中文系教授，亦留云大。

有一退休军人，约叔雅、膺中及余三人赴其家度旧岁。其家在昆明湖之南边，已忘其地名。汽车去，共三日，沿途风景佳胜，所至必先为叔雅安排一吸烟处所，余与膺中则得畅所游览。有一夕，停宿某县城，其城中有一老伶人，唱旦角，负盛名。已年老，不复登台。是夕，特在县署堂上邀其演唱，听者除叔雅、膺中与余三人外，县中士绅约不过三十人。滇戏在全国各地方戏中，与京戏最相近。余等因在座上批评称道，并盛论京戏与滇戏之异同得失。演唱已毕，余等谈论犹不已。主人乃曰："不意三教授皆深通此道，滇中有老伶工栗成之，有云南谭鑫培之誉，彼亦年老退休。待返昆明，当告以三教授乃难得之知音，必强其登台，以供三教授解闷。"

及返昆明，果成议。栗成之每逢星六之晚必登台，余等三人亦必往。余前在昆明，亦曾看过滇戏一两次，惟未见栗成之。但在茶肆品茗，则必有栗之唱片，常加听赏，及是，始亲睹其登台。犹忆栗之登台第一场，乃为《审头刺汤》。此后每星六，栗出场必择唱辞少、工架多之戏。然栗之一步一坐一颦一叹，实莫不具有甚深工夫，妙得神情，有绝非言语笔墨之所能形容者。每逢其一次登台，余必得一次领悟。实为余再次赴滇一莫大之收获。亦为余生平一番莫大之欣悦也。

后余在香港遇滇人缪云台，闲谈及栗成之。云台大喜曰："栗成之乃我老师，我从之学唱有年，今君亦知爱成之，请为君一唱，亦有成之风味否。"乃屡唱不辍。后在纽约，又与重见于其寓所，情亲如老友。亦为栗成之乃缔此一段因缘。亦交游中一奇遇也。

三

余之在五华讲学，又兼任云南大学课务。其时云大校风，乃与余初至昆明时大不同。反动风潮时有掀起，盖受西南联大之影响。自余离联大后，左倾思想日益嚣张，师生互为唱和。闻一多尤跋扈，公开在报纸骂余为冥顽不灵。时陈寅恪尚在昆明，亲见其文。后寅恪来成都，详告余。又谓："君傥在滇，当可以诽谤罪讼之法庭。"余谓："此乃一时思想问题。凡联大左倾诸教授，几无不视余为公敌。一多直率，遂以形之笔墨而已。此等事又岂法堂所能判。"因相与欷歔。后一多竟遇刺身亡。余再往昆明，亲赴其身亡处凭吊。随往者绘声绘形，将当日情况描述详尽。余因念在北平清华时，一多屡以《诗经》《楚辞》中问题来相讨论。及在南岳，曾同寝室，又亲见其勤学不倦之生活。及在昆明，又屡闻其一家攻苦食淡之情，余虽与一多学问途径不同，然念彼亦不失为一书生。果使生清代乾嘉盛时，训诂考据，惟日孜孜，亦当成一以著述自见之学人。今遭乱世，思想错杂，一多不知抉择，而又自视过高，心怀不平，遂激而出此，罹此凶灾，亦可悯怜。抑同时知识分子迷途失身者何限，浪掷一生，而又遗祸他人，斯诚当前一大悲剧也。

联大既散归北方，而云大踵起。每去上课，校门外大墙上遍贴大字报，余必驻足巡视，议论恣纵，意见横决，殊堪嗟叹。一日，为西北边境一军事冲突，大字报根据塔斯社驳斥中央通讯社报导，辞气严厉，令人不堪卒读。余因招云大年轻教授常往来者数人，至翠湖寓所，告以："屡读大学校门外大字报，每怪何以无人闻问。"诸君言："亦有党方注意。但既唱民主自由，则言论庞杂，难加干涉。"余以："国共对抗，固可谓其左右立场有不同，然民族国家之大防线，则终不能破，若非有其他证据，岂得以塔斯社讯反驳中央通讯社。身为一个中国人，岂得遇中苏冲突必偏袒苏方。诸君多识此间党方负责人，当以此意告之，盼能专就此一端即去撕碎墙上大字报，并查究主事者何人，执笔者何人，加以惩处，俾可稍戢颓风。"乃亦竟未闻党方有何作为。

学校又常停课。只由学生发一通知，校方不加闻问。某一日，罢课既久，学生数人来翠湖寓所请去上课。余告诸生："余之来校授课，乃受学校之聘。今罢课复课，皆由诸君主动，诸君在学校中究是何等地位。余前日非遵诸君罢课令不到学校上课，乃因去至讲堂空无听者，不能对壁授课，因此不往。今日余亦不愿遵诸君复课令即去上课。诸君既不像一学生，余亦竟不能做像一教师。甚愧甚愧。"来者乃亲自谴责认罪，卑辞坚恳，又续有来者，户为之满，余亦终随之去。报章上亦不对此等事登载一字。昆明地处偏远，学风如此。则余幸不去京、沪、平、津，否则真不知何以为教也。

四

余在五华所授，以"中国思想史"为主。在省立图书馆所阅书，以宋元明三朝诸禅师撰述，及金元两代之新道教为主。尤以后者翻览最详，惜仅偶撰小文，未能萃精著作。

李埏在云大任教，三十六年春，自路南接眷来昆明，在五华山唐继尧一大园中租得一小宅，邀余去同住。平屋三间，李埏夫妇及其一幼子一幼女住左室，余住右室，中室为食堂。余与李家同食，盖因李埏与乃义知余居翠湖惟膳食一事安排不佳，故为此计。由李埏妻亲任烹调。同桌五人，余乃俨如其家之老人。然而从此余之一日三餐遂获妥善之解决，余之体力乃亦日健。

唐家园中有一大厅，在李埏租屋前不百步。李埏又为余借得唐家大厅之钥匙，余每日开门入，一人在大厅中读书散步，较之前在宜良山中更静寂有加。园西一墓地益宽大，余亦时往散步。余前半年在翠湖日亲水，此半年在唐氏家园乃日亲山，亦初来所未料也。

暑假乘飞机返上海，临出机场，遇一熟友来接其友，其友乃未至。彼告余，已备餐肴，并清出一客房，又亲以车来，坚邀余同赴其家。不意设宴甚盛，一盘一碟，必坚请一尝。余所食既多，最后又来米饭一碗。余在昆明一年，晚餐从不进米饭，惟知今夕主人既未备粥面，而又情辞恳切，余又勉尽之。自念今夕饮食较素常增两三倍有余，恐有不适。乃竟夜无恙，晨起转觉舒畅，以告主人。主人曰："老年必倍喜乡食，此或肠胃习惯宜然。君今病胃，正宜乡食，较之离乡旅食自不同，可勿虑。"余意主人此言大有理，余之胃病当以居乡为得。适无锡有创办江南大学之议，屡来相邀，余遂决意离昆明返无锡。暑假后，另介绍一友诸祖耿去五华。祖耿乃余近乡，本亦在小学任教。余在后宅小学时，即与相识。章太炎讲学苏州时，祖耿往从之，颇得亲近。余既介之五华，遂与俱往，半年后，余一人独返。诸友皆知余为胃病，故亦不坚留。遂于民国三十七年春转赴江南大学任教。

五

江南大学乃无锡巨商荣家所创办，校舍在无锡西门外太湖滨山坡上。由此向南一华里许，即鼋头渚。校舍皆新造，风景极佳。诸教授住宅多分布在荣巷一地，荣巷乃荣家旧宅所在，由此经梅园至大学，可四五华里。梅园亦荣家所创造。余居分上下楼，各三楹。余居楼上，楼下乃大学老校主德生夫妇所居。每周六下午脯后，德生夫妇由城来。晚餐后，必上楼畅谈，或由余下楼，每谈必两小时左右。星期日午后，德生夫妇即去城，如是以为常。德生告余，某一年，德生与其兄宗镜及同乡数友游杭州西湖，在楼外楼晚餐，席散下楼，群丐环侍争赏，一时不胜感喟。

谓群丐皆壮年失业，即无锡城外诸酒家亦有此现象，遂群议回沪设厂，广招劳工，庶于消弭失业有补。无锡乡人之在沪设厂，其动机始于此。余家在无锡南门外，与苏州常熟为邻，前清属金匮县，地为泽国，湖泊相连，多良田，故居民皆以耕渔为业。荣巷在无锡西门外，滨太湖，多山丘，地多荦确，故其居民多去上海经营小铁铺等为生。自此多设碾厂纺织厂等。而荣氏兄弟业务特旺，宗镜先卒，德生一人维持。至抗战时，德生诸子侄及诸婿各分主一厂徙内地，及是皆迁回。江南大学乃由其一子之某一厂斥赀兴办。

余询德生，君毕生获如此硕果，意复如何。德生谓："人生必有死，即两手空空而去。钱财有何意义，传之子孙，亦未闻有可以历世不败者。"德生又谓："我一生惟一事或可留作身后纪念，即自蠡湖直通鼋头渚跨水建一长桥。"蠡湖俗称五里湖，与太湖相连，鼋头渚本孤立太湖中，德生七十岁时，私斥巨赀，建此长桥，桥长有七十大洞，宽广可汽车对驶，由此乃可从无锡西门陆路直达鼋头渚，行人称便。德生谓："他年我无锡乡人，犹知有一荣德生，惟赖此桥。我之所以报乡里者，亦惟有此桥耳。"

德生于抗战前，在荣巷曾创办一中学，先兄声一先生亦曾在该校任教。及先兄瘿病骤卒，余弟漱六从另一私立中学转来接替先兄之职。抗战时，此校遭残破，及是未能复兴，犹存一图书馆，藏书亦数万册，迄今犹封闭未加整理。余因江南大学新兴，图书有待逐年增置，拟请德生先以荣巷图书移江南大学以应急需。乃德生意，似谓江南大学由其子创办，而荣巷中学及此图书馆乃由彼往年经营。今中学已停闭，此图书馆则尚待整理保留，亦彼一生中所辛勤擘画也。

由此可知中国社会之文化传统及其心理积习，重名尤过于重利。换言之，即是重公尤胜于重私。凡属无锡人，在上海设厂，经营获利，必在其本乡设立一私立学校，以助地方教育之发展。即德生一人为例可证。方与其兄宗镜从事实业经营，成为一大资本企业家，其最先动机即为救助社会失业。待其赢利有余，即复在乡里兴办学校，其重视地方教育又如此。及其晚年又筑一蠡湖大桥，其重视地方交通公益又如此。余私窥其个人生活，如饮膳，如衣着，如居住，皆节俭有如寒素。余又曾至其城中居宅，宽敞胜于乡间，然其朴质无华，佣仆萧然，亦无富家气派。其日常谈吐诚恳忠实，绝不染丝毫交际应酬场中声口，更不效为知识分子作假斯文态，乃俨若一不识字不读书人，语语皆直吐胸臆，如见肺腑。盖其人生观如是，其言行践履亦如是。岂不可敬。而中国文化传统之深值研讨，亦由此可见矣。

六

又如当时无锡钜商唐家，请太仓唐蔚芝来无锡创办一国学专修馆，又为之建造一住宅，蔚芝乃移籍无锡，作终老计。及荣家蠡湖长桥落成，唐家又为蔚芝特筑一别墅在桥之西端鼋头渚，面湖背山，风景特幽，游人少至。及抗战胜利，蔚芝虽以病居沪，而国学专修馆终迁回，恢复办理。其他经商有成，在其家乡兴办中小学者，乃指不胜屈。其实推而上之，无锡一县在江南开风气之先，如竢实、东林两学校，远在前清光绪戊戌政变前，为全国地方兴办新式学校之开始。规模皆极宏伟，科学仪器亦极齐备。皆由地方人士私赀创办。但戊戌后，两校皆遭毁，否则亦它日之南开也。然风气已开，即余之幼年，早获投入新式小学读书，亦受此风气之赐。西方学校亦由私立者在先，惟不属之地方，而属之教会，此则双方文化不同之故。然学校教育重在私办，则大致无异。如英国之牛津、剑桥，皆由教会兴办，历史悠久，至今乃为其国人所重视。美国之哈佛、耶鲁亦各有三百年以上之历史，其先亦由教会兴办。州立大学最迟起，然始终未有国立大学。吾中国果诚慕效西化，则学校教育似亦当尊重私立。

惟论中国历史，远溯之先秦，孔孟讲学，岂不皆由私人。汉武帝时，已有国立大学，各郡亦有公立学校。然自经学有今古文之分，私家讲学尤为社会所重视。宋代书院兴起，私家讲学其地位声势均在国立公立学校之上。盖因西方政教分，中国则道统尤在政统之上，故教育权当操自社会下层，不当操自政府上层，此为东西双方所同。惟普鲁士提倡国民教育，事势特然，但亦仅限于中小学。至大学则仍不由政府掌握。若论中国，则家塾党庠自汉代已遍国皆是，所教皆以修身为本，知修身即知重名不重利，重公不重私，此可称为乃是一种"人文教育"，于今效西化之所谓"国民教育"又微有辨。果论中国社会之文化传统，心理积习，实皆自私塾奠其基。此层乃不可不深切注意者。

晚清以下，群呼教育救国，无锡一县最先起。其时学校则多属私立。余之始任教于中学，为厦门之集美，亦由南洋侨商陈嘉庚兄弟，海外经商赢利，乃返家乡创办。为当时私家兴学之最负盛名者。其后陈嘉庚又独资创办厦门大学，则其事犹远在荣氏办江南大学以前，有一世三十年之久。集美之有陈嘉庚，则犹荣巷之有荣德生也。其时上海浦东有杨斯盛，毁家兴学。山东有武训，以乞丐兴学。全国风起云涌，类此之例，恐尚多有，难于觇缕以举。

余避赤祸至香港，曾游新加坡马来亚。其地侨商，率重两事。一曰创建同乡会，乡人只身偷渡而来，皆由同乡会援助，得以成家立业。次曰兴办学校，皆侨商私立，远自上海聘江浙人来任教。故使此诸地迄今仍有一中国社会之存在。如辜鸿铭，即出生于槟榔屿，自幼读书于英国小学，长而游学英伦，然乃终以宣扬中国文化蜚声中外。又如孙中山先生，亦受学于香港，而终成为开创民国之第一伟人。此等皆当归功于中国社会之文化传统与其心理积习之一种无形潜势力有以致之。果使民国以来，中央政府知此深义，于私家兴学善加诱导，多予褒扬，则闻风兴起，全国慕效，诚指顾间事。乃不此之图，学校必国家公立，无锡如竢实东林两校，毁后重建，皆改为公立。而私立学校地位又必屈抑在公立之下。更有甚者，外国教会来内地办学，其地位亦必在本国社会私立之上。如北平有燕京大学，南京有金陵大学，苏州有东吴大学，凡属教会大学，其声气亦必高。中小学亦然。而更甚者，则有新文化运动，凡中国固有必遭排斥。胡适之在北京大学明白昌言，中国之有大学必确然自北京大学始。二十五史所载历代国立太学皆摈不得列于大学之林。此诚无法解说者。

又清末民初，南通有张謇季直，亦兴办实业，提倡新学校，一时南通与无锡媲美竞秀，有全国两模范县之称。此亦中国社会文化传统心理积习中所宜有。从来名宦大臣，退老居乡，多知恭敬桑梓，敬宗恤族，于地方有贡献。乃清末一辈自居为遗老者，率皆蛰居上海天津租界中作寓公，不问世事。其时军阀割据，拥兵自强，傥有地方贤达告其在各自势力范围内兴学校办实业，亦未尝无人肯听从其言者，乃惜乎亦默不一闻。可知当时中病实在一辈高级智识分子身上。而尤如新文化运动诸钜子，乃群据国立大学中当教授，即以大学为根据地大本营。而政府亦无如之何。又自"全盘西化"一转而为共产主义，苏联化，不仅排斥古人，即全国社会亦尽在排斥中。实业界皆为资本家，为人类之毒害。即如陈嘉庚亦转向左倾，慕为一前进分子，于是为祸乃益不可救药。余自交荣德生，深稔其为人，乃不禁驰想至此。后余在香港闻德生竟以饿死，亦良堪悼念矣！

又有侯保三，亦继杨范之创办竢实学堂后以私人兴学名闻全国。陈嘉庚兄弟在厦门集美初创办小学，即聘保三为校长。余去集美，当年小学建筑尚保留存在。及余来江南大学，保三尚健在，常与余于梅园品茗长谈。余亲对乡里前辈，每不胜其敬仰之思。但余至香港，亦不闻其下落矣。

七

江南大学初上课，忘其为何事，学生欲结队赴京请愿。此等学生皆初自中学来，即已如此意气嚣张，诚不可解。余任文学院长职，集大会尽力劝戒，意气稍戢，但终不肯已，乃改派小队赴京，学校仍照常上课。然此后学校风潮终于时起，盖群认为不闹事，即落伍，为可耻。风气已成，一时甚难化解。

余之院长办公室在楼上，窗外远眺，太湖即在目前。下午无事，常一人至湖边村里，雇一小船荡漾湖中。每一小时化钱七毛，任其所至，经两三小时始返。自荣巷至学校，沿途乡民各筑小泊，养鱼为业，漫步岸上，上天下水，幽闲无极。余笔其遐想，成《湖上闲思录》一书。又据马其昶《庄子注》原本，遍诵《庄子》各家注，以五色笔添注其上，眉端行间皆满，久而成《庄子纂笺》一书。自为之序曰，"《庄子》乱世之书也。身居乱世，乃注此书自消遣"，是亦可知余当时之心情矣。

其时有旧在成都从余之数学生皆江浙籍，胜利回来，闻余在江南大学，重来从余，同居荣巷楼上。余适应上海某书肆约，为选四部旧籍人人最先必读者数十种，一一为加新标点，即由诸生分任。遇疑难处，由余为之决定。俟标点毕，余拟撰一中国历史新编，已先定目录，如政治制度、社会经济等，共二十余类。由诸生从余指定书籍中，分头从事钞集资料，而由余总其成。此项经费亦由某书肆担任。惜标点古籍名著毕，时事日非，此稿未能着手。所标点之各书，某书肆亦未能付印出版，诸生亦散去，卒为余在江南大学时浪费精神之一事。

八

其时汤锡予赴美国哈佛讲学归，特来访。告余："傥返北平，恐时事不稳，未可定居。"中央研究院已迁至南京，有意招之，锡予不欲往。彼居江南大学数日，畅游太湖、鼋头渚、梅园诸胜，其意似颇欲转来任教。然其时适在秋季始业后不久，余告以此校初创，规模简陋，添新人选，须到学年终了，始能动议。劝其且暂返北平。不意时局遽变，初谓一时小别，乃竟成永诀。闻北平沦陷，中央派飞机赴北平接人，有锡予夫妇名，但锡予夫妇不愿离其子女。时适有戚属一女，肄业辅仁大学，锡予促其顶名行，仓促间足上犹穿溜冰鞋，遽赴机场，得至南京，后在台北告人如此。回念老友，追想何极。最近闻人言，锡予乃以自杀死，但未审其景况之详。执笔悼痛，慨何堪言。

又一日，昆明于乃仁来访，余与偕游鼋头渚，宿渚上无锡旅馆。越两宵，乃仁犹流连不忍离去，遂再宿一宵。夜坐室外廊上，遥望湖色，对坐长谈，乃仁手握纸烟连吸不已。余自后宅小学戒吸纸烟，相距已三十年，在昆明尤爱其长筒水烟管，但卒未破戒。至是乃情不自禁，向之索一烟卷相偕同吸。由此夕始，烟戒遂破，至今又已三十年矣。怀念当时情况，亦犹在目前也。

徐州既沦陷，时值春假，适广州有一华侨大学来函相招，余遂决意暂避。时共党广播称荣德生为民族资本家，嘱勿离去。荣氏集团中人，亦劝余留校，可随队同迁。又族叔孙卿乃子泉孪生弟，亦屡劝余勿离去。言下若于共军渡江有深望。余告孙卿："吾叔日常好谈论古文辞，不知共军先后文告，亦有丝毫开国气象否？"孙卿无以应。然其力劝余如故。余既受多方挽留，临去只言春假旅行，学校寝室中床铺书籍安放如故。即《庄子纂笺》《湖上闲思录》诸稿，亦待余抵香港后，嘱随余同住之学生检寄。余过沪，遇一无锡同乡许思远，留学西欧治希腊哲学，亦在江南大学任教。知余去意，谓："君暂避亦佳，秋间时局即定，到时可再相晤。"去年曾在香港某杂志见其有文字发表，知其尚健在，并仍治学不倦，方以为喜，但不久亦闻其逝世矣。其实抗战八年，留在沦陷区者，惶恐困厄，与逃避后方等，初无大异。及胜利回都，沦陷区乃如被征服地，再教育之呼声，甚嚣尘上，使沦陷区人民心滋不安。又以金圆券市价朝夕变动，生活无瞬息之安。乃于此翻天覆地之事，转若熟视无睹，亦良可喟叹也。

一五　新亚书院　（一）

一

民国三十八年春假，余与江南大学同事唐君毅，应广州私立华侨大学聘，由上海同赴广州。侨大创办人王淑陶，与君毅旧识。此校创于香港，迁来广州。其时共军已南侵至徐州。余念于人事素疏，上下无交际，一旦战氛渡江，脱身非易，不如借此暂避，以免临时惶迫。同事许思远上海送行，谓："君暂避甚佳，盼九月能在此重晤。"是当时人亦知政局可急切转移，惯于生活在日军占领时之沦陷区，意谓此乃国内政权相争，更无逃避必要，故言之安祥如是也。

及共军渡江，上海战事日紧，政府大部分机关已迁至广州。一日，应行政院长阎锡山邀，晤之其官邸。同受邀者，多青年、民社两党党员。以学校教授资格者，惟余一人。余即席发言，谓："当抗战时，军队占最前线，政府居中指挥，教育界知识分子最在后方，惟受蔽护。今日形势已非，前线军队在崩溃中，恐不可恃。政府远退在此，知识分子教育界可以人自为战，深入民间，当转上第一线。俟人心有定向，国事庶可挽回，政局可重建基础，然后军事始再可振作。"余当时此番话，初亦不料共党此下对国内知识分子有如许压迫，清算斗争，种种惨烈手段。余意仅盼政府多方注意国内知识分子，至少在当时负群望为众情所归者，须及时多联络，设一妥善之安排。惜是日会场中，无人提及此层。余亦仅发一场空言而止。

又一日，在街头，忽遇老友张晓峰。彼乃自杭州浙江大学来。告余，拟去香港办一学校，已约谢幼伟、崔书琴，亦不久当来，此两人乃余素识。又一人治经济学，余所未识。今亦忘其名。晓峰邀余参加。余谓："自民二十六年秋起，屡荷浙大之邀，仅赴遵义作一短期停留，有负盛情，每以为憾。此次来广州，本无先定计划，决当追随，可即以今日一言为定。"晓峰又告余："近方约集一董事会，向教育部立案，俟事定再告。"但此后不久，闻晓峰已得蒋总统电召去台北矣。

又一日，余特去岭南大学访陈寅恪，询其此下之行止。适是日寅恪因事赴城，未获晤面，仅与其夫人小谈即别。后闻其夫人意欲避去台北，寅恪欲留粤，言辞争执，其夫人即一人独自去香港。幸有友人遇之九龙车站，坚邀其返。余闻此，乃知寅恪决意不离大陆，百忙中未再往访，遂与寅恪失此一面之缘。今闻寅恪因红卫兵之扰，竟作古人。每一念及，怅恨无已。

又一日，与君毅同去广州乡间访熊十力，君毅乃十力之入室弟子也。十力只身寓其一学生家。余两人留一宿。十力亦无意离大陆，后去北平，闻其卒于沪上。又梁漱溟时在重庆，余与某君晤，顷已忘其名，由其作书劝漱溟来粤，亦未得覆。又罗倬汉陪余同去访寅恪，后余在港办新亚，屡函促其来，亦拒不至。又杨树达，余晤之于广州中山大学，亦不久离粤返湘。如此之类，难于缕举。国家遭此大变，但距抗战流亡不久，家人生计，顾虑实多。亦证当时一辈知识分子对共党新政权都抱"与人为善"之心。果使中共政权成立后，能善体这番心情，亦未尝不可上下一体，共期有成。而惜乎中共政权之难于与语此也。

二

余在侨大得识同事赵冰，一见如故。秋季侨大迁回香港，赵冰夫妇与余偕行，余即宿其家。后乃借一中学校教室，暑假无人，余夜间拼课桌铺被卧其上，晨起即撤被搬回课桌，如是为常。

嗣又得教育部函邀孔子诞辰作公开演讲重返广州。乃闻幼伟、书琴两人已抵港，进行创办学校事，而余在香港竟未获与彼两人谋面。校名为亚洲文商学院，由幼伟约其友人刘某为监督，派余任院长。余去函声明，决践宿诺，返港共事，惟院长一职，万不愿任。一则人地生疏。二则粤语英语均所不习，定多困难。三则与监督刘君素昧平生。恳幼伟、书琴另商。不日，幼伟、书琴特嘱晓峰原邀之第三人治经济者返粤，携幼伟、书琴函，面告一切，促余速返港。迨余抵港，晤及幼伟、书琴，乃知依港例，申请创办学校，必由监督一人出面负责。刘君凤居香港，与幼伟熟稔，故请其任此职，俾便与香港教育司接头。并谓院长一职，亦已正式立案，成为定局，极难临时更动。此后校中一切事，彼两人必尽力应付。余见事已如此，只有勉允。

不久，幼伟忽得印尼某报馆聘其去任总主笔。书琴力劝其行，谓狡兔三窟，香港新校究不知若何维持，幼伟去印尼亦可多得一退步，港校事彼当加倍尽力。余见彼两人已同意，亦无法坚留幼伟。而赴广州面促余之某君，亦留粤不再返。于是亚洲文商之开学，实际乃由余与书琴两人筹划。有时书琴夫人亦在旁预闻鼓励。余即邀在广州新识之张丕介，时在港主编《民主评论》，恳其来兼经济方面之课务。又商得君毅同意，彼随侨大来港，恳其兼任幼伟所遗哲学方面之课务。书琴则任教务长一职。于一九四九年之秋季十月正式开学。时并无固定之校址，只租九龙伟晴街华南中学之课室三间，在夜间上课，故定名为亚洲文商夜校。又在附近炮台街租得一空屋，为学生宿舍。

开学后不久，丕介偕其在重庆政治大学之旧同事罗梦册来晤面。余抗战时赴重庆，曾与梦册在政大有一席之谈话。至是亚洲文商遂又获一新同事。又君毅旧友程兆熊，亦来港，亦聘其任教。惟彼不久即离港去台，在台北代为亚洲文商招生，得新生约二十人左右，由台来港。亚洲文商在港新生仅得约四十人左右，至是乃增至六十人之数。

余在港又新识一上海商人王岳峰，彼对余艰苦办学事甚为欣赏，愿尽力相助。遂在香港英皇道海角公寓租赁数室，作为讲堂及宿舍之用，安插自台来港之新生。而余等则在日间赴香港上课，夜间则仍在九龙上课。时为一九五〇年之春，即亚洲文商学院开办之第二学期。余与君毅暂住九龙新界沙田侨大宿舍，两人轮番住炮台街宿舍中，与诸生同屋。

三

一九五〇年之秋，岳峰斥赀在九龙桂林街顶得新楼三楹，供学校作新校舍。余遂商之监督刘君，拟改学校为日校。刘君似以此一学年来，学校事皆由余接洽主持，彼不欲再虚膺监督之名。乃告余，亚洲文商乃彼所创办，不欲改日校，亦不愿将校名相让。当由君另向香港教育司申请立案创办新校。余遂赴香港教育司另请立案。其时书琴夫妇亦因台北来邀，离港而去。新校遂由余一人主持。

学校自迁桂林街，始改名新亚书院。桂林街乃在九龙贫民区中新辟，一排皆四层楼，学校占其三单位中之三四两层，每单位每层约三百尺左右。三楼三单位中，一单位是学生宿舍，另两单位各间隔成前后两间，得屋四间。前屋两间向南，各附有一阳台，由丕介、君毅夫妇分居。丕介后屋一间，余居之，君毅后屋一间，为办公室兼余及张、唐两家之膳堂。四楼三单位共间隔成四间教室，两大两小。梦册夫妇由岳峰另赁屋居之。

同事亦大增，吴俊升士选本为教育部高教司长。教育部自广州迁台北，彼亦来港，别与数人创一学校，而为况极冷落。至是遂来新亚任课。又介绍该校同事任泰东伯来任英语课。东伯曾任西方某团体英译汉书事，与余为新识。刘百闵、罗香林亦来任课，两人皆旧识。张维翰莼沤在滇相识，曾邀余至其家午餐长谈。余极赏其屋宇精雅，花木幽蒨，有诗人之致。至是亦在港晤面。彼谓，君艰苦创学校，恨无力相助，愿义务任教国文一课，以表同情。梁寒操新相识，亦来任国文课。卫挺生曾于某年暑假在庐山晤面，彼询余留学何国。余告以："年幼失学，未获进国内大学，更无出国机会。"彼谓："与君虽初见面，然君在商务出版之《论语要略》特在家教子诵读。我两人实如故交，幸勿过谦。"余谓："此乃实语，非谦辞。"彼谓："君未受新式教育，于《论语》一书，以如此新的编纂，表达如此新的观点，更非常情所能想象。"至是亦在港再晤，来校任经济方面之课务。又陈伯庄，在重庆相识，曾书柬往返有所讨论。至是亦再晤面。彼家近桂林街，喜围棋，余亦已破戒，遂常至其家对弈。彼亦来校任社会学方面之课务。兆熊与国民政府行政院长陈诚辞修有戚谊，其返台时，辞修留其居台。但兆熊仍返港，愿与余等同甘苦，来校继续任课。学校无法为彼安排住处，乃举家住郊区沙田。为省交通费，往返十数里，每日作长程徒步。又有杨汝梅，在大陆金融界负盛名，与余为新识，亦邀其来校任教。

　　当时在香港学校任教者，例必详列其学历资历报教育司。时香港教育司亦特聘国内流亡学人某君任秘书，见新亚所聘各教授，均系国内政界学界知名负时望者。论其人选，香港大学中文系远不能比，新亚遂因此特受教育司之重视。某日，教育司长高诗雅亲来巡视，适余不在校，见楼梯口有"新亚书院大学部"一匾，嘱移去勿悬室外。香港惟有一大学，即香港大学。居民皆径称"大学堂"，不闻有称香港大学者。自不能破例许人另立一大学。然教育司于新亚特多通融，有所请乞，皆蒙接受，甚少为难。殆亦震于新亚之教授阵容有以使然也。

新亚又另组董事会，请赵冰为董事长，亦在学校任课。其他如寒操等，皆邀为董事，多粤人所推敬。而赵冰为香港大律师，尤受港人重视。香港律师职务名利兼高，惟大律师占极少数，业务亦冷落。香港除英国法律外，亦兼行《大清律例》。赵冰于此方面，乃一人独擅。然登其门者，如夫妇父子等涉讼，赵冰必先晓以大义，详述中国伦常大道，劝其自为和解。或竟面斥，不啻如一番教诲，使来者难受。余常亲往其事务所，赵冰每一人寂居，携便当充午餐，门可罗雀。得其允为辩护者，数十案中难得一案。故虽为香港政府所重视，而其家境清寒，不仅为律师业务中所少有，亦知识分子中所稀见也。故新亚董事会亦先与学校有谅解，专为学校法律上之保护人，而绝不负学校经济方面之责任。

学生来源则多半为大陆流亡之青年，尤以调景岭难民营中来者占绝大比数。彼辈皆不能缴学费，更有在学校天台上露宿，及蜷卧三四楼间之楼梯上者。遇余晚间八九时返校，楼梯上早已不通行，须多次脚踏幞被而过。或则派充学校中杂务，如扫地擦窗等，可获少许津贴。而学校亦并无一工友，仅一厨师治膳食，由岳峰家派来。一人管理一切文书缮写，由广州教育部流亡来之某君任之，此人亦得暇旁听课业。有好许学生，一俟其家在台定居，即中途离校而去。至如香港居家者，因见学校规模穷陋，应考录取后，亦多改读他校。否则亦随例请求免费，或求免一部分。总计全校学生不到百人，而学费收入仅得百分之二十而已。

其时学校经费日形窘迫，而同人课务则不甚烦重。不得已乃规定钟点计薪，任课一小时受酬港币二十元。同人坚持余必支最高薪，乃任课十时，月薪港币两百。依次而下，至港币八十、一百不等，然仅为一时维持之计。

时贺光中负责港大中文课务，屡来访谈，劝余去港大兼课。余力拒之，介绍罗香林去，亦仍兼新亚课务。又由在港之美国亚洲协会介绍菲律宾大学文学院长某君来见。告余，彼校获美国协款，须成立一东方学系，拟聘能任中国课程而纯粹以英语教授之中国学者三人，一人聘自台北，两人拟在香港遴聘，请余代为推荐。余念新亚在艰困中勉维岁月，薪给难供一家果腹，得有此机会，同人中尽有能胜任者，向外推荐，扬播中国文化亦于国家民族前途有益。因告某君："此事当代为尽力。惟中国规矩，教师当由学校主动聘请。今贵校依西方例，须愿去任教者先自具函向学校申请。傥余所推荐之两君，或为此拒不前往，余亦无以勉强。傥贵校肯依中国例，先具聘函，余必当从旁促成其事。"某君请提两人姓名，当归后商之。余所荐一为卫挺生，一为任东伯。某君归不两月，又来港，携学校聘函，并谓亲来面呈，以表郑重。两君去，皆于聘期满后获续聘。挺生后赴美国，东伯则仍回新亚，随又转来台北。挺生曾热心详考徐福入日本故事，逮其在美后，犹曾来书讨论。则其时新亚拥有许多国内来港之名教授，已为外国人所知也。今两君均已逝世矣。

新亚初创时，又设一公开学术讲座，每周末晚上七时至九时在桂林街课室中举行。校外来听讲者每满座，可得六十人至八十人左右。学生留宿校内者，只挤立墙角旁听。有一老者，每讲必来，散会后，仍留三楼办公室闲谈。乃知其为江苏南通籍沈燕谋，与胡适之同年出国留学，在美学化学，归国后协助张謇季直在沪办工厂。以其余暇，浏览古籍，方专意陈寿《三国志》。在港无事，交谈既熟，遂成至友。盖余等之在此办学，既不为名，亦不为利，羁旅余生，亦求"以文会友，以友辅仁"之意。此讲会能对社会得何成效，亦所不计。而海外逃亡获交新友，亦枯寂生命中一莫大安慰也。

四

旧识张君劢，又在香港相晤。君劢又提旧议。谓君今当知追悔。彼方欲约集民社、青年两党及其他人士流亡在港者，共创一新党，勉余加入。余言："君积年从事政治活动，对国家自有贡献，鄙意向不反对。特今日局势大变，欲在国民党共产党外另创一新政党，事非仓促可成。鄙意宜邀合数人，作精详之商讨，从根本上草创一救国家救民族之百年大计。先拟一新政纲，然后本此政纲再邀同志，创建新党。此新党之党员，宜少不宜多。此新党之活动，宜缓不宜急。务求培养新精神，贮蓄新力量，作久远之打算。不宜在眼前只求经济充裕，声气广大。流亡无出路者人数何限，骤谋乌合，仅增扰乱，何期贡献。傥君有意先邀集此会议，余亦愿陪末席，供献刍荛。"忽一日，在茶楼又晤君劢，彼告余最近即拟赴印度，已曾以余意转告诸友，盼随时同商大计。余言："前所告者，乃创建新党之根本大计，余虽未获与君深交，然亦略知君之为人，故敢轻率妄言。但此决非筑室道谋之事，与余不相熟者，纵不以迂愚相讥，余又将从何处发言。姑俟君印度归后再谈可也。"此后在港，即闻有一第三党之酝酿，并有美国方面协款支持。屡有人来邀余出席会议，余终未敢一赴其会。一日，方将成立第三党中之某君来访，告余，有意与余共同办学。新亚经费彼可独力支持，并由余一人主办。彼只求再办一新亚附属中学，与新亚采同一方针，同一步调进行，余亦缓却之。彼后乃办一杂志，约梦册主持，梦册辞新亚职务。其时新亚同人生活难求温饱，余亦正求为同人介绍生路，遂无法挽留。

王岳峰之经济能力有限，亦仅能为新亚顶押一新校舍，又维持其前一两月之日常经费，以后即不再能供给。新亚已达山穷水尽之绝境，同人等皆盼余赴台北，傥获政府支援，或可再维时日。

一六　新亚书院　（二）

一

一九五〇年之冬，余以新亚全校同人力促赴台北，期获政府救济，少维年月，再谋发展。某日，乘飞机抵台北，已有数人奉蒋经国先生命来机场迎候。是夕，宿火车站近旁之励志社。翌晨，即蒙蒋总统召见午宴，由张晓峰陪赴士林官邸。是日，适大陆派伍修权赴美国，出席联合国讲演。总统在市区总统府开会未归，电话来官邸，嘱稍待。总统夫人陪坐，命煮汤团充饥，并与余谈伍修权事。余谓："伍修权此行决无成果。"夫人言："当持反对意见发问，俾君畅言，幸勿介意。"如是往返问答，总统府亦屡来电话。逾午刻，总统返。即设午宴，席间总统垂询新亚事。余所最受感动者，所进米饭乃当时之配给米，甚为粗糙。念总统高年亦进此米，余等稍涉艰难，何敢直率以告。遂趑趄以他语搪塞。

隔日之晚，行政院陈辞修院长亦在其官邸招宴。同座者仅台湾大学校长傅斯年孟真一人。余与辞修院长乃初识，是夕所谈多由孟真与余畅论有关前清乾嘉学术方面事。又一日，经国先生招宴，所进亦属配给米。又一日，谒教育部长程天放于其官邸。时教育部官邸尚在台大左外侧市郊僻处，一切设备极简陋。自念国难方殷，何忍以新亚处境渎陈，遂亦绝口不谈。

又一日，居正觉生招宴。觉生乃抗战时期重庆旧识，询余新亚事。谓："闻君创办此校极艰辛，此来亦向政府有所请乞否？"余详告经过，并谓："依理应向教育部陈述。然观教育部之拮据，亦何忍开口。"觉生言："君幸稍待，我当为君作一安排，再以相告。"越日，觉生告余已为代洽，某夕在天放部长寓邸餐聚，届时总统府、行政院、中央党部均有负责人列席，可共商之。是夕，余在席上仅陈在港一年半之观感所及，供政府作参考。乃述及新亚事，谓最渴需者，各位任课人之钟点费。最低以每小时每月港币二十元计，再加其他紧急开支，全校每月至少需港币三千元，勉可维持。行政院副院长张厉生言："今夕陈院长因事不克来，新亚事明晨转达，行政院应可承允协助。"总统府秘书长王世杰雪艇继言："此来得总统面谕，行政院协款几何，总统府当从府中办公费项下节省出同额款项相助。"遂定议。惟行政院协款须留待提出立法院通过，约需待明春始可作正式决定，总统府款则立可支拨。余言："得总统府协款，目前难关已可渡过，此后当续报情况。"此夕之会遂告结束。后余亦再未向行政院提起对新亚协款事。

二

余此来目的已达，群劝余作中南部之行，略观台湾情况。北大旧同事陈雪屏，时长台湾教育厅，派一员同行，俾沿路接洽，在各中学作讲演。余之此行又别有一私事。前在无锡江南大学曾撰《庄子纂笺》一书，遍检群籍，犹有近代著作两小书未见。此来，询之中央研究院，悉皆藏有，乃设法借出，携以南行。至台南工业专门学校，即此后之成功大学，其校长官邸移作宾馆，屋舍宽敞，有园林之胜。余得一人借宿馆中，环境清幽，日夜展读此两书，选录入余之《纂笺》中。旬日完工，《纂笺》一书遂得成稿。

余又去凤山，在陆军官校作讲演。总司令孙立人邀余至其屏东寓邸，乃前日本空军军官宿舍。楼屋数十座，尚多空置，未经派定居家。余告立人："总统府秘书长王雪艇告余，万一香港有变，政府派船去港，新亚学校可获优先第一批接运来台。学生可转各学校肄业，惟教师及其家眷未蒙提及。此处多空楼，君肯暂留数座备济急否？"立人问需若干。余答："有四五栋即够。"立人允之。余此行为新亚前途乃得一大解决。归后告诸师生，皆欣慰万状。

余又去冈山海军官校。海军总司令桂永清，适因公去台北，由副总司令马纪壮接待。余又去彰化，爱八卦山之幽静，一人独宿一空楼，历一星期始离去。适永清返冈山，邀余再去，又留宿数日。永清偕余去澄清湖，其时尚为一荒湖。两人坐沿湖草地上，欣赏湖景。遥望湖中一山，永清指以告余："君肯留台，可在此湖中山上定居，真读书胜地也。海、陆两官校皆近，君可分别去讲学，振作士气，亦大佳事。"余答："新亚师生在惶栗不安中，余不能不归去共患难。此湖如在仙境，仅可留余梦想中矣。"时海军官校有大鹏剧团正上演，每夜必往观赏。适齐如山亦来，畅谈平剧种种艺术特胜处，亦此行意外一快事。

余此来又得意外两收获。先在台北省立师范学院即此后之师范大学，由刘真白如院长邀，作系统讲演凡四次，总题"文化学大义"，由及门杜呈祥整理，即在励志社写定，付正中书局印行。又由国防部总政治部之邀，由萧政之来洽，续作七次讲演，题为"中国历史精神"，由及门杨恺龄整理讲辞，再加改定。先由印尼某报社印行，嗣后再在台重印。自念一九四九年初离大陆，至是重履国土，旧识新交，日有接触。痛定思痛，语多感发。余对国家民族前途素抱坚定之乐观，只望国人能一回顾，则四千年来历史文化传统朗在目前。苟有认识，迷途知返，自有生机。余此两次讲演大意只在此。

又在各学校之讲演辞，择定题目撰写成文，归纳为《人生十论》一书。要之，在真实遭遇中吐肺腑话，与以往多作学术性论文有不同。书生报国，仅能止此。自悼亦自惭矣。

三

一九五一年之夏，香港大学中文系新聘英国人林仰山为系主任。一日，偕及门柳存仁来访。柳存仁乃北大学生，抗战时转上海，曾在某杂志连续撰写《北大人》数篇，其中一篇专述余在北大授中国通史一课之情形，颇获传诵。余抗战期中返上海，存仁偕余访光华大学校长张寿镛。余来香港，存仁亦在港某中学任教。后在某次宴会中，有人当存仁面告余，某年旧历元旦彼去存仁家拜年，存仁方杜门读余《先秦诸子系年》，乃其手钞本，亦一奇也。存仁后去澳洲，任某大学教授，精治《道藏》，与余常通函，报告其研究所得，至今未绝。林仰山久居中国，曾在济南齐鲁大学任教。日军来，拘入集中营。在拘禁中，亦读余《先秦诸子系年》。他日出其书相示，多处有批校，知其亦用心甚至。

仰山邀余至港大任教。余答以新亚在艰困中，不能离去。仰山坚请，谓："君不能离新亚，来港大兼课，事无不可。"余答："新亚事万分艰辛，实不容余再在校外兼课分心。"仰山谓："君来港大，不仅港大诸生同受教益，并港大中文系一切课程编制及系务进行亦得随时请教。"又谓："港大近得美国在港救济知识分子协会一款，可聘任若干研究员。君可否兼任港大研究员名义，时间可无限定。"余为其诚意所感，答："愿在必要时参加港大中文系集会，贡献意见，惟以不任职，不授课，不受薪，为原则。"仰山无以强。

林仰山来港大主任中文系，贺光中辞职离去。罗香林、刘百闵皆改聘为专任。两人皆新亚旧同事。百闵并在余来台时，多方尽力为新亚谋渡难关，与余情意尤密。故余屡次去港大中文系出席会议毫无拘束。仰山又定同系诸教师每月必有一宴集，轮流为主人，余亦必被邀参预，但终不许余为此项宴集之主人。

某年，港大中文系创有东方研究院《东方学报》之出版，余为特撰《孔子与春秋》一篇，仰山刊为首篇。后余去伦敦，尚得彼中治汉学者之称道。以后此篇收入余著《两汉经学今古文平议》一书中。又仰山来商，余之《先秦诸子系年》，愿否由港大出版部重为出版流传。适余此书在抗战期中颇有增定，遂以最后定本与之，由港大出版部重新排版付印。

又一九五五年夏，港大赠余博士学位，闻亦由林仰山与高诗雅两人之动议。十余年后，中文大学成立，余正求辞去新亚院长职。翌年夏，林仰山亦年届退休，将返英久居，乃嘱罗香林与余新亚及门弟子余秉权时亦在港大中文系任教，分别来转达仰山意，欲于其退休前，先向学校提议，聘余为中文系教授，征余同意。余告香林、秉权："此次辞职，新亚同人皆表反对，正在商榷中，若余先接新聘，将很难对新亚同人乞谅。故余必于正式辞职后，再作他谋。"翌年之夏，仰山夫妇离港，余亦往码头亲送之。顷仰山已逝世多年，异国友情，亦良堪悼念。

是年美国人艾维来香港主持香港美国之亚洲协会职务。初到，即来访，谓在美有人介绍，故特来访。艾维尚年轻，直率坦白，一见如故。谓初来一切摸不到头脑，但知余创新亚之艰辛，他日有可能，必尽力相助，遂常来往。

四

又是年因余在台北受张晓峰编纂《现代国民基本知识丛书》之约，允写《中国思想史》及《宋明理学概述》两种。返港后，每于夜间灯下，先写《中国思想史》，于一九五一年八月成书，翌年一九五二年十一月在台北出版。余又于一九五一年冬再赴台北，因前一年来台，在台中得识台籍数友。彼辈意欲余在台办一新亚分校，来函告余已选定校址。港方同人亦以新亚在港困顿无发展，觊在台办分校，或可获新生机，遂又促余行。余抵台后，即去台中，观察所择地址。在郊外，离市不远。背临山，草坪如茵，溪流纵横，地极宽敞，旷无人烟，将来宜大可发展。时刘安祺驻军台中，告余"学校建筑可派军队任之，于地价外又可省工资。君应急速从事"。

余返台北，即向行政院长陈辞修报告。辞修告余："政府决策不再增设大学。"余谓："多增大学，毕业生无安插，固滋不安。但为长久计，他日返大陆，大学毕业高级知识分子恐终嫌不够。"余又谓："闻明年美国教会将来台设立一新大学，不知政府何以应之？"当时台湾称大学者惟台湾大学一所。此国外教会所拟来台创办之大学，即翌年成立之东海大学。辞修言："此事容再思之。"

余既未得政府明白应允，而滞留已数月，拟即归。何应钦敬之为总统府战略顾问委员会主任委员，来邀作讲演。余择"中国历代政治得失"一题，分汉、唐、宋、明、清五代，略述各项制度，共讲五次，是为余在台北有系统演讲之第三次。他年此书及去岁所讲《中国历史精神》一书，香港大学定为投考中文系之必读书，因此香港中学生多诵此两书，至今不辍。

五

余讲演方毕，忽又朱家骅骝先来邀为联合国中国同志会作一次讲演。依例该会按月一讲，自该月十五至下月十五为一期。时适在四月初，骝先云，三月份讲会尚未举行，恳余少留在十五日前作一讲。余允之。不日，骝先又来云："顷一法国某君过此，不克多留，拟将君讲期让之。四月十六日为四月份讲期之最先第一日，恳君即移是日讲演，幸君再稍留。"余亦允之。不日，骝先又来告余，谓："常借用之讲堂共有几处，不巧是日均不克借用，顷借淡江文理学院新落成之惊声堂，乃为该堂第一天使用日。届时当派车来接。"余亦漫允。及期，余忽觉心神不安，骝先派车未到，余径自雇街车去，适该车夫不识地址，过门不停，驶尽一街，乃知有误，回头再觅，始得。上讲堂已误时，听者盈座，楼上座位亦满。有立法委员柴春霖，约友数人游士林花圃，诸友乘原车赴阳明山，春霖独云，需听讲演，一人雇车来惊声堂，坐楼上。余讲辞已毕，待听众发问，前座有人先离去，骝先见春霖在楼上，招手邀其下楼来前座。余方答问者语，忽屋顶水泥大块坠落。盖惊声堂建筑方竣，尚未经工程师验收，提前使用，乃出此变。时余与骝先骈肩立讲台上，余一手表放讲桌上两人间。泥块直击余头部，骝先无恙，即桌上手表亦无恙，余则倒身泥块下。一堂听众惊声尽散，忽有人忆余倒台上，乃返，从泥块中扶余起。一人见余头部血流不止，乃以手持笔记本掩之。出门漫拉一车，直送附近之中心诊所。余已不省人事。但尚闻一人言，"我乃代表总统来慰问"。又闻一人云："彼已死去。"盖春霖坐前座，被泥块击中胸部。彼本有心脏病，送来医院即气绝。余与春霖不相识，始终未睹其一面，然春霖不啻为余而死，每念此事，不胜怅然。又闻人云，"今当送君移手术室"。余既一切不知，乃能闻此三语，亦心理学上一稀遘之经验也。

过一宵，晨醒，漫问余在何处。旁一女护士云，在医院中。余忽忆及有一讲演，未去出席，奈何。女护士告余，"讲演已毕，乃来此。"余竟全不记忆。稍后，乃渐忆起，直至屋顶泥块下坠前，余方作何语，亦记及。此下则全由别人相告，即头部痛楚亦不自知。若果从此死去，则生不知何由来，死不知何由去，真亦人生一大糊涂，亦人生一大爽快矣。是日为一九五二年之四月十六日，余五十八岁，诚为余此后生命中最值纪念之一日。

余在病中得新亚同人来信，知香港政府新定法令，凡属私立学校，其为不牟利者，须据实呈报，由港政府详查核定。余遂函嘱由新亚董事长赵冰代劳一切。结果得港政府认许新亚乃为香港当时唯一独有之一所私立不牟利学校。此亦新亚一难得之荣誉也。

余之赴惊声堂讲演，先有前在成都华西大学一女学生郭志琴在门口守候，陪余进入讲堂。及余被泥块击倒，志琴外尚有前在苏州中学旧学生杨恺龄，及其夫人邹馨棣等数人护送余至中心诊所。馨棣挤上车坐未稳，不意车忽驶动，掉下车，受轻伤。此后病中问候者不绝于户，惟彼等诸人则晨夕来侍病。及余能出院赴台中养病，由志琴一人陪余同车往。旧日师生一段因缘，不谓至是仍有如此深厚之影响之存在，是亦人生大值欣慰之事也。

余伤未深入脑部，余清醒后，医生即来告余："此下三日无变化，静养即可速愈。"又田沛霖亦在前座受伤，与余同进医院，医生言："君病断无危险，但不能早痊。"及余出院，沛霖则尚留院中。

余在台中住存德巷，台北广播公司一空宅中。《历代政治得失》之讲辞，即在此改定。又常向台中省立师范图书馆借书，所阅尽南宋以下文学小品。他年余著《读明初开国诸臣诗文集》一篇，自谓稍有发明，则皆植因于此。

余在存德巷养病时，适新亚学生胡美琦服务台中师范学校图书馆，日来相陪。前后约共四月，余始转台北、返香港。而余之头部常觉有病，阅一年后始全愈。

六

翌年，一九五三年初夏，美国耶鲁大学历史系主任卢定教授来香港，约余在其旅邸中相见，苏明璇陪往。明璇毕业于北平师范大学，其妻系师大同学，曾亲受余课。又明璇曾在台湾农复会任事，北大校长蒋梦麟为主委。及是来香港美国亚洲协会任职，故与余一见即稔，常有往来。据一九八〇年卢定来香港参加新亚三十周年纪念之讲词，知其当年来港前，先得耶鲁大学史学系同事瓦克尔教授之推荐，故卢定来港后，余为其相约见面之第一人。瓦克尔曾在一九五二年先来香港，后又来港任亚洲协会事，与余亦甚相稔。是晨，卢定告余，彼受雅礼协会董事会之托，来访香港、台北、菲律宾三处，以学校与医药两项为选择对象，归作报告，拟有所补助，俾以继续雅礼协会曾在中国大陆长沙所办医院及学校两事未竟之业。彼谓："君为我此行首先第一约见之人，如有陈述，请尽直言。"余答："蒙约见，初无准备。君既负有使命，傥有垂询，当一一详告。"卢定闻余语，面露喜色，随于衣袋中掏出两纸，写有二三十条，盖事先早书就者。遂言："如我所问直率琐碎，幸勿见怪。"余答："尽问无妨。"

卢定首问："君来港办学校，亦意在反共否？"余答：“教育乃余终身志业所在，余在大陆早已从事教育数十年，苟不反共，即不来港。但办学校自有宗旨，决不专为反共。”卢定又问：“君办学校曾得台湾政府补助，有此事否？”余答：“蒋总统乃以与余私人关系，由总统府办公费中拨款相助，与政府正式补助性质不同。”卢定又问：“以后倘得他方补助，能不再接受此款否？”余答：“此项补助本属暂时救急，倘新亚另有办法，此款自当随即请停。”卢定又问：“倘雅礼能出款相助，须先征港政府同意，君亦赞成否？”余答：“可。”以下卢定逐条发问，余逐问回答。自上午九时起，已逾中午十二时始问答完毕。三人遂出外午餐。卢定又随问余对宗教之态度。余答：“余对各宗教均抱一敬意，在余学校中，耶、回教徒皆有，并有佛寺中之和尚尼姑在校就学者。但余对近百年来，耶教徒来中国传教之经过情况则颇有不满处。”卢定屡点首道是。余又告卢定：“余决不愿办一教会学校。”卢定亦点首。惟卢定言：“雅礼倘决定对新亚作补助，仍须派一代表来，俾其随时作联系。”余谓：“此属雅礼方面事。但此一代表来，不当预问学校之内政。”卢定亦首肯。

相晤后数日，卢定即去台北。返港后，又约相见。卢定告余，彼不拟再往菲律宾，已决以新亚一校为雅礼合作对象。并嘱余，分拟年得美金一万、一万五、两万之三项预算，由彼携归，俟董事会斟酌决定。余遂写一纸与之，定年得一万则另租一校舍，一万五则顶一校舍，两万则谋买一校舍。卢定见之，大表诧异，云：“闻君校诸教授受薪微薄，生活艰窘，今得协款何不措意及此。君亦与学校同人商之否？"余答："君与余屡见面，但未一至学校。"余因指桌上一茶杯云："如此小杯，注水多，即溢出。余等办此学校，惟盼学校得有发展，傥为私人生活打算，可不在此苦守。如学校无一适当校舍，断无前途可望。请君先往新亚一查看。"一日，卢定私自来新亚，遇及两学生，在课室外闲谈而去。适新亚举行第二届毕业典礼，在校外另借一处举行，亦邀卢定前往观礼。卢定来，礼成，留之聚餐，与诸同人分别谈话而去。后新亚三十周年纪念，卢定讲词中谓，是夕见新亚举校师生对余一人之敬意，深信此校之必有前途。

卢定临别前告余，彼返美后，雅礼董事会定于新亚有协助。惟君对此款，仍当作学校日常开支用，至于校舍事，容再另商。又约一美人萧约与余见面，谓彼亦雅礼旧人，今居港，有事可约谈。及卢定返美后，来函云，"补助费按年二万五千美元"，又超原定最高额之上。但萧约延不交款。一日，萧约来校告余："天热，教室中不能无电扇，已派人来装设。"余因语萧约，谓："君告余雅礼款已到，今延迟不交，岂欲新亚先拒台北来款否？此事决不可能。苟余得雅礼协款，再谢辞台北赠款，始有情理可言。如欲余先拒受台北赠款，以为获取雅礼协款之交换条件，以中国人情言，殊不妥当。"萧约道歉，即送款来。时为一九五四年之五月。新亚乃具函谢总统府，时总统府秘书长已易张群岳军。赠款乃从此而止。

同时艾维来告，有关校舍事，卢定在离港前曾与彼相商，当另作筹措，幸勿为念。余初来港，人心惶乱，亦曾为新亚经费多方向大陆来港商人辗转请乞。其稍有关系者，亦曾出力相助。惟所开支票，既不列受款人姓名，亦不列付款人姓名，若恐他日或因此受累。余亦遂不敢以此扰人。余初次自台北返港，教育司即派人来邀余到教育司一谈，云："有人向政府告密，谓君实去广州，非去台北。教育司因受政府嘱，不得不邀君亲来解释，此亦政府礼待之意，务恳原谅。"余适有台北返港证一纸留在身边，乃携赴教育司。司中人以咖啡点心相待，欢语移时，屡表歉意。如此类事，不胜枚举。及是时局渐定，然新亚得雅礼协款已普遍流传，欲再获他方协助亦成难事。或有疑新亚不获中国社会同情，乃始终仅赖雅礼一方协助，此一层在余心中常滋惭恶，然亦无可语人也。

七

卢定离港后艾维又来访，语余："新亚既得雅礼协款，亚洲协会亦愿随分出力，当从何途，以尽棉薄。"余告艾维："新亚创办乃因大陆遭剧变促成。余意不仅在办一学校，实欲提倡新学术，培养新人才，以供他日还大陆之用。故今学校虽仅具雏形，余心极欲再办一研究所。此非好高骛远，实感迫切所需。傥亚洲协会肯对此相助，规模尽不妨简陋，培养得一人才，他日即得一人才之用，不当专重外面一般条例言。"艾维深然之。谓愿出力以待他日新机会之不断来临。乃租九龙太子道一楼，供新亚及校外大学毕业后有志续求进修者数人之用。新亚诸教授则随宜作指导，是为新亚研究所最先之筹办。时为一九五三年之秋。

是年初秋，余胃病又发。初在成都华西坝患十二指肠溃疡，直至到无锡江南大学始渐愈。至是，又剧发。经常州中学旧同学费保彦子彬诊治。子彬乃武进孟河世医，曾义务为新亚校医，历年师生病，多经其诊治。余病稍愈，遂移住太子道研究所，经某西医调理，并日常在太子道九龙塘往返散步，但迁延经久不愈。新亚一女学生，其父亦西医，屡言欲来为余诊治，其家住香港筲箕湾。余告其女，余病已渐愈，路远幸勿来。一日，其父忽至，言非来为余进药，乃特有一言相告。因云：彼在日本学医时，识一日本老人，常相偕远足登山，壮健异常。老人言："汝乃一中国人，何来此学西医。我曾患内脏各部分病，经东京第一流三大医院诊治，皆无效。改服中药，乃有今日。"女父又言：彼今乃于业余兼习中医，然尚无自信。所以特来欲相告者，十二指肠在身体内亦仍有用处，万勿听西医言割去。余深谢之。后其女赴英留学，其父则迁家南美洲，不通音讯，并其姓名亦忘之矣。

一九五四年暑，余又去台北，是年为余之六十岁。台北学人特有一宴集，在座之人分别献杯，余素不能饮，台大校长钱思亮代余饮酒酬答。又应经国先生邀在青潭青年救国团作连续讲演，每周一次，前后凡四讲，讲题为"中国思想通俗讲话"。是为余在台北作有系统讲演之第四次。美琦陪余在每次讲演之前一天下午，赴碧潭一小茶楼，面临潭水，撰写翌晨之讲稿。又是年秋，有章群、何佑森两人赴香港研究所。顷章群任教香港大学，何佑森任教台湾大学，是为新亚研究所最早之第一批。美琦亦于是年暑毕业台北师范大学后，重又赴港。

八

一九五五年秋，余又应教育部之邀去台北。时日本已三度派人来台访问，教育部组团答访，部长张晓峰聘余为团长，凌鸿勋为副，一团共七人，有邓萃英、黄君璧等，去日本凡一月。所至以东京、奈良、京都三地为主。时美国麦克阿瑟驻军始撤，日本初获自由。余等一行所接触日本政、军、商、学各界人士甚不少。言谈间，涉及美国统治往事，每露嗟愤之情。然社会风气已趋向美化，则有不可掩之势。

招待余等之主要人物，即先来访台之人。一前田多门，曾任战时内阁副首相，为主要战犯，与其首相广川在狱中同囚一室。其人与余交谈最密。一日盛会，邀余僻坐，谓日本并非一耶教国家，但近年来，每逢耶诞，贺卡遍飞，各家客厅书房悬挂张贴贺卡，以多为荣。如此风气，前途何堪设想。彼询余蒋总统在大陆提倡"新生活运动"之详情，谓拟组一私人集团，亦在日本作新生活运动之提倡。

但此后则未闻其详。余第二次赴日，适前田拟赴欧洲，在医院检查身体，未能见面。此后即闻其逝世，每常念之。其第二人乃宇野哲人，日本一老汉学家，与余一见如故。第三人乃一科学家，与余接谈最疏，今已忘其名。

其时日本朝野对华态度显分两派，一亲台湾，守旧偏右，尤以昔日侵华主要人物为主。一趋新偏左，则以后起人物为主，倾慕大陆。尤其是青年，都想去中国大陆留学。学界亦分两派，东京偏左，京都偏右，俨成对立。余等游京都附近一名胜桂离宫，一少女在门外收票，随身一册书，勤读不辍。取视，乃东京一名教授在电视播华语之课本。问其何勤读如此，答："为去中国大陆留学作准备。"同行者告以余在香港创办新亚书院，可去留学，既方便，亦可得优待。此女夷然曰："乃香港耶？"竟不续语。

余在京都大学作一公开学术讲演，气氛极融洽。东京大学亦同样有一讲演，一堂济济，然率中年以上人，不见有青年，盖主事者早有安排。一新亚女学生，适亦在东京。余开讲后，忽闯入，满座惶然。待见此女学生先来讲台前向余行礼，知系相识，乃始安然。某夕，在一学术界公开大宴会上，有人发言，谓台湾仅有吴稚晖一人而已。其言辞偏激有如此。

余等初至东京，各大报纸亦不作报导。离去前，郭沫若一行方将自大陆来，各大报大事登载宣传。余等在日本，亦卒未闻有一人曾对往日侵华战役吐露其忏悔惭怍之辞者。此实彼邦自明治维新以来，承先启后，惊天动地一大转变。何以在彼邦人心中乃卒未见有一深刻影响之表现，亦大堪作一问题思考也。其实即此已可见彼邦受西化之影响已深，无怪余此后屡去日本，见其变化日亟，而此行所遭景象，则亦渺不复睹矣。

九

一九五四年秋季，新亚自得雅礼协款，即在嘉林边道租一新校舍，较桂林街旧校舍为大，学生分于嘉林边道及桂林街两处上课。雅礼派郎家恒牧师来作驻港代表。余告以："雅礼派君来，君之任务，雅礼当已交代明白，余不过问。学校事，已先与雅礼约定，一切由学校自主。君来乃学校一客，学校已为君在嘉林边道布置一办公室，君可随时来。双方有事，可就便相商。"家恒唯唯。但数月间，家恒袖来介绍信已三四封。余告家恒："学校聘人必经公议。外间或误会新亚与雅礼之关系，凡来向君有所请托，君宜告彼径向学校接头，俾少曲折。"家恒亦唯唯。

又一日，艾维来告，卢定返美，即为新亚建校舍事多方接洽。顷得福特基金会应允捐款。惟香港不在该基金会协款地区之内，故此事在美惟雅礼，在港惟彼与余两人知之，向外务守秘密，以免为福特基金会增麻烦。余初意拟在郊外觅地，屡出踏看。遇佳处，又因离市区远，各教师往返不便。而大批造教授宿舍，则财力有限，又妨学校之发展。最后乃决定在九龙农圃道，由港政府拨地。建筑事均交沈燕谋一人主持。忽得港政府通知，港督葛量洪不久即退休，在其离港前，盼能参加新亚校舍之奠基典礼。遂提前于一九五六年一月十七日举行新校舍奠基典礼，而建筑则于一九五六年暑后落成迁入。

某日，福特基金会派人来巡视，极表满意。余询其意见。彼谓："全校建筑惟图书馆占地最大，此最值称赏者一。课室次之，各办公室占地最少，而校长办公室更小，此值称赏者二。又闻香港房租贵，今学校只有学生宿舍，无教授宿舍，此值称赏者三。即观此校舍之建设，可想此学校精神及前途之无限。"余曰："君匆促一巡视，而敝校所苦心规划者，君已一一得之，亦大值称赏矣。"

嗣后学校又有第二第三次之兴建，此不详。

一〇

一九五五年春，哈佛雷少华教授来嘉林边道访余，沈燕谋在旁任翻译。余谈新亚创校经过，谓斯校之创，非为同人谋啖饭地，乃为将来新中国培育继起人才，雷少华极表赞许。余谓："惟其如此，故学校规模虽小，同时已创办了一研究所。科学经济等部分优秀学生，可以出国深造，惟有关中国自己文化传统文学、哲学、历史诸门，非由中国人自己尽责不可。派送国外，与中国人自己理想不合，恐对自己国家之贡献不多。惟本校研究所规模未立，仍求扩大。"雷少华提声道是，谓："君有此志，愿闻其详，哈佛燕京社或可协款补助。"余言："新亚同人对原有研究所只尽义务，未受薪水。依香港最近情势，大学毕业生即须独立营生，故办研究所，首需为研究生解决生活，供以奖学金。以当前港地生活计，一人或一夫一妇之最低生活，非港币三百元，不得安心。正式创办最先仅可招收研究生五六人，此下再相机逐年增添。"雷少华谓此款当由哈燕社一力帮助，君可放手办去。余谓尚有第二条件，雷默然良久，问复有何条件。余答："办研究所更要者在书籍，前两年日本有大批中国书籍可购，新亚无经费，失此机会，但此下尚可在香港络续购置，惟已无大批廉价书可得。"雷谓此事诚重要，哈燕社亦当尽力相助。余又谓尚有第三条件，雷甚表诧异之色，谓更再有第三条件耶？君试再续言之。余谓："新亚办此研究所，由哈燕社出款，一切实际进行则新亚自有主张，但须逐年向哈燕社作一成绩报告，始获心安。故创办此研究所后，即宜出一学报，专载研究所指导同人及研究生之最近著作与研究论文，可使外界知此研究所之精神所在，亦为全世界汉学研究添一生力军，亦即为哈燕社作报告。此事需款不巨，但为督促此一研究所向前求进，亦不可缺。"雷频频点首，告余："君可照此三项具体作一预算，当携返哈佛作决议。"是晨十时起，谈至十二时，余偕燕谋在街上一小餐店与雷少华同膳而别。

新亚已先得亚洲协会之助，即在太子道租一层楼，作办研究所之用。但艾维不久即离亚洲协会，此事遂无发展。至是，始为新亚创办研究所之正式开始。

新亚研究所在先不经考试，只由面谈，即许参加。或则暂留一年或两年即离去，或则长留在所。自获哈燕社协款，始正式招生。不限新亚毕业，其他大学毕业生均得报名应考。又聘港大刘百闵、罗香林、饶宗颐三人为所外考试委员，又请香港教育司派员监考。录取后修业两年，仍须所外考试委员阅卷口试，始获毕业。择优留所作研究员，有至十年以上者。

哈佛燕京社先于一九五四年，来函邀请新亚选派一年轻教师，在三十五岁以下者，赴哈佛访问。询之港大，并无此事，乃知在港惟新亚一校获此邀请。以新亚教师无年轻合格者，姑以年长者一人亦曾留学美国者，商其同意应之。哈佛以不符条件，拒不纳。翌年，又来函邀，遂以新亚第一届毕业留为研究生者余英时以助教名义派送前往。一年期满又获延长一年。又改请加入哈佛研究院攻读博士学位。毕业后，留校任教。是为新亚研究所派赴国外留学之第一人。后又续派研究所何佑森、罗球庆、孙国栋等赴哈佛访问。

又一年，美国西雅图大学德籍教授某君来新亚，已忘其名。告余，怂新亚派学生赴彼校研究所，可获优遇。遂派余秉权前往。任萧公权助教，得该校学位后，归港任教港大中文系。嗣又赴美任某资料中心主任，出版及宣扬华文书籍亦历有年矣。此后新亚研究所及大学部学生远赴美欧及日本各国游学及任职者，不胜缕举。

余离大陆前一年，有新任苏州城防司令孙鼎宸，来余家相访。其人忠厚诚朴，极富书生味。告余，彼系青年军出身，在军中不断诵读中国史书，对吕思勉先生所著，玩诵尤勤。对余书，亦有研玩。有所询问，备见其用心之勤。时国内风声日紧，余与彼曾屡有往来。余只身赴广州，以家事相托，恳其随时照顾。及新亚书院创始，鼎宸亦举家来港。新亚在桂林街创办学术讲座，鼎宸每周必来听。后遂将当时历次讲稿编为《新亚学术讲座》一书，是为新亚正式有出版之第一书。新亚研究所正式成立，鼎宸亦来所学习。余曾嘱其编《中国兵制史》一书，由张晓峰代为在台北出版，亦为新亚研究所诸生正式出书之第一部。

鼎宸岳母乃山东主席王耀武之母，某年卒，余夫妇赴其家吊唁，此为余至鼎宸家之第一次。乃知鼎宸来港，本顶有一层楼，因日用不给，将此楼诸室络续出租，仅留沿街一廊有檐有窗，自供居住。仅一床，供其岳母卧宿。鼎宸夫妇则睡行军床，晨起则拆去，为一家饮膳起居及鼎宸读书之所。余初不知其生活之清苦有如此，而勤学不辍，绝未有一言半辞吐露其艰困。乃大敬之。亦新亚艰困中所特有之一例也。

后因其女留学加拿大有成，鼎宸夫妇随去。余八十之年，鼎宸曾编有余历年著作论文一目录，搜罗极详，编次极谨。亦见其虽身在国外，勤奋犹昔，年近七十，而能不忘故旧一如往年有如此。

一七　新亚书院　（三）

一

新亚既得雅礼方面协助其常年费，又为代募款建筑一新校舍，继之续获哈佛燕京社协助研究所费用，一时困难解决。此两事，香港政府亦早预知。惟大陆变后，香港私立大学一时崛兴不止七八所之多。港政府既不禁止，亦不补助。新亚独得美方协款，香港教育司高诗雅及港大林仰山教授献议，港督葛量洪在香港大学一九五五年之毕业典礼上，授余名誉博士学位。以前港大曾对胡适之及其他中国人一两位有此赠予，然事隔已久。余此事一时哄传。不一年，又得余结婚消息。群传余在短短数年内，一得雅礼、哈佛协款，一得港大学位，一新婚，三大喜庆，接踵而至，为当时大批避难来港人士中所未有。

余妻胡美琦，江西南昌人。先曾在厦门大学肄业一年，其父家凤秀松，曾长赣政。一九四九年，阖家避难来港，美琦亦由厦门来。无锡同乡丁熊照邀宴，余赴席，适秀公亦至。客未集，余与秀公遂在丁家屋顶露天占一桌对坐长谈。及邀进屋，有一客曾任上海市警务，主人请其上坐，续邀秀公为次坐，秀公坚让余。余谓其他一切不论，即序齿，余亦当陪下坐。且主人与余为同乡，又同居港九，闻公不久当去台北，乃过客，义无可让。秀公坚不坐，推挽四五番，今已不记究系何人坐了第二席。只忆与秀公骈肩坐，继续长谈不止，旁席作何语，皆已不复记及。此为余与秀公之初次见面。不数日，美琦即来投考新亚。

一九五〇年暑秀公家迁台北，美琦独留港寄居熊式辉天翼家。天翼任江西省主席聘秀公为秘书长。抗战胜利后，天翼出任东北行辕长官，秀公又为其秘书长。一日，天翼忽来桂林街新亚相访，坐余卧室内长谈。随来一副官，立门外，天翼久坐不去，余对此副官亦无法招待。

美琦在新亚就读仅一年，亦去台北。及余在台北惊声堂受伤，卧病于中心诊所，时美琦服务于台中师范之图书馆，特告假来台北视余病。余出院，转赴台中休养，美琦遂于每日下午图书馆服务公毕后来护侍。留同晚餐而去。星期日来，则同去台中公园散步，如是为常。暑后，美琦转学台北师范学院，即此后之师范大学。一九五四年暑毕业后又来港，遂又得日常相见。美琦以余胃疾时发，久不愈，学校事烦，一人住校饮食不宜，乃慨允余缔婚之请。于九龙钻石山贫民窟租一小楼，两房一厅，面积皆甚小。厅为客室兼书室，一房为卧室，一房贮杂物，置一小桌，兼为餐室。婚礼在九龙亚皆老街更生俱乐部举行，仅新亚同事眷属共十余人参加。时为一九五六年一月三十日。香港大学为余再版《先秦诸子系年》，余亲任校对，积年有增订稿数十处，尤需精思详定，胥在新婚后书室中赶工完成，每达深夜。惟每日傍晚则必两人下楼同赴近宅田塍散步一小时，日以为常。

美琦为其父秀公每期其出国留学，不忍终背父志，而余则婚后体况转佳，遂于一九五八年一月一人赴美，在加州柏克莱大学进教育研究院。留学一年，卒以念余一人居家不便，乃又中途辍学归。美琦告余："在加州一年，始知自己兴趣终偏向在本国传统方面，不如归来自己修习。再多留，徒为获得一学位外，别无意义。"

二

余因得刘百闵介绍，获识陈士文。士文毕业于杭州艺专，赴法专习西画。归国后执教于其母校。时亦避难闲居在港，其家亦在钻石山旁。一日，余告以："新亚拟创办一艺术系，以教授中画为主，西画为副。惟无固定之经费，拟照新亚初创时，授课者仅拿钟点费，不能与他系同仁同样待遇，不知君肯任此事否？"士文云："愿供奔走。"先商得其老友丁衍庸同意，再与吴子深相商。子深与余素识，及余偕士文往访，或因其曾在苏州自办一艺术专科学校，新亚欲办此系而不聘彼任系主任之职，彼乃坚拒。余意此事须费大辛劳，故仅请其授课不敢以种种杂事相烦。彼既坚拒，遂亦不再相强。

又转访顾青瑶女士。青瑶亦在港开门授徒。告余，倪钱夫人有意学画，彼愿尽力传授。学校上课，彼殊无意。

余与青瑶初次相识，彼未露坚拒意，余遂告以："蒙许余妻登门学画，特先致谢意。余妻正拟赴美进修，俟其归，当偕其同来谒师。惟仍恳能来校任课。"青瑶答："今年授课时间已排满，明年决当来。"青瑶有女弟子荣卓亚，乃德生之女，有一私家车，允亲送其师来校，因亦请其随同授课。嗣又请得张碧寒，乃上海张园主人，亦在港，与青瑶亦相稔。又请得其他数人，山水花鸟虫鱼人物各有专长，阵容整齐。

一日，余告董事会，有一报告但非议案不必讨论。学校拟创办一艺术系，以经费困难，下学期学校先添设一二年制艺术专修科。仅求在学校中划出教室及办公室两间。教师已多洽聘，但如本校初创时例，只致送钟点费，学校不烦另筹经费。俟艺术专修科获得社会之认可，相机再改办艺术系。诸董事皆默无语。此后有一董事，美国人，屡向余作戏言，云"此乃报告，非议案。"以艺术系初办，即获美誉，故彼常忆及往事也。

艺术专修科创始于一九五七年二月，又得侨港珍藏名画者三四人，各愿暂借其所藏，合得四十件左右，暑假期间由新亚开一展览会。一时观者络绎，港督亦特来参观。其后艺术专修科师生又举行一次作品联展，颇获佳誉。此项展览品后由雅礼协会赞助运往美国，在美国各地巡回展览，亦得美誉。其有助于此后正式成立艺术系为力亦甚大。一九五九年秋，雅礼协会又增加协款，正式添设一艺术系。但教师待遇则仍不平等。

余因艺术系与其他各系同样招考，有不合资格应考，而有志学国画者，多被拒门外。遂于假期内开设一补习班。并同时开一展览会，展出学期中诸师生近作。社会观众瞻其成绩，竞来报名，学校即以补习班所得学费，补贴艺术系各教师，聊济薪水之微薄。

士文为人朴忠，又谦和，质讷无华，不喜交际应酬。而艺术系一切杂务均由其一人任之。溥心畬、赵无极等来港，均邀在系中特开讲座。又王季迁自美来港，亦在艺术系开课一年。季迁后又曾专任并兼系务。皆士文一人接洽之。及罗维德来校任雅礼代表，其夫人亦在艺术系学习中国画。而美琦则自美返港后，即亲赴青瑶家习画。每去必整半天，甚感兴趣。台北师大教授金勤伯来港，艺术系亦请其任课。美琦亦向勤伯习画。及余家迁台北，勤伯亦在台，美琦又从学有年。余对提倡中国艺术，本早具此意。桂林街初创校时，俞振飞尚滞港，余曾与接洽，拟聘其来校教昆曲。振飞已允，并曾来校讲演，但不一年终返大陆，未能留港。新亚成立艺术系后，乃又于课外添国乐团，有古琴古筝二胡箫笛之传习。又先设有国剧团，先后有两女学生善唱，曾在校中演出平剧两次。此皆新亚在艰辛中，兼具娱乐精神之一种收获也。

三

雅礼驻新亚之代表，初派郎家恒。一九五八年暑改派罗维德来作代表。罗维德乃耶鲁大学之宗教总监，又任耶鲁大学皮尔逊学院院长。其在耶鲁德高望重。年老退休，雅礼乃请其来港任驻新亚之代表。

一日，罗维德语余，若新亚更求发展，似宜添设理学院，但不知余意云何。余云："余亦久有此意，惟需经费甚钜，不敢向雅礼轻易提出。今君亦同具此意，大佳。但物理化学诸系，须先办实验室，俟物理仪器化学药品粗备，始可正式开办，免来学者虚费岁月。当先开设数学系，次及生物系，只需购置显微镜等少数几项应用仪器即可。"时适耶鲁有理学院某教授赴菲律宾，为其某大学部署理学院研究所，罗维德遂邀其迁道来港，为新亚设计，以最低款筹备物理化学等实验室。而数学、生物两系，则率先创设。时为一九五九年秋。隔一年，始正式添物理化学系。若非罗维德来港，新亚理学院恐不能如此顺利创办。

其时香港政府忽有意于其原有之香港大学外，另立一大学。先择定崇基、联合与新亚三校为其基本学院，此后其他私立学院，凡办有成绩者，均得络续加入。崇基乃一教会学院，经济由美国各教会支持，创办后于新亚。联合书院乃由亚洲基金会出资，集合其他私立学院中之五所组成。因新亚已得雅礼、哈佛协助，亚洲基金会遂改而支持此五校。凡此崇基、联合、新亚三校，皆得美国方面协助，港政府似乎意有不安，乃有此创办一新大学之动议。崇基、联合均同意，新亚同人则多持异见。余意新亚最大贡献在提供了早期大批青年难民之就学机会。今则时局渐定，此种需要已失去。而新亚毕业生，非得港政府承认新亚之大学地位，离校谋事，极难得较佳位置。傥香港大学外，港政府重有第二大学，则新亚毕业生出路更窄。此其一。又国内学人及新起者，散布台、港、美、欧各地日有加，傥香港再增办一大学，教师薪额一比港大。此后络续向各地延聘教师，亦可藉此为国储才。香港政府所发薪金，亦取之港地居民之税收。以中国人钱，为中国养才，受之何愧。此其二。三则办一大学，当如育一婴孩，须求其逐年长大。而新亚自得雅礼哈佛协款，各方误解，欲求再得其他方面之大量补助，事大不易。必求一校独自发展，余已无此力量与信心。抑且余精力日衰，日间为校务繁忙，夜间仍自研读写作，已难兼顾。亦当自量才性所近，减少工作，庶亦于己无愧。而香港政府意，则实以新亚参加为其创办新大学一主要条件。余以此事告罗维德，彼极表赞同，更不发一语致疑问。余谓学校内部会议，余可负全责。遇学校与港政府磋商，君肯任学校代表，不惮奔走之劳否。彼亦慨允。

一日，港政府送来一创办新大学之纲领，凡二十余款，嘱各校参加意见。新亚特开一会议，逐款加以改定者，逾三之二。但港政府亦不坚持，率从所改。又一日，余偕同事四五人赴教育司应邀谈话，罗维德亦同往。时高诗雅已退休，毛勤接任，手持一纸，列五六条，起立发言。先述第一条，辞未毕，余起立告毛勤："能有几分钟许余先有申述否？"毛勤允之。余发言毕，再请毛勤讲话。毛勤谓：

"尊意未尽，尽可续言，于今日之会有益无损。"余遂继续发言，再让毛勤。毛勤又言："君尽畅所欲言，勿作存留。"余再继续发言。自上午十一时开会，壁上挂钟打十二响，余告愧憾。毛勤谓："今日畅聆君言，极所惬意。惟有一事乞愿谅。港政府为成立新大学事，亦特组织一会。我居此位，特转达政府公意，非私人有所主张。今晨聆钱先生言，当转告政府，俟下次再商。"遂散会。是夜，新亚在市区有酒会，罗维德告美琦，今日钱先生有一伟大令人敬佩之表现。席散，美琦询余，乃以午间教育司开会事告之。

罗维德驻新亚一年，回雅礼，由萧约继任，在卢定来港时，即与余相识。其人久居中国，又娶一中国太太，离大陆后，居港写作亦已多年。与港政府人多相熟，时以新亚意与港府意彼此传递，为助亦大。港政府又特自伦敦聘富尔敦来，为创建新大学事，与三校磋商。富尔敦力赞新亚研究所之成绩，谓："当保留此研究所，成为将来新大学成立后之第一研究所，一任新亚主办。"并将此意写入新大学创建法规中，俾成定案。余与谈及新校长人选，余主由中国人任之。富尔敦谓："先聘一英国人任首任校长，再由中国人继任，或于实际情势较适。"未细谈而罢。

四

一九五九年秋，余得耶鲁大学来信，邀余去在其东方研究系讲学半年。余以新亚事烦，适桂林街旧同事吴士选俊升自国民政府教育部次长退职去美，余邀请其来新亚任副院长，余离港可暂代校务。毛勤告余："吴君曾任台湾政府教育部次长职，彼来新亚，似有不便，港政府将拒其入境。"余问毛勤："在英国是否有从政界退职转入学校任教之例？今吴君已正式从国民政府退职，转来新亚，有何不便？"毛勤言辞趑趄，谓："新亚聘人易，君何必选走一限途？"余谓："港政府傥有正当理由告余，余自可改计。倘并无正当理由，何乃坚拒余请？"毛勤通粤语，并亦略读中国书，彼谓："君心如石，不可转也。只有仍待港政府作最后决定。"

一日，萧约特来告余："私闻港政府中人语，新亚申请吴君入境，颇惧大陆忽提抗议，横生波折。顷港督休假离港，不三日即返，专待其最后一言。万一坚拒新亚之请，岂不对新亚颜面有关。不如暂撤所请，再俟他日从长商榷。"余谓："既只须再待三数日，余必俟港督返，听其作最后之决定。"及港督返，语其部下："我们且勉从新亚此一请，他日复有此等事，再作详商。"翌晨，毛勤一早来新亚，入余室，即连声恭喜，谓："港督已允吴君入境，并已直接通知纽约英国领事馆，嘱其就近转达吴君，俾可即速治装。"毛勤又谓："君为此事延迟美国之行，顷吴君不日可来港，君亦可整备行装矣。"

又一日，毛勤来告，彼于明年夏须退休返英伦，余将去美国，特先来辞行。彼又谓："英国乃民主政治，于反对方面意见，亦知尊重。君坚持己见，一次不见从，尽可再次提出，幸勿介意。"

毛勤又于年前向余提议，由新亚来创办一中文中学，可作港九中文中学之榜样。嘱余先选定一地，香港政府可无条件拨付。校舍图样绘就，建筑经费新亚只需担任其十分之一，其余十分之九，全由港政府负担。将来此中学之常年经费，教育司当担任其百分之八十，而内部用人行政，则全由新亚作主，教育司决不干预。余遂于九龙近郊荃湾择定一地，距市区不远，而隔绝烦嚣，可全不受市区之影响。其地背负山，南面距海亦近，可遥望，地极宽敞。惟须待港政府先在该区四围筑路，再于路面下安装自来水电灯各线。余并聘定台北沈亦珍来任校长。亦珍特来港一行，同去踏看新校舍之地址。一切端倪粗定，忽港政府创设新大学之动议起，余为此事，各方商谈，极费曲折，遂将中学事搁置。及毛勤去职，亦未目睹其成。

余自办新亚，与香港教育司时有接触。前为高诗雅，继任者为毛勤。而高诗雅任职时，毛勤即为之副。故余与毛勤交接为特多。高毛两人皆久居港地，通达中国社会人情，对余皆具礼貌。及中文大学成立，特授高诗雅以名誉博士学位。高诗雅来港接受学位时致辞，特纪念及余与新亚之往事。余时已离港来台，有人特转送其演讲辞于余。余初不通英语，居大陆时，与外国人交涉极少，不谓在香港交接得许多美国英国人。至今不胜驰溯。亦余生平师友中所难忘之几人也。

一八　新亚书院　（四）

一

吴士选既来，余夫妇遂成行。时为一九六〇年一月十八日。第一站为日本东京，初拟在东京小住一两日即转游日本各地名胜。乃抵站，即有数十人在机场守候。盖亚细亚大学有驻新亚专员，先以消息透露。并已预为排定余在东京数日之节目，亚细亚大学又派一女士来陪美琦出游。亚细亚大学校长为太田耕造，留学英国，曾任文部省大臣，亦战犯之一。某年来港访余，谓其在狱中专诵《左传》。余赠以《中国历史精神》一册，彼读后告余："未见有以如此见解，如此议论，来作反对西方共产主义思想之根据者。"因告余，彼方筹备成立亚细亚大学，拟每年派送两学生来新亚肄业，盼新亚亦能派两学生去作为交换，余允之。逮余初次去日本，太田屡来旅邸晤谈。太田乘公共汽车来，余送之出门，唤旅邸一车请其乘坐，太田坚不允，仍乘公共汽车返。又邀余赴其家午餐，家无佣仆，其子应门，其妻献茶。及午餐，仅太田与余及一译人同席。其妻在厨房，送茶至餐室一墙洞中，太田自取之。余云："何不请夫人及公子共餐？"太田谓："日本无此规矩。傥他年先生与夫人同来，必夫妇相陪。"某日下午，余在亚细亚大学讲演，大意谓，中国一"人"字观念，西方无之。如称中国人、日本人、英国人、美国人，即见为同是"人"。而西方语言不如是说。讲后，太田谓："先生此讲演，恨不能使更多人闻之。"盖太田亦知余之所讲，乃有感于中日战争而发焉。是日晚太田夫妇在一酒家设盛宴，盖践往年之宿约也。美琦与其夫人交谈，乃知其出身教会学校，能操英语。余往年在其家，其夫人端茶献菜，执礼甚恭，俨如一佣妇，绝不带丝毫新女性之风范，其谨守传统礼教，良亦可佩。然此乃余两度去日本之所见。此后又屡去，社会经济日繁荣，而此等景况则渐已少见。日本慕效西化，其武力外侵，我国家已深受其害。迨其工商业日发展向上，而一般人生之风教礼俗则日见腐蚀，此亦堪供我国借镜之另一面也。余第三次赴日，太田已退休，又特来旅店相访，亦可称乃余日本一友。

余夫妇曾抽空乘夜车赴箱根，宿一宵。在日本共住六日，即赴夏威夷。预定停留三天，罗维德已先通知其友在机场接候。其友乃岛上一教会中学之校长，陪余夫妇午餐后，即送至其所预定之旅馆。是日下午即出游，翌晨，在旅馆晨餐，餐室中见一老妇，孤寂独餐，见室中惟余夫妇为中国人，颇若欲相语，乃双方终未一接谈。是晚，该教会中学校长夫妇在正开音乐会之大酒店邀宴。旅店中所遇老妇亦同席，见余夫妇，欣喜难状。谓今夕主人乃彼之子媳，而余夫妇又为今晚之上宾，不谓竟有此奇遇。席散，余夫妇先辞归。有一客在旅馆楼下客室相候，余夫妇遂留坐相谈。不久，门外车声，校长陪其母进内，至室旁电梯门口，拥抱相吻道晚安，其母一人独登电梯。其媳则在门外车中，亦未同送其母进旅店。翌晨，余夫妇早餐时，又与此老妇在餐厅相值。告以当日下午即离去。老妇言，与子久别已五六年，此次特自纽约来，已一周，但其子尚须邀其去家中叙一餐，故得再留三四日。余念其子任中学校长职，其家宁不能空出一榻，邀其母同住家中，获一旬之欢聚。而其母孤居旅店，与余夫妇谈话中，若有无限欣喜，不能掬心肺而倾吐。余初履美国国土，即窥见美国家庭情况之一斑，亦深留心坎不能忘。

离夏威夷抵旧金山，即换机飞纽约。罗维德已先在机场相候。同进早餐后，即同去纽海文。沿途积雪，为余十许年来所未睹。心恨此行来已晚，或许冬雪已过，蹉失此佳景。不谓此后大雪纷飞，尚有两月之期。抵纽海文，学校已为预留一寓所，乃专供访问教授居住。与耶鲁副校长同宅。一楼三层，余寓在底层之左侧。右侧及楼上两层，副校长夫妇及其两女居之。余寓则占全楼六之一，一卧室，一书房兼客厅餐室三用，厨房亦在内，另一浴室。余夫妇抵寓所，即见厨房柜中瓶装各色中国佐膳食品，冬菇虾米油盐酱醋等一二十种。初不知何人来此先为布置，后知乃由新亚同事王佶王宁之妹，夏道泰夫人所置。初履异国，备感温情。夏道泰夫妇本同在耶鲁语言学校任教，时已辞职，不久即去华盛顿国会图书馆任职。

二

余之此来，自念为外国学生讲中国学问，不烦多有准备。拟两计划，一则补读英文，又一则写《论语新解》一书，忙碌数日，余夫妇即抽空去附近一书肆浏览，选购《现代历史哲学》一小书，乃汇集最近代西方人讨论史学各篇合成。归即启读。适陈伯庄来。伯庄先余来美，有意翻译美国各大学社会学名教授著作，各择其代表作一部，编一丛书。来美商取各教授之同意。彼毕业耶鲁，来母校访问，顺道来余寓。见余桌上此书，谓："此乃美国最近畅销书，兄何亦读此。"余闻言大喜，谓："余购此书，初不知有此巧值。"伯庄又告余，编译事均已商妥，雅礼并愿增款为新亚下学年添设一社会系，以便伯庄物色新人共襄译事。余告伯庄："开系增款，由余在此商其细节，君归尽可物色新人，勿有他虑。"及夏，忽闻伯庄染病进医院竟不起。良友永诀，未获一面，伤悼无已。及余归，乃闻伯庄生前仍愿以社会学课程隶属哲学系，不欲为彼另增新系。其谦和敦厚之精神又如此，更增哀思。后美国汇来一款协助其编译事，余以原计划人已逝世，将原款退回。

余读先购《现代历史哲学》一书毕，又续购英译本希腊哲学数册。但觉读哲学不如读史学书之易。又念读中文译本亦可得其大意。晚年进学宜有深入，不宜漫求。遂决意开始写《论语新解》。新亚在桂林街早期，余曾开《论语》一课，逐章逐句讲解。沈燕谋偕其一女来旁听。燕谋并携带美国最新一部《论语》译本，告余："听讲后当与此书比读，遇其有误解处，逐条记下，将来作一长函告原译者，嘱其斟酌改定。"待听了一月，燕谋又告余："只听一月，英译本出入太多，君所讲亦与朱子《集注》有不同，君当另撰一书，以供国人广泛阅读。并当译作英文本传之西方。"余遂有意撰写《新解》。初用纯粹白话为广流布。唐君毅有一女，尚在小学，读余稿，亦云能解。王道取去刊在其《人生杂志》中。但不久，余后悔，用纯粹白话对《论语》原义极难表达其深处。且此书成，亦仅堪供高中优秀生及大学生诵读。幼年学童，求其了解《论语》亦不易。遂决心改写，而新亚杂务纷烦，乃竟搁置。迄今已将十年，乘在此间有近半年闲暇，将此书草速成一初稿，以便返港后再续加改定。行箧中携有程树德《论语集释》一书，日夕翻诵。姑从以前先成稿继续写下，逐日成几章，此外再不作他务。及写毕全书，再从头细改旧稿。幸离纽海文前，全稿粗完，积十年来之心念，竟在远旅异邦中获偿宿愿，亦余终生所未有也。

余在耶鲁授课两门，分昼夜上堂。有美籍学生三人，加拿大籍女生一人，一中国人从其他研究班来堂听讲。而在耶鲁服务之中国人来旁听者，则十许人，多半皆耶鲁语言学校之教师。李田意为同系教授，随堂作义务翻译，余更可随意发挥，畅所欲宣。余寓所距研究大楼近，仅隔一旷场，闻钟声出门，到教室则听者方集，可不误时。此加拿大女生颇诵英文著作有关宋代理学方面者，略通中文，课后发问，亦颇有思路。数年后，忽来书，求进新亚研究所。余以新亚有耶鲁来教初年级英文者四人，一时无其他安置，告以免学宿费外，需自筹在港之生活费。彼竟未来，亦一憾事。

余喜作乡间游。有耶鲁语言学校教师万荣芳女士，亦来余课堂听讲，星六下午或星期日上午，必驾车来余寓，载余夫妇同去附近超级市场购食物用品等，每次择一新处，藉此遍游附近四乡。大抵尽半日程而回。有一湖，四围栽杨柳树，最具中国情调。滨湖一咖啡馆，仅过路车辆在此小憩。惟闻星六之晚，乃有附近居民大群来此跳舞。余等遍游纽海文近郊，惟此处所留印象最深。荣芳又曾陪余夫妇去近郊西山观赏红叶，亦与此湖同具中国情调。而西山则屡去不一去。又到其他公园，则多栽一种花，色彩缤纷，而总觉单调，宜游览不宜坐赏。大抵各地流动皆佳，一处停留则少味。

吴讷孙在耶鲁艺术系任教，彼于附近买一山地，面积甚广，有一池，乱石错耸。夫妇自盖小屋一所。余尤喜前往。其他西式庭院，率整洁，无野趣。诸教授晨赴学校，晚始归。余寓所前大旷地，即教授停车处。子女亦多上学，主妇枯寂，非有正常职业亦多兼社会活动。惟星六下午乃阖家团聚，星期日上午每赴附近公园野餐作半日游。别人告余，美国家庭多自城市迁乡村。实则虽乡居仍以每日赴城市工作为主。其乡居院中花草，屋内修理，亦多自任其劳，难有闲暇。

星六之晚则相约餐叙，余夫妇居纽海文五月余周末常有餐约，有预约在一月之后者。每赴一家，往往有客室，无书斋。或有书斋，多甚小。日常研究书籍都放在学校研究室，故虽寒暑假，亦仍每日赴学校工作。而厨房则较宽大讲究，因乃女主人整日活动之所在。美籍主人邀宴，必备中国茶。饭后问，喜茶抑喜咖啡。余必答咖啡。主人每诧问："先生亦爱咖啡乎？"余答："君等去中国宜饮茶，余来此则宜习饮咖啡。以各从其主为佳。"彼等皆颔首。

实则饮茶必宜多有闲暇工夫，与饮咖啡不同。城市中咖啡馆每有在柜前立饮而去者，饮茶则宜闲情品赏，非仅为解渴。西式餐宴亦无闲情。饮酒亦各取所需，各尽其量，无中国味。餐叙在西俗亦算一闲，但余以中国人目光视之，则仍是一忙。读其报章，连得两三日假期，公路上必多车祸。盖假期长，在彼俗则仍增一忙耳。傥获半载一年长期休假，则或作出国旅行，仍是换一新忙。闲居则似非美国人所惯。

罗维德返美后仍在雅礼协会服务。办公室中放一沙发，午饭后小作休息，亦不回家。余夫妇一日傍晚至其家，仅夫人应门。余偶问："何以先生尚未归？"其夫人再三解释。余始悟失言。盖丈夫过时不归，乃犯彼俗大忌。然老夫人长日孤寂，其生活亦良可念矣。其家子女分在各地，岁时来省亲，举家欢乐。每人既各有所务，则小家庭自较适。

艾侃乃耶鲁毕业生，雅礼协会派来新亚任教，在港两年。余赴美前半年，艾侃每星期必来余寓一次，余尤与相稔。时艾侃已返美，假中远道来访，余直言何不回家省亲，乃来此。艾侃言，已曾回家。余问："数十年前常闻人言，美俗迟婚，时中国多早婚，每奉以为戒。君去香港，当知今中国人亦尚迟婚，男年三十，女年二十四五，犹多未婚嫁者。君今年未达三十，亦似急求婚配，何也？"彼言："只身归，父母仍以儿子视我。成婚后，夫妇同归，父母乃以客礼相待。故今只身返家，转滋不安。既有职业，自该议婚。"余始知情随俗变有如此。又彼有一祖父颇富有，一人居南部，三世单传，乃互不相顾。余戏言："若他日得祖父遗产，纵非大富，亦成小富。"彼言："祖父长年有一护士相伴，遗产事，即我父母亦未计及，我又何论。"余因念，傥美国亦推行中国大家庭制度，祖孙同居，则艾侃之父决不会自营一油漆工厂，而艾侃亦不致大学毕业即汲汲自谋职业，自求成家。人生复杂，牵一发动全身有如此。

　　余暑期去支加哥，曾蒙友人邀宴于其市上一著名牛肉馆。适逢大批大学女学生暑假来餐馆服务。两女学生在旁侍奉，为余割切牛排。中国学生留学彼邦，假期工作亦到处可见。惟当时在台港两地，则绝所少有。又去华盛顿，租住一美国人家，每晨见少年儿童五六人在四邻送报纸。宅主告余，此等皆参众两院议员之子，以假期赚外快。此亦中国所难见。则美国全国家庭，不论男女老幼，全忙于工作赚钱，亦据此可知。今日吾国人方竞慕美国社会之工商实业，而又常言文化传统，家庭伦理，企新恋旧，恐非经深长考虑，得有会通，不易两美俱全也。

美国人过的是忙碌人生，因此颇知重视时间。有人来余寓，必先通电话，言明需谈话多少时间，短则一刻钟，长则半小时，到时即离去。所谈皆属事务，少涉人情。美国人事多情少。尝读报端一论文，谓各人晨出晚归，各拥有私家车，绝少坐公共汽车，毗邻之家，无一面一语之机缘。故美国人对其居住之四围，乃一环境，无情可言。非如中国人，可视为亦即其生活之园地也。余亦为忙于撰述，不读其全国性报纸，仅读其地方报，篇幅亦八张三十二面。但多地方琐事，少全国性新闻，世界性新闻更少刊登。后得一经验，每一披阅，注意分类之后幅，或值有余地，即羼入一条不相干者，却正是有重要性之世界新闻。可证美国人对其外围世界情势亦未有多大兴趣。"各人自扫门前雪，莫管他人瓦上霜"，亦庶近似。

三

学期中，哈佛来邀去作学术演讲。晤雷少华，亲谢其对新亚研究所之协助。雷少华谓："哈佛得新亚一余英时，价值胜哈佛赠款之上多矣，何言谢。"英时自去哈佛两年，转请入研究所读学位，获杨联陞指导，成绩称优，时尚在校。联陞浙籍，肄业保定某中学，其师缪钺彦威爱其才，嫁以一妹。余在遵义浙江大学识彦威。及在江南大学，彦威在蜀，以书招之。彦威为侍老母，惮远行，未受聘。顷闻其至今仍留蜀。联陞则毕业清华，留学哈佛，留校任教授职。自哈佛协款新亚，联陞屡来港，时有接洽。对余及新亚研究所助益良多。

余去哈佛，在其东方学研究所作讲演，讲题为"人与学"，由联陞任翻译。余时正撰写《论语新解》一书，故讲演皆从《论语》中发挥。并述及中西为学之不同。举宋代欧阳修为例，人人皆知欧阳修乃一文学家，但欧阳修治《易经》，疑《十传》非孔子作，此问题由欧阳修一人首先提出。特撰《易童子问》一书，详论其事。又有与人书，谓从孔子以来，隔一千年，始由其提出此问题。人尽不信，亦无妨。再隔一千年，焉知不有第二个欧阳修出，赞同我说，到时已有两人同主此说。再隔一千年，焉知不有第三个欧阳修出，赞成此说，到时则有三人同主此说。三人为众，我道不孤，此下则信从此说者必更多。但不知只隔几百年，明代即有归有光赞成此说。到今天，余亦赞成此说。而且赞成此说者还多。欧阳修新说距成定论之期已不远。是为欧阳修在经学上一绝大贡献。欧阳修又撰《新唐书》各志，及《新五代史》，其在史学上之贡献，亦属尽人皆知。读其全集，有许多思想言论可以自成一家，则欧阳修亦得称北宋一子。中国学问经、史、子、集四部，欧阳修已一人兼之。其实中国大学者尽如此。中国学问主通不主专，故中国学术界贵"通人"，不贵专家。苟其专在一门上，则其地位即若次一等。后有人告余，此讲演之录音带尚保留在哈佛，彼曾亲去收听过。后余收集历年为文，有关此一论点者，汇集为《中国学术通义》一书。而在哈佛所讲，则未有存稿，并未收集在内。[①]

哈佛燕京社购中国书特多，裘开明在北平燕京大学主其事。余与素识。及余去哈佛，彼正任其图书馆长。亦得相叙。英时父协中及卫挺生皆新亚旧同事，有洪煨莲，燕大同事，皆住剑桥。其他旧识获睹尚伙。有韩国研究生车柱环，余去哈佛前，特携其在哈佛攻读博士学位之论文中文稿，远赴耶鲁访晤求正。后余两度赴韩，皆与相晤。尤为余在韩国相识中所稀遇。

协中家距哈佛不远，余夫妇曾屡去其家饮膳。一日，台湾留学生在剑桥者十余人，群集协中家会余。余知当时台湾留学生在美，大体均抱反政府态度。彼辈一登飞机，即感要踏上自由国土，即为一自由人。而彼辈之所谓自由，即为反政府。见我后，亦一无忌讳，畅所欲言。余告以："久居香港，偶履国土，不谙国情，不能代政府对诸君有所解答，惟亦与诸君同爱国家，同爱民族，与诸君意见稍有不同。"彼辈谓余立场不同，则意见自不同。盖余之持论，仅在政府国家民族之三层次上，彼辈则尚有一"世界观"，更超国家民族之上。彼辈认余站在政府立场，实则

---

① 原编者按：先生后重改写此稿更题名为《学与人》，一九七八年收入《历史与文化论丛》。

彼辈乃站在外国立场，以美国来衡量中国，则一切意见自难相洽。其实来美留学者并非全学政治，远在国外，对国内政情亦难有真切之了解。傥此后彼辈留美服务，又在美成家，并入美国籍，而对祖国仍不忘情，仍多意见。吾政府则对转入外国籍者，仍许其保留中国籍，而更加重视礼遇，或更在一般不兼外国籍之国民之上。今日常有人言，"一家中父子有代沟"。余则谓，"在一国中亦有国沟"。如毛政权尊马恩列史，即国沟之更显然者。此亦吾国家当前一大问题也。

余夫妇在剑桥逗留一星期。接触多，人事忙。临去，协中坚邀余夫妇离纽海文前再往，与彼一家作一星期之畅叙。余夫妇亦允之。遂于离纽海文前，又去剑桥。协中先在一休假胜地租一宅，彼夫妇与二子英时、英华，及余夫妇，共六人同去。其地名已忘。四山抱一湖，山不高，湖不大，而景色幽美。两家或驾游艇徜徉湖上，或在宅外树荫草地闲行闲坐，七日之为况，至今尚留脑际。美国人好活动，中国人好闲散。每好择一静境闲下，把日常心中积存杂念尽放下，尽散去，俨如隐遁世外，过一番神仙生活。美国人从闲散中觅新活动，中国人则于新活动中觅闲散。双方情味大不同。协中夫妇临离港前，余夫妇偕彼两人及其子英华，渡海游大屿山，黑夜登山，宿一古寺中。翌晨归来。协中不忘此游，故邀余夫妇来游此湖。适来者亦仅余两家。余夫妇留美近八月，亦惟此七日最为恬静。今协中已逝世，此湖真如一处之雪泥，而鸿爪则仅留余夫妇之心中矣。今日台湾游览区日益增辟，然每赴一地，游人麇集，率在数百人千人间。只觉一片热闹。求如余一九五〇年初到台湾所游，亦已渺无往日景象可觅。只能活动，难得闲散。美国生活逼人来，亦一无可奈何事也。

四

学期结束，耶鲁特赠余名誉博士学位。在授赠仪式中，耶鲁校长特请李田意以中国语致辞作介绍。据谓乃耶鲁毕业典礼中使用中国语之第一次。

卢定教授曾多次晤面，又屡有餐聚。临离纽海文前，又邀至其家晚餐。餐后闲谈，由田意作译。卢定问："闻君在讲堂告学生，中国史学重人，西方史学重事。人为主，事为从，有之否？"余答："有。"卢定又问："君意固是。但其人必演出历史事件，乃始得成为历史人物，则事亦不当轻。"余答："此乃中西双方历史观念一大不同处。中国史籍分编年、纪事本末与列传三体，但正史则为列传体。其人之所以得成其事，其内情有不尽于其事之内者。如孔子辞鲁司寇，不知孔子其人，则何以知其事。故不详其人，即于其事之前因后果多有所失。而在中国正史中，所载人物有绝未演出所谓历史事件者，且不在少数。故中国正史中女性人物亦特多，为并世史籍中所少见。此乃中国人之历史观念，与其他民族不同。故中国人所认之历史事件，实即包有人生之全部，非专限于政治、经济、军事、外交等事件上。中国历史即一部'人生史'，或说是一部'文化史'。非限于政治。此乃中国自古已然。亦可谓中国史学早已现代化。实可作今日世界史学家之参考。"当时耶鲁文史哲学方面各教授，多注意于余讲堂所讲，此亦一例。

又有柳无忌夫妇，其时不在耶鲁任教，而居住纽海文近郊，常与往来餐聚。余又曾与无忌对弈消遣。无忌夫妇有一女，十足中国传统，孝礼真挚。待人接物亦情礼备至。无忌夫妇极欲获得一中国籍佳婿，而其女则终于嫁了一美国人，其事已在余夫妇离去之后。盖此女自幼即在美长大，已深受美国影响。所交中国青年，宜多半中不西，不如美国青年转为一色纯真。其女既为一性情中人，则宜乎舍此而从彼矣。余夫妇在美期间，所遇中国家庭有外国女婿外国媳妇者不少。其父母翁姑言辞间总露多少不满情绪，此亦一无可奈何事也。

余夫妇留纽海文近六月，所识耶鲁文学院各系诸教授甚多，兹不一一详述。而中国友人，异邦相遇，更觉情谊亲切深厚，非在国内所易得。如李田意，既为余讲堂上作义务翻译，尤其日常相处，余夫妇大小一切事，几乎全由其从旁相助。又万荣芳为余夫妇郊游一密伴。又有一翁太太，乃新亚旧同事翁龄雨之弟媳，已寡居。时亦在耶鲁语言学校任教，亦来余课堂旁听。每逢余上课，彼必携带其所煮红香浓茶装热水瓶中带来。余坐讲台上，有烟可抽，有茶可喝，亦为在国内讲堂上所未有之乐趣。外国教授在研究院课程中，常在讲堂抽烟，然亦绝少兼喝咖啡，则余尤为特例矣。又有朱文长、郅玉汝，乃余在北京大学时老学生。朱文长之妻，则为早期新亚学生。又有黄伯飞，乃在耶鲁新识。余返香港后，曾约聘其来新亚任语言专科主任一年。其他，难一一缕举。每一家必邀余夫妇餐叙，亦多邀中国友人作陪。又多常来余寓作闲谈。余夫妇在耶鲁之一段生活，实是一片热闹，为在国内所未有。临离去，不胜惆怅。余有日记，至今翻阅，真如一场好梦。今则梦虽醒，而梦中情境则仍留心目间。惜不能一一写入笔墨中为恨。

余在耶鲁，雅礼协会开董事会必邀余列席。董事有自远方来，旅邸费皆自付，聚餐费亦各自偿付。惟余一人之餐费则由罗维德或其他人代付。罗维德一日告余，美国虽满地是黄金，张两手谓："惜无法拾取。"雅礼董事之热心公益及其对新亚之衷诚协助，使余永难忘怀。

一九　新亚书院　（五）

一

　　是年七月一日余夫妇离纽海文即去纽约。纽约曾屡去不一去。有一次曾赴哥伦比亚大学为丁龙讲座作讲演。有燕京大学旧同事何廉淬廉，曾为余详述丁龙讲座之来历。谓："美国南北战争时，纽约有某将军，退休后，一人独居。其人性气暴，好诟厉人，凡所用仆，皆不久辞去。有山东华侨丁龙，赴其家受雇，亦不久辞去。后某将军家屋遭火，时无仆人，丁龙忽至。某将军问何以复来，丁龙谓闻将军受困厄，中国孔子教人忠恕之道，特来相助。某将军谓不知君乃一读书人，知古圣人教训。丁龙言，余家积代为农，皆不识字，孔圣人语乃历代口舌相传。由是主仆相处如朋友交。一日，丁龙病，告其主，在此只只身，我衣食所需已蒙照顾，按月薪水所积，病不起，愿回主人。及其卒，某将军乃将丁龙历年薪水，又增巨款，捐赠哥伦比亚大学，特设丁龙讲座。谓，中国有如此人，其文化传统必多可观。此讲座则专供研究中国文化之用。至今不辍。"余前在大陆时，留美学人相识不少，亦多留学哥大者，但从未闻彼等谈及丁龙。新文化运动礼教吃人等议论甚嚣尘上，但丁龙虽不识字，亦可谓受有中国礼教极深之感染者，彼之所作所为，何尝是吃了人。美国人深受感动，特设讲座，为美国大学提倡研究中国文化之首先第一处。国内人则倡言全盘西化，却未注意到丁龙。似乎丁龙其人其事绝不曾在彼辈心意中存留有丝毫影响，斯亦可怪。

余夫妇此次去纽约小住一星期，即转去华盛顿，住旬日。备蒙夏道泰夫妇殷勤招待。代租一住处，并同餐同游，使余夫妇丝毫不觉有在异乡旅游之不便处。又我国驻美大使前北大清华旧同事叶公超邀宴，获见故交新识多人，又去双橡园，并在中美文化协会有讲演。又转去芝加哥，应顾理雅之邀亦在芝加哥大学作一次讲演。顾理雅曾在北平留学，余早与相识。余等之去，本由芝大邀住其宾馆。或人言，"芝大校区左侧有一黑人区，夜间往返市区不便。"遂住市区一青年会馆。此黑人区本由白人居住，忽一家迁出，一黑人家迁入，其他白人遂尽迁出，乃变为黑人区。华籍教授钱存训未迁，余夫妇去其家，乃静适异常。余等在华盛顿，某夕宴会，某君任职大使馆，邀余夫妇席散去其家小坐。或言，"某君家在黑人区"，劝勿往。某君力言无恙，遂去。此区一如芝大侧旁之区，一黑人家迁入，一区白人遂尽迁出。两旁马路极宽大，四围交通亦极便。余等去，两旁电灯通明，而车辆则绝稀，亦备见静谧。纽约亦有黑人区，与华人区毗邻。其他大都市亦皆有黑人区。美国历届总统竞选，黑人必获优待，以期获得其选票。然黑人之政治地位日升，而社会地位低落如旧，黑白界线终难泯除。他日黑人生齿日紧，选票日增，当可竞选任大总统，此亦美国一大隐忧也。

意大利人落籍美国，亦有自成区落之势。犹太人则不闻受此歧视。此乃贫富界线，非关肤色。故日本昔为美国一大敌，今为美国一密友。不计财富，徒论情谊，则或非美国所喜也。

住芝加哥仅四日，即转去三藩市。途中特绕道去大峡谷。余夫妇曾停宿两宵，作畅游。在美国游览，极少人文古迹可资凭吊。如游华盛顿故居，亦仅供游览，甚少供人凭吊瞻仰之设备及部署。仅在市区大马路上，有华盛顿铜像矗立，乃为供人瞻仰者。然在露天大道上，车马络绎，乃为城市增一景色，非备人瞻仰一古迹。惟来大峡谷，乃有美国人势力西侵之种种故事可资联想。然一民族之立国精神岂在此乎？此等精神又乌可长供人留念！徘徊两日，俯仰感慨，有不胜言，亦不能言。亦惟有仅以游览心情过此两日耳。

二

余夫妇抵旧金山，居华人区一旅店，爱其人情风俗，俨如身履国土。新亚同事孙甄陶在此相晤，此后余等住旧金山两星期诸多活动，几全由甄陶代为安排。其子述宇自新亚毕业，就读于耶鲁研究所，攻习英国文学。是夏，进入博士班作研究生。一日，在侨团一茶会上讲演，深赞侨民不忘子女中国语文教育之美德，勉其持续勿懈。加州大学一中国名教授，曾劝华侨既为美国人，当在美国求前途，中国语文之训练应不重要。见余报端讲辞，与其意见相忤，本拟邀赴其家宴聚，因而中辍。美琦前留学加大，曾数次应邀至其家。其夫妇去耶鲁，余夫妇亦邀其家宴。至是遽变。中国人论交重道义，"道不同不相为谋"。似美国风气亦不如此。

张君劢闻余至旧金山，特请人来约期相见。时君劢伤腿未愈，行动不便。余夫妇赴其寓，君劢留晚餐。余问君劢："闻君曾提议国政三大端，有否其事？君尊西方民主，似应返台湾提出，并可向街头宣传。未获同情，亦可锲而不舍，争而不休。今远羁美国，只向政府动议，此仍是中国传统士大夫少数意见高出民众多数意见之上。与君往日参加制宪意态若不同。"君劢未深辩。余夫妇离旧金山前两日，君劢又约在市区茶叙，亦未再提此事。后乃撰文力驳余所持对中国政治传统非君主专制之见解。惜余未见其文，而君劢亦在美逝世矣。

又顾孟余夫妇在加州，美琦留学时，亦曾数赴其家。余与孟余初不相识，至是始获见面。孟余夫妇亲驾车来三藩市旅舍接余夫妇作郊游，并至其家餐叙，招待殷勤。然绝不与余谈及国内政事一语，与前俨似两人矣。及其夫妇返居台北，遂常往来。然孟余已病，往事尽不在记忆中。余与美琦迭视其夫妇之先后逝世，亦良堪悼念也。

余又曾游加州附近一赌城，在高山上。特爱其山旁之一湖，湖甚宽，四望皆山。欲觅一滨湖咖啡店，闲眺湖景，竟不可得。美国人来赌城，亦为觅得一忙碌。湖中有游艇，登其上，驶行湖中，亦一忙碌也。至坐咖啡馆静眺，此种闲情逸趣，似美国人少欣赏。以中国人心情，游美国山川胜地，亦似情不对境，不相恰切。

北大旧学生张充和，擅唱昆曲，其夫傅汉思，为一德国汉学家，时在史丹福大学任教。傅汉思曾亲驾车来旧金山邀余夫妇赴史丹福参观，在其家住一宿。史大有一图书馆，专意搜集中国共产党材料。适蒋梦麟亦自台北往，在馆中相遇，坐谈一小时。梦麟告余："已连读君之《国史大纲》至第五遍，似君书叙述国史优处太多，劣处则少。"余问梦麟："所叙国史优处有不当处否？"梦麟言："无之。"余言："既无未当，则亦不妨多及。国史叙治世则详，叙乱世则略。一朝兴则详叙，一朝亡略及。拙著亦承国史旧例。今日国人好批评中国旧传统，却绝不一道其优处，拙著亦以矫国人之偏，君谓有未当否？"梦麟再三点首道是。

三

离旧金山又转去西雅图，寄宿李方桂夫妇家。晤及萧公权、施友忠诸人。又陈世骧曾在港晤面，亦在加大重晤，其夫妇适亦先住方桂家，又得相遇。新亚旧同事夏济安，在加大任教，时亦在西雅图。屡次晤面，彼有意离美重返新亚，曾约于翌年转道伦敦来港。乃不幸于别后不久即病逝，亦堪悼念。时已值学校假期，余曾在华盛顿大学开一座谈会，未作专题讲演。余夫妇在西雅图极爱其湖山之胜，畅游一星期离去。

余夫妇自离纽海文，遍游各地皆乘汽车，便随处浏览。及离西雅图东返，始改乘火车。车行沿太平洋转入群山峻岭中，盘旋曲折，极为胜境。登上车顶厢楼，四旁及楼顶皆为大玻璃窗，眺望四围，更觉心旷神怡。意谓此路若在中国，必有僧道来此辟建寺庙塔院，成为游览之胜地。每游美国乡村，必有教堂，教徒即在人迹所聚处传教。中国则"有来学，无往教"，宗教亦然，僧尼僻居深山，信者自趋膜拜。中西习俗不同。今乃任此胜景冷落世外，亦可惜也。车行第三日，沿密西西比河，汊港回环，烟树迷惘，远山遥堤，一一掠窗而过，景色甚似江南太湖一带。下午在芝加哥换车，翌晨四时抵水牛城。

四

万荣芳应约在水牛城相候，由其驾车去游尼加拉瀑布。余素爱观瀑，此瀑已早在电影中见过。乃乘汽车直达瀑布之顶，一石铺平坦大场，身倚场边栏干上，瀑布即在栏干下。似置身仍在城市中，而瀑布亦移来城市。因寻瀑布之源，背向直达一湖滨，亦如散步公园中，自然奇险渺无可得矣。

过一桥，入加拿大境，一楼面对瀑布，设餐厅，游客麇集，排队轮候。一桌散，乃克入坐。幸获一桌，正临窗，对岸悬瀑宛在窗前。时已值夜，瀑布上皆遍布五彩灯光，青红绿黄，霎即变色。窃意若移去此诸灯，亦可遥望瀑影，在深黑中轰砑一片，此是何等景象。若能返老回童，坐此餐桌前，玩赏缤纷电光，亦是一乐。今则两失之，不觉惘然。

余等既游尼加拉瀑布，才转赴加拿大之多伦多。时翁舲雨有一子在此读书，舲雨夫人亦在此。余等特往访之，同游市外一中国式园林，闻系前清时一加拿大人游北京归而仿建者。骤入门，见楼前一古松一稚柳并峙，余忽有启悟，乃知此为中国人之匠心布置。稚柳傍古松，非不自然，但在自然中颇难觅得。于不自然中创造更自然之一境，凡中国山川园林名胜皆如是。中国人作画亦如是。西洋人作画，必面临其境，如实描绘，谓之写真。其布置园林亦一仍自然，如旧金山多桧木公园是矣。加以布置，则成尼加拉瀑布。自然与人为显分两境。中国则必融自然入人为，又融人为入自然。使两境如一，乃为上乘。

多伦多大学教授史景成，陪余参观其博物馆之中国部分，有大批由加拿大人明义士来华所收藏之龟甲，及商周钟鼎彝器。并有秦汉砖画陈列两壁，殊为壮观。其次有六朝隋唐以下及清代之种种古器物，又有一元代壁画，及一明墓。搜藏甚富，不亚于在美所见。

在多伦多住宿两宵，即返美，顺道乘轮作千岛之游。

海山胜景，顾盼皆是，环行五小时。其南端甚近纽约，傥纽约居民群以此为游览之所，则往返绝非不便，而心胸大开，不啻另是一天地。惜当时纽约居民似游千岛者甚少，今隔二十年，不知有变否？

游千岛后，于返纽约途中，又去亚力山大海湾宿一宵。又去一湖，乃距纽约市北八十里一渡假胜地。湖在山中，澄渟如镜，山高海拔一千五六百尺，山后有瀑布，沿瀑布而下，林树荫蔽，湍声清越，日光穿林而下，亦可谓声、光、影三绝矣。瀑布凡见三处，另一处未见。路上老树参天多百年以上者，悬壁绝峻峭，游人必步行或骑马到此，可尝游山之味。在此湖亦宿一宵而去。返抵纽约，又一周，于九月一日离美转赴伦敦。余等留美前后共七月余。

五

余离港前，伦敦来邀即将合组新大学之三院院长前往访问。余因赴美在即，约定离美后单独前往，至是始成行。余至伦敦，毛勤已退休归家，住伦敦近郊。亲来邀赴其家，盘桓一天，深夜始归，均由毛勤驾车迎送。当日傍晚余夫妇出外散步，附近一小镇，镇民亦群出。见余夫妇乃中国人，疑自香港来，余告以来自美国。彼辈乃竟问美英优劣。余答："美国何堪与英国相比。"彼辈大惊诧，问何据。余指田塍间老幼男女弥布，曰："如此接近大自然，生活何等幸福。美国人家宅纵在乡野，出门即大马路，汽车交驶，岂容徒步。即欲就近买一包纸烟卷，亦得驾车出门。长日困居院中，何得如君辈快乐。"闻者色喜，首肯。但一人谓："不久此形势即逼来，恐吾辈此种生活亦不得长久矣。"又一人谓，文化人生必经时间，指近山草皮曰："此等草皮至少已当历五百年以上。美国人学我们种草皮，最多不得满四百年，何堪相比。"英国人极不喜美国人出己上，但亦无奈之何。此一番田野闲谈可征。

富尔敦亦特来邀余夫妇去其家住一宵。火车路程一小时即达，午后讨论香港创办新大学事，谈及校长问题，两人仍各持旧见，不相下。出至郊外，参观在此兴建一大学之新校址，彼即预定任此校之校长。晚餐后，续谈香港新大学校长问题，仍不得解决。翌晨再谈，仍无结果。午后，富尔敦亲送余夫妇返伦敦。车上仍续谈此问题。余问："当前中国学人君意竟无堪当一理想大学校长之选否？"富尔敦色变，遽谓："此问题当依尊旨，即此作决定，幸勿再提。"

余屡闻国人每以好古守旧自谴，及来英访问牛津剑桥，乃觉英国人好古守旧之心亦不弱。余遍游牛津各学院，物质规模生活细节多历长时期，各循旧状不变。适英女王将来访，各处墙壁略加粉刷，五六百年旧石皮薄加剥落，如是而已。在剑桥晤一英籍教授，任中国《论语》一课，告余大感困倦。以一英国人治西书，自可各有悟入，遇疑难处，各自发问，教者可随宜启导。读中国古籍如《论语》，所问尽属字句义解，无大相歧。教者亦只遵旧制，分别作答，再三重复，岂不生厌。但讲堂上课限于向例，不专依书本循章蹈句作解。所授内容变，而体制不变，徒滋拘束。

其实英国此种守旧不变之心习，随处可见。即如伦敦西敏寺、白金汉宫及国会大厦，一排骈列，神权、王权、民权政治体制上之三大转变，新者已来，旧者仍存。尤其是唐宁街十号，最可作英国人守旧不变一好例。

返论美国，亦何弗然。耶鲁初建校舍，远不如此后新建校舍之古老。余宿哈佛一宾馆，为市容改变，其原宅全部照旧自路右迁路左，全幢建筑丝毫未动。工程之大，设计之精，校中人相告，引为夸荣。苟不存好旧之心，何不重新建筑，既省钱，又可内容更新以适时宜。芝加哥校舍落成大典，嫌其屋宇之新建，墙壁先加涂污，以壮观瞻。余游华盛顿故居，餐厅桌椅全选欧洲旧制，舒适堂皇皆所不计。一若非此不足表示其庄严。其他类此者不详述。抑欧人之古，仅自希腊，故欧人亦必以希腊为荣。更古如埃及巴比伦，则与欧人关系较疏，但欧人亦甚以古荣之。余游英伦博物馆，有一雅典古建筑，全部移来。在雅典原址，则为照样兴建以偿之。余告导游者，余在美访其博物馆，埃及雅典古物皆出价购取，是为资本主义社会一表示。今在此所见，强力夺来，乃帝国主义一表现。若慕雅典此一建筑，何不在此仿造一所，而原建筑仍留旧址，两地游者同可欣赏，此为两得之。今则两失之矣。导游者无以应。

余游英伦，觉其社会闲逸之情远胜在美所见。尤喜剑桥静谧宜人，坐溪桥旁一小咖啡馆，俨如在苏州坐茶室，久不思去。又访罗马古长城遗址，竟日往返，沿途所遘，绝不见熙攘之态。归途在一十八世纪之小农庄故址登楼小坐，三面环山，惟余夫妇及陪游者英人某君三人，同进咖啡。一女侍，全楼四人。楼外阒寂，不闻车声。此等岑寂之境，在美颇不易遇。非夕阳残照，恋坐不忍行。

余等在伦敦又曾游其律师区，印象极深。中国古人言采风问俗，此等乃非书本知识所易触及者。又游蜡人馆，其楼上有欧洲中古时期贵族地主虐待农奴之酷刑惨景，感动甚深。越年，曾嘱人前往摄取其镜头，乃告馆中已移去，不可复见矣。此为考论西方封建社会一项稀见而可贵之最佳资料，未能摄影保留，惜哉惜哉。

余夫妇在伦敦得遇旧知陈源通伯及其夫人林淑华女士，曾至其家。通伯又屡来访，同餐同游，并又先为余夫妇去巴黎作接洽。此后通伯来台北，途经香港，又访余于新亚。及余迁来台北，通伯在英逝世，淑华女士来台北开追悼会，余夫妇亦参加。又特为文悼之。对其以前主张新文学之经过与意想，有所阐述。其他在英所遇旧交相识尚多，兹不一一具述。

又忆游剑桥，遇一英籍教授，新自北平留学归来。邀余夫妇赴其家茶叙。语次，谈及："在北平曾读一文，批评某教授论墨学，其文用笔名，遍询他人均不知著者之真姓名。惟知此文撰在对日抗战前，其时先生尚在北平，不知曾悉此文之著者否？"余请取此文一阅，彼乃持一长梯，登阁楼，取下一书，交余阅之。此书乃武汉大学某教授所著，时余在北平，读其书，有异议。因某杂志嘱，遂撰此文。篇末谓，"国难方殷，余辈乃讨论此等问题，实非急需。因取名'与忘'二字。"本嘱著者勿再笔墨往返。后该书又在北平重印，并收进余文，谓今时已升平，盼以真姓名相告，当可面请教益。大意如此。余笑告主人："此文适为余作，然久已忘之矣。"及余返港后，遂觅得其书，意欲将此文收入余之《中国学术思想史论丛》中。但今检《中国学术思想史论丛》第二册战国之部，此文仍未收入。故志于此，以待他日之再检。[①]

六

在英共住二十二日，自伦敦转巴黎。贺光中夫妇适自星加坡来巴黎，光中乃专为抄录巴黎所藏敦煌文件而来，故需久住，特租一屋。余夫妇亦同寓其处，在巴黎多蒙其夫妇陪游。

游凯旋门及拿破仑墓，乃知法国政情与英大异，其商业情况亦不同，而闲逸之情则又过之。美国华盛顿市区规划模仿巴黎，但自国会直达华盛顿铜像之大道，显与巴黎凯旋门前之大道不同。坐凯旋门前大道旁之长排咖啡座上，闲看大道游客，乃至把杯闲话，此情此景，巴黎独有。咖啡店遍市

---

① 原编者注：论墨学一文，现已收入全集本《中国学术思想史论丛》第二册。

易觅。携长条面包在塞纳河边散步，此情此景亦惟在巴黎见之。富强孰不慕，而闲逸亦孰不喜。即论大陆旧日上海租界，商业繁旺在英租界，而来作寓公则喜卜居法租界。即今世界游人亦多爱巴黎，胜于伦敦。羡慕富强，则美国居首，英次之，法最居末。求享闲逸，则法、英、美次序倒转。若果二者不可得兼，何去何从，则待世人之别择矣。

余游凡尔赛旧王宫，长楼连楹。较之韩国日本所见宫殿宏伟，门墙深严，不啻似一富人居，一如小巫之见大巫矣。此非依政体之专制程度分，乃自民族心理之厚薄轻重分。东方人尊上位，致其崇高之敬心，自与西方人争衡权利，攘夺霸占之心有不同。故西方人重商，即法国亦不免。自拥财富，斯可平视高位。非专制，则高位不易踞。不如东方人尚谦德，转使下僚诚服也。美国之白宫，英国之唐宁街十号，则又故示谦德而失其体制矣。

又游凡尔赛之别宫，闻乃模仿中国园林而建，占地甚广，林溪甚繁。然游览所得，尚不如在加拿大多伦多所见一中国式园林之启发多而影响深。可知一民族自己历史传统深，则得于人者转浅。自己历史传统浅，则得于人者易深。即以两地此一事为例，亦可知矣。

余又在巴黎市偏区一山东小面馆进膳，此馆碗筷匙碟，桌椅陈设，皆近百年前旧物。即在中国北方，亦难寻觅。不知此家主人自来巴黎，何以祖孙世代能牢守此旧规模不变。然亦有法国人络绎来顾。盖风情之特殊，益觉饮膳之异味。中国食馆遍于欧美，余夫妇此游所品尝亦多矣，然未见如此馆之简陋。当日所进面味已全忘，然其用具陈列则犹历历在心，亦此游中一奇遇也。而中国人之好古守旧，则又非并世人之所能比矣。

法国汉学家戴密微，光中邀其来寓，与余餐叙。长谈至深夜十一时始别。彼询及余发现章实斋遗著事，余详告之。彼因急赴波斯考察一新出土之中国古碑，遂未再见。后有年，彼来香港，重获一面。又巴黎大学中国文献馆馆长纪业马，因事离巴黎，其夫人胡品清乃中国人，特在家设一茶会，晤见中、法、英、美学人近二十人。余之游英、法，一意参观，两国之汉学家，非特有机缘，甚少晤及。在伦敦，亦惟伦敦大学远东系主任西蒙教授曾设宴相待。其子并曾陪游。其他亦少接触。

余夫妇游巴黎共旬日，忽得香港新亚来信，学校有事，促急归。因取消欧陆其他各国之行，法国其他地区亦未前往，匆匆离巴黎转赴罗马，作为此行最后之一程。

七

余夫妇赴罗马，我国驻教廷大使谢寿康次彭特来机场迎接。并为在其使馆附近定一旅馆。当晚即由次彭晚宴。此下数日，或在使馆，或在市区，几乎尽由次彭约同饮膳。次彭虽久从事外交界，而为人坦率真诚。一夕同餐，次彭择碟中一鱼头置余碗中。其夫人谓："汝自喜食鱼头，不问客亦嗜此品否。"余笑答："生长江苏无锡鱼虾之乡，生平正爱此。"次彭并屡次陪游市区各名胜古迹。余与次彭虽初相识，一见如故交，亦生平稀遘也。

一日，由罗光神甫陪赴梵谛冈，于广座中谒见教皇。罗神甫并于其寓所邀晚餐。次彭又曾两度陪余夫妇去梵谛冈，瞻仰巡览，几于无所不至。

余夫妇又曾畅游梵谛冈附近一古堡，整半日，遍历各处。使余于欧陆中古时期之堡垒情况，略获有知。并由次彭陪游圣保罗、圣约翰、圣彼得等教堂，才知"文艺复兴"后之教堂与中古时期之不同所在。余夫妇又特去庞贝古城，晨夕往返，沿途所见，始识意大利人之闲逸，犹胜于法人。若果以生活忙碌亦视为近代欧洲文化演进一项目，则意大利无疑犹当居法国后。惟意大利生活水准低，故其情趣乃不如法国。惟论古迹之丰，则英法远不能与意大利相比。文艺复兴虽起于罗马，然终为古所掩，不能与英法同享后起之新运。古今新旧不能相融一贯，又为余游英、法、意三国所同具之深感。今我国人一意慕欧美之新，疑我自身固有之旧，宜其不能调融合一矣。故人类文化贵能推陈出新，不当舍旧谋新耳。

余夫妇游罗马凡六日即匆促赋归，次彭亲送。适飞机误时，次彭详询余等所到，谓尚有半日闲，当伴游未去处。午餐后，飞机仍未到，次彭问有一处咖啡馆曾去否。余言："著名一希腊咖啡馆已由先生陪去过。"次彭谓："非也。此处非熟人作伴不易去，店名由意语翻译当为'天下第一家'。尚有数小时闲，当必一去。"遂偕往。店内四处皆咖啡袋，无座位，立柜前饮。次彭谓："如剩有意币，可尽购咖啡归香港细品之。"依其言购一纸袋，乃赴机场。飞机中整夜少眠，而喉间余味津津，不觉渴。乃知方饮咖啡味醇性强，洵佳品也。乘客闻香气浓烈，或寻来余座前，问何处购得这样好咖啡。余夫妇遍饮各地咖啡，意居首，法英次之，美最末，而今午所饮尤为上选。即咖啡一味，亦与人生之闲逸忙碌成正比。一事一物之微，亦可觇文化之异同。此亦入国问俗之要旨也。

八

余返香港，乃知新亚内部为国庆日悬国旗有龃龉。余告来谈者，国家民族精神之体究与发扬，乃我全校师生积年累月所当努力一要目。悬挂国旗，乃一仪式。不当为此使学校前程生波折，乱步调。但国庆之晨，仍有人在学校楼顶私升国旗，旋又卸下，未肇事端。盖少数几人主张，绝大多数置之不问，而另有少数临事加以劝阻。然余之欧游则竟为此中辍，至今思之犹为怅然。

余返港最大一事，为觅新居。余不喜城市烦嚣，托人访之乡间，乃得沙田西林寺上层山腰一楼。更上即山顶，屋主人辟一大园为别墅。余夫妇亲赴踏看，深爱其境。或言火车站离此远，登山石级一百七十余，每日往返恐劳累。屋主管家陪去，谓："我年七十余，每日上下，体况转健。先生来此居住，必可腰脚强劲，心神宽适。"余遂定租。

余之《论语新解》初稿，已在耶鲁完成，自得新居，重理前业。取《朱子语类》《论语》各条逐一细玩，再定取舍。适杨联陞自哈佛来，亦来余山上宿一宵，归途经日本，余嘱其代购日本人著《论语》三种，一主程朱，一主陆王，一遵乾嘉汉学。虽多本中国旧说，从违抉择各异。余又再玩三书，细审从违。如是再逾半年，稿始定。

夏秋间，忽台风来，势烈空前，山居破坏，屋顶多掀开。修理费时，临时移楼下另一小宅。在楼上放一桌，余一人尽日握笔吟哦。较在耶鲁写初稿时，环境似更怡悦有加。

富尔敦又来，初面，又询余有关校长事仍持初意否。余告以余所争乃原则性者，他日物色校长人选，余决不参一议。富尔敦颔首不语。有关新大学一切争议，至是遂定。又议校名问题，或主取名"中山大学"，或主名"九龙大学"，其他尚有多名，久不决。余谓，不如径取已用之英文名直译为"中文大学"，众无异议。新校长既来，召崇基、联合、新亚三院院长每周开一联席会议，遇有异见，举手多数即通过。余与富尔敦、毛勤以前彼此讨论商榷之情形，今则渺不可得矣。余自新亚决定参加大学，去意亦早定。大学既成半年，乃商之赵冰董事长，得其同意，辞去新亚院长之职。时为一九六四年之夏，自创校以来，前后十五年，连前亚洲文商学院夜校一年，则为十六年。亦为余生平最忙碌之十六年。惟董事会允余一九六五年为正式辞职之年，此一年则为余之休假年。时余年七十一。余旅居香港之办学生涯遂告终结。

二〇 在台定居

一

一九六四年七月，余先租得青山湾一避暑小楼，临海面山，环境幽静，尤胜沙田。获得新亚董事会开会同意余辞职之当晚，即径去青山湾。夜半枕上闻海涛汹涌，满身轻松，有凌空仙去之想。翌晨，坐楼廊上，遂预定此下闲居生活之计划，首为撰写《朱子新学案》一书。每日面对近海，眺望远山，开卷读《朱子大全集》。居两月，返沙田。

是年十月，新亚董事长赵冰逝世，余特撰两联，一为学校公挽，一为余个人之私挽。学校公挽之联云："惟先生身在局外，心在局中，不著迹，不居功，艰难同其缔造。愿吾党利恐趋前，义恐趋后，无涣志，无馁气，黾勉宏此规模。"余私挽之联云："肝胆共崎岖，毕义愿忠，惟兹情其永在。气骨励坚贞，清风峻节，何斯道之终穷。"余之初识赵冰在民国三十八年春，至是亦已十五年矣。余之始创新亚，赵君即任董事长助成之。余之辞新亚职务，亦由赵君主持决定之。不谓余初去职，赵君即遽长逝，痛哉惜哉。

继赵君任新亚董事长职务者为董之英。董君乃上海来港一企业家，彼已久任新亚董事，遇学校经济有困难，董君屡为解囊。余初拟创办新亚中学，董君即慨允所需十分之一之校舍建筑费。及其任董事长职，余已不问校事。但董君屡来沙田余寓所，详告校务。及余夫妇去马来亚，董君已辞去董事长职，曾来相访。余夫妇离马来亚经泰国返港，又经董君在泰国所设公司招待。及余夫妇迁来台，董君夫妇并屡来台北相访。其人坦白真诚，亦为余在港一良友。

二

翌年之夏，南洋大学有人来商去任校长，余却之。马来亚大学邀去讲学，余允之。适患青光眼，由余在港相识陆润之医师割治。新亚同事赴润之医务所求诊，润之皆免费，亦不啻为新亚一校医。余在医院经旬，稍愈即于一九六五年七月去吉隆坡。人事稀疏，除规定课程外，尽日夜专读《朱子语类》。是为余在成都华西坝病中通读全书后之第二次。相隔亦二十余年矣。新亚研究所毕业，继余英时在哈佛读博士班之陈启云，时亦在马大任教。每逢星期日，其夫妇常驾车来伴余夫妇出游。

马来亚凡高山清凉处，必有宾馆，为前英国殖民政府官员休假避暑处。余夫妇每逢假期，亦遍往游憩。少则三五日，多逾一星期，而尤爱槟榔屿，住其山上旬日。美琦亦在马大任课，夫妇共一研究室。留室半日，亦备感幽闲。日常交往，除陈启云夫妇外，有系主任何丙郁夫妇，系中同事德国汉学家傅吾康夫妇，程曦夫妇，曾太太陈品菱女士，图书馆王遵侗女士。又校外相识李家耀等诸家，皆曾结伴同游。尤其品菱女士与余毗邻而居，过从尤切，并从余于课暇撰写其硕士论文。旧历除夕，邀宴其家，餐后移坐园中长谈至深夜，尤为余夫妇生平度岁惟一稀遇之景象。其他在马来亚各地侨领侨胞，及文教界人士相识甚多，不能备述。

但余不胜马来亚之湿气，终于胃病剧发，一昼夜进食至十余次。入夜不得安眠。遂提前于二月即归，住马来亚共八月。美琦理行装，余一人闲，仅留《朱子诗集》首册在案，成《朱子早年思想考》一篇，为余正式撰述《新学案》之第一篇，后散入《学案》中。数月之生活，乃常留脑际，不能忘。

三

余夫妇去马来亚，沙田旧居未退租。及归，日夜写《新学案》，然亦疾病时作。越半年，体稍健，美琦遂去香港某中学任教。晨出，午后归，余一人在家，时撰写益勤。皆就前两年来读《大全集》《语类》录下笔记，分题阐述。而香港难民潮骤起，乃决计迁居台北，先来择地，得外双溪今址。返港后，美琦自作一图样，屋宇面积略如沙田，惟分楼上楼下，而添得一园地。乃于一九六七年十月迁台北，先住市区金山街，翌年七月，迁外双溪。蒙蒋公命，该所之建筑，全由阳明山管理局负责，并为政府一宾馆。迄今亦已十五年矣。

余之撰述《朱子新学案》，蒙哈佛协助，其著作费按月港币三千五百元，共三年。然余之此书，自一九六六年二月，迄于一九六九年之十一月，先后撰写历四年。又翌年续写《朱子学提纲》一小册，冠其首。共五年。其先读《大全集》，读《语类》，钞撮笔记，作准备工夫，亦历两年。苟非辞去新亚职务，此书亦终难写出也。

余自《新学案》成稿，遂应张晓峰之聘，在文化学院历史研究所任教，每周两小时，诸生来外双溪余宅客室中上课。又得故宫博物院院长蒋慰堂之邀，以特聘名义为研究员，为余特辟一研究室，上下午皆去，得读《四库全书》中宋、元、明三朝理学诸集，续有撰述。而日常生活费亦赖张、蒋两君之安排获有解决。

时余《朱子新学案》方成稿，有意续写"研朱余沈"一书，自黄东发始，下抵清末，择取十许家，各撰专篇，后以散入元、明、清三代之《学术思想史论丛》中，遂未勒为一书。为文化学院授课第一部成书者，为《中国史学名著》，乃台大学生戴景贤来旁听，依录音机写出讲辞，再由余改定。第二部为《双溪独语》，乃余自本某年讲辞，逐堂亲撰成篇。其他所讲，未遑整理。

又某年，孔孟学会来邀余特写孔子、孟子两传。余以曾有《论语要略》《孟子要略》两书，又因此引伸推广作为《先秦诸子系年》，最近又成《论语新解》，余对孔孟两家所知尽此，此事似应由他人为之，乃婉却。终以强邀，不获辞，先撰《孔子传》。乃亦时有新得。方知自己学问门径多，撰述范围广，皆待深入。既交稿，正自惭疚，忽遭孔孟学会评议会指摘，逐举稿中各项指令改定。余意学术著作，不比政治行事，可遵会议决定。学术著作则须作者本人负责。古今来稽考孔孟行事，意见分歧，抉择取舍各有不同。余之此稿，亦复字字斟酌，语语谨审，经数十年之私见，但亦有据有证，非另创新说，岂得听评议桌上一二人语，遽毁生平。即如孔子并未新撰《易传》，为余毕生主张，亦依前人陈说，远有来历。此事纵谓未臻定论，亦可自申己见。乃求将原稿退回，蒙准许。惟又念此稿亦经一年辛勤，又自幸有新得，不忍弃置。适某报记者在一集会上，听孔孟学会评议员某公昌言讥疵此书，遂特来访问。余略告以此事之经过，该记者以之披露报端，求印行此稿者乃麇集。余告以："此稿印行，不仅余一人之私事，亦牵涉国家宏扬孔道之公务。今已报章喧传，此稿付印，尚不知更将发生任何意外之影响。"因指座上某君言："彼最先来索稿，并出版物不多，未受多方注意，当以此稿付之。幸诸君见谅。"此稿付印，乃具如此曲折。余生平著述中，有《先秦诸子系年》一书，由顾颉刚送清华大学，由其出版丛书委员会中某君指摘体裁不当，令改撰，遂转送商务印书馆印行。又有《国史大纲》一书，经当时政府出版委员会审查，亦指令改撰书中之某篇某章，迭经争持，始获照原稿印行。此书付印曲折，则为余生平著述中之第三次。可知著书不易，出书亦未易也。惟此书屡经坚邀而成，受此遭遇，则更出意外耳。

余撰《朱子新学案》，又曾随手选钞朱子诗爱诵者为一编。及日本承认大陆共党政权，继以国民政府退出联合国，消息频传，心情不安，不能宁静读书，乃日诵邵康节、陈白沙诗聊作消遣。继朱子诗续选两集，又增王阳明、高景逸、陆桴亭三家，编成《理学六家诗钞》一书。余在宋、元、明、清四代理学家中，爱诵之诗尚不少，惟以此六家为主。窃谓理学家主要吃紧人生，而吟诗乃人生中一要项。余爱吟诗，但不能诗。吟他人诗，如出自己肺腑，此亦人生一大乐也。傥余有暇，能增写一部"理学诗钞"，宁不快怀。竟此罢手，亦一憾也。又有朱子文钞，因拟加注语，迄未付印。

余此下所努力者，为编《中国学术思想史论丛》一书，共八册。一上古，二先秦，三两汉魏晋南北朝，四隋唐五代，五两宋，六七八为元明清三代。皆集余一生之散篇论文，有关此方面者。远自民国十三四年以后，亦近六十年之长时期矣！有记其篇名，而一时未得搜集者。有汇为他编，不复重列者。然篇幅已不少。每集一编，所收诸篇，皆亲自阅读，小作改订，惟大体则一仍其旧。所费精力亦不少。但至明代一编，以患目疾，排印后已不能亲校。清代一编，则未能逐篇再自阅读，径以付印。尚欲增写朱一新一篇，材料已齐备，亦以目疾中辍。①

余之有关学术思想史方面之散篇论文，汇为专集者，尚有《庄老通辨》《两汉经学今古文平议》《灵魂与心》，及《中国学术通义》等书。其有关中国文化部门者，除《文化学大义》外，尚有《中华文化十二讲》《中国文化精神》《民族与文化》，《中国文化丛谈》《世界局势与中国文化》等，其他不备列。惟有关文学方面，仅有一册，名《中国文学讲演集》。新旧文学，为余当生一大争辩。惟求人喜中国旧文学，当使人先多读中国古书旧籍。余之毕生写作，皆期为国人读古书旧籍开门路。苟置古书旧籍于不顾，又何能求人爱好旧文学。此非言辩可争。惟余爱读古文辞，爱诵古诗词，则终生不变不倦。"只堪自怡悦，不堪赠与人。"闲云野草，俯仰可得，又岂待人之持赠乎！

余之居外双溪，又曾两度去日本，两度去韩国。初次韩国之行，即选择李退溪、李栗谷、宋尤庵、韩南塘四家《全集》，归来披阅。卷帙之伙，亦甚感辛勤。籀四家立言大义，写《朱学流衍韩国考》一文，补充"研朱余沈"之篇幅。后亦纳入余《学术思想史论丛》中。② 余以一中国人，初涉及韩国书，每嫌知识不广，许多处皆仅能置而不论。因念此四家皆以研究朱子为宗旨，余之所感尚如是，

---

① 原编者注：先生遗稿中有《朱鼎甫学述》一稿，或为未完之文，今已收入全集《中国学术思想史论丛》第八册。

② 原编者案：《朱学流衍韩国考》一文收入《中国学术思想史论丛》第七册。

则以一中国人窥钻外国学问，其难可知。借他人酒杯，浇自己块垒，其事易。果求沉醉其中，若醒来故我依然，则中国酒、洋酒又何择矣！

四

余自正式获辞新亚职，绝未去过农圃道。惟于一九六七年新亚学生曾来请余为"五四运动"作一讲演。不获辞，亦仅此一次。及一九六九年，为新亚二十周年纪念，新任院长沈亦珍来请余自台赴港参加。得晤唐星海，继董之英任新亚董事长，对新亚赞助有力。其父曾邀唐蔚芝来无锡创办国学专修馆，并赠一住宅。星海则留学美国。余在香港，与彼交往亦甚稔。余辞新亚职，曾拟从事两工作，一为撰写《朱子新学案》，又一则为编一"国文自修读本"，供国人有志读中国文言古籍者开一门径，并可供西方人有志治汉学者得径从读中国文言古籍入手。星海闻之，特来语余，极为赞成余之第二计划。嘱写一编辑大纲，彼常赴美国，当为余募款，俾组一编纂机构，以成其事。余之编纂大纲已写成，念《朱子新学案》非余亲手草成不可，至国文自修读本，授意他人，亦可为之。遂将第二计划暂置。及是相晤，彼告余，凡为新亚策划，盼余尽力助之。余谓："君助新亚，即不啻助余。余可尽力，亦复何惜。"又晤沈燕谋，彼实已在病中，方读余《史记地名考》，长谈不倦。及余自港返，唐沈两人忽先后逝世，近在旬日间。而余不克亲赴其丧，亦人生一大憾事也。

一九七〇年，余任香港大学校外考试委员赴港。时新亚由梅贻宝任院长，又邀余去作讲演。旧任新亚校长室秘书苏明璇，未到新亚前，为新亚出力甚大。余在美提议请其来任此职。后与余同离新亚。余每赴港，明璇必约在半岛酒店见面，谈及往事，相与怆然。不久亦病逝，余亦不在港。每念新亚旧友，岂胜惋怅。

五

转瞬余已届八十之龄，美琦偕余在余八十生辰前南游。先住梨山宾馆，又转武陵农场，再转天祥，最后经花莲，先后住四处，历八日。余写成《八十忆双亲》一文，此乃常萦余一生之怀想中者，亦可谓余生命中最有意义价值之所在。余之八十年生命，深根固柢皆在此，非可为外人道。余每念毕生苦学，勤读勤写，始终一书生，若无变。然国事则始终在大变中，即余之家庭亦然。余侄最长者，已近望七之龄。余三子两女，最幼者亦逾四十。然三十年来，如居异世，音讯难通。凡余《八十忆双亲》文中语，三十年前在大陆，亦无暇与彼辈言之。今所欲告者，亦惟彼辈而已。然彼辈何日能睹此文，睹此文后，心中影响如何，今亦无可悬揣。然则余之一生，忆往则无人可语，思后则无事可准，仅常以此文中一切告美琦，而美琦对此文中一切人与地，无一面一履之缘。乱世人生，生命则限于个人，生活则限于夫妇，余非当前一实例乎！而凡余文中所忆，则多在余个人及余夫妇之外者。"悠然望南山，山气日夕佳，此中有真意，欲辨已忘言。"忘其言，而仍若欲有言，并不能已于言，陶公之诗，真使余低徊不能已。

八十三岁冬，余胃病剧作，几不治。八十四岁春，始起床，而两眼已不识人，不见字。西医眼科，群言无策，求不急盲即佳。新亚书院院长金耀基，在余病前来告，彼拟为新亚创一学术讲座，以余名冠之，拟每年邀请对中国文化有研究之中西著名学人一位，来新亚作讲演。邀余任其讲座之第一次讲演人，并谓经费已募有端倪。其意既诚，余不能却，已允之。而胃病眼病迭作，但竟能于是年双十节前赴港，亦余始料所不及也。时余年八十四。翌年，余八十五，新亚创校三十周年纪念，余夫妇又去香港，得遇耶鲁前历史系卢定教授，亦自美同来赴会。彼乃首先主张雅礼协助新亚者。两人回念前尘，相与感慨不已。

六

余幼孤失学，年十八，即为乡村小学教师。每读报章杂志，及当时新著作，窃疑其谴责古人往事过偏过激。按之旧籍，知其不然。如称先秦以上为"封建社会"，而读《诗经》《左传》诸书，其社会情况岂能与欧洲中古时期相提并论。至"农奴社会"等名辞，寻之古籍，更无其证。又如谓中国自秦以下尽属帝王专制，而余读四史及《通鉴》，历朝帝王尽有嘉言懿行，又岂"专制"二字所能概括。进而读《通典》《通考》，见各项传统制度更多超于国人诟病之上者。又如文学"新""旧"之争，余自幼即好诵唐宋古文及《十八家诗钞》，推而上之，至于《文选》《诗》《骚》。窃谓专以文言、白话分别新旧，不论内容，亦可无辨。所谓旧文学，又岂封建、贵族、官僚诸辞所能诬蔑。厚诬古人，武断已甚。余之治学，亦追随时风，而求加以明证实据，乃不免向时贤稍有谏诤，于古人稍作平反，如是而已。至于当时国人群慕西化，则自惭谫陋，未敢妄议。及抗日军兴，避至昆明，时欧洲第二次大战继起，意大利之法西斯，德国之纳粹，对国人向所崇奉之英法民主政治多肆抨击，乃知即在近代西方，尚多壁垒相峙。而其时如西南联大师生，亦已有尊美尊苏之对抗。而于重庆中央政府外，更有趋向延安，自树敌体者。国内纷呶，已有与国外混一难辨之势。而我国家民族四五千年之历史传统文化精义，乃绝不见有独立自主之望。此后治学，似当先于国家民族文化大体有所认识，有所把捉，始能由源寻委，由本达末，于各项学问有入门，有出路。余之一知半解，乃始有转向于文化学之研究。在成都开始有《中国文化史导论》一书之试探，及一九五〇年来台北，乃有《文化学大义》一演讲，是为余晚年学问蕲求转向一因缘。亦自国内之社会潮流有以启之也。

所谓文化，兹事体大。近代西方列强，争艳竞芳，要之皆自一本来，有根柢，有枝叶，有花朵。余既不知其根柢之深藏，亦不能赏其花朵之细致，然接触其历年之剧变，亦可谓稍见其枝叶之粗。余此三十年来，有历次讲演，及抒写有关历史方面之文字，则一皆以"文化"为中心。而讨论文化，又时时不免涉及西方，内容无足重，而治学方向则敝帚自珍，每不惜暴露于人前。自病双目，不再亲书册，而心中所往复不能忘者，则惟此。及去新亚讲演，题名"从中国历史来看中国民族性及中国文化"，此实余三十年向学一总题。所讲或时出前人之外，乃因余常求以我国之固有而对比之西方而生。此种讲述，非有标新炫异之意，亦时代潮流有以使之然耳。

此一讲题，凡分六讲，每周两次，为时三周。因防余劳累，使多休息，学校随堂录音，又使人写出，连录音带一并寄台北。美琦为余再开录音机，余随处加以改定，再由美琦笔录成书。然余自去港前，已稍能执笔作字。惟写下一字，即不认识上一字，须由美琦誊正，读余听，再加改定。大率数年来文字胥如此得成。余在港时，某生为余购来大陆唱平剧及吹弹古琴箫笛等许多录音带，余得暇屡听之，心有所感，返台北，及此讲演稿成书，遂续写"中西文化比较观"一书。先写在港听各录音带所存想，依次续写，又得约二十篇，亦俨可成书矣。[①]

余枯坐无聊，偶有所思，率常执笔，随意所至，随写

---

① 原编者案：有关中西文化比较之诸文，未汇编成专集，已分别收入各书。

随息。一上午可得四五百字，上下午可得八百一千字，连续四五天成一篇。人事羼入，或体况不支，隔以时日，忘其前写，即不能翻阅成稿，不知从何下语，勉强成篇，亦不知何处重复，何处缺漏。须待美琦钞后再读，余始得增损改定。迂拙固不计，消遣时日，亦惟此一途矣。

余又草《师友杂忆》一书，乃继《八十忆双亲》一文之后，在去香港新亚讲演前，已成其两篇，乃记余肄业小学中学时事。第三篇从民初在三兼小学教读开始。自念于学问写作凡有所得，亦悉赖师友相辅。孤陋独学，岂有今日。亦有途径相异，意见相左，他山之石，可以攻错，亦皆师友之沾溉。余亦岂关门独坐自成其一生乎！此亦时代造成，而余亦岂能背时代而为学者。惟涉笔追忆，乃远自余之十岁童龄始。能追忆者，此始是吾生命之真。其在记忆之外者，足证其非吾生命之真。非有所好恶高下于其间，乃凭记忆而自认余之生命。读余此书者，亦可凭余所忆而认识此时代之一面。非敢有夸大，亦不作谦抑，知我罪我，归之读者。

七

一九八〇年夏，余八十六岁，夫妇重赴港，获与大陆三子一女相见。自余于民国三十八年春，只身南来广州，至是已整整三十二年。初别时，彼等皆未成年。尤其是幼女，生于民国之二十九年，余离家去四川成都，未及见其生。抗战胜利归，又曾去云南昆明，获亲肘膝间初无多时。余来广州，彼尚未足九岁，未尽养育之恩，最所关心。及是相见，则亦年过四十矣。惟在港相聚，前后仅七日，即匆匆别去。尚有一长女，未能同行。翌年，余八十七，余夫妇再去港，长女偕长侄伟长同来港，晤聚半月。五子女乃得于两年内分别见面。而彼等之婚嫁，则均在与余别后。三媳两婿，及五家各得子女两人，共十五人，则均尚未获一见。又长侄伟长媳，及其一子，抗战时同在成都，今亦未获晤面。其他尚有六弟妇，及其子。又伟长一妹，亦未晤面。其他死亡已成隔世，则无论矣。余以穷书生，初意在乡里间得衣食温饱，家人和乐团聚，亦于愿足矣。乃不料并此亦难得。继今余年无多，不知何年再得与其他未相见者一面。纵谓天命严酷，不当并此而不加薪求。何年何月，此日之来，则为余此下惟一之期望矣！古人云："老而不死是谓贼。"余既老，于世无可贡献，但尚愿为贼偷生，以待此一日之来临。

八

余之自幼为学，最好唐宋古文，上自韩欧，下迄姚曾，寝馈梦寐，尽在是。其次则治乾嘉考据训诂，藉是以辅攻读古书之用。所谓辞章、考据、训诂，余之能尽力者止是矣。至于义理之深潜，经济之宏艰，自惭愚陋，亦知重视，而未敢妄以自任也。不意遭时风之变，世难之殷，而余之用心乃渐趋于史籍上。治史或考其年，或考其地。最先考《楚辞》地名，尚在余为《先秦诸子系年》一书以前。及《诸子系年》成书，又续作考地功夫，初成《周初地理考》一篇，时在民国十九年，距今已五十二年。此下续有撰述。其最后一部书，则为《史记地名考》，完成于民国二十九年。以下对此功夫遂未继续用力。一九八一年，余八十七岁，遂将《史记地名考》以前各文汇编为《古史地理论丛》一书付印。有关各文，尚续有材料增加，写列书眉。而余双目已盲，不克亲自校订，乃嘱及门何泽恒代为校阅。今年春，许倬云自美返台，面告余，彼曾集大陆此数十年来新出土诸铭文详为考订，乃知余论周初地理可相证明。余闻之大喜。窃意此文乃余五十年前创见。五十年来，未有人加以驳议，亦未有人加以阐发，几如废纸，置于不论不问之列。今乃得许君之成其定论，此亦余晚年及身亲闻一大喜事也。余之其他撰著，傥他年续有得臻定案者，则岂余一人之幸而已哉。余念之，余常念之。

余于印《古史地理论丛》后，又续有成稿，一为《理学三书随劄》一书，计一《朱子四书集义精要随劄》、一《周子通书随劄》、一《近思录随劄》。又成《中国学术之传统与现代》一书，[①]继《中国学术通义》后，对于中国古人为学之宗旨趋向，分野门径，别从一新角度重为阐述。要

---

① 原编者案：此书于一九八四年出版时更名为"现代中国学术论衡"。

之，从文化大体系言，余则以"和合"与"分别"来作中西之比较。从学术思想方面言，余则以"通"与"专"两字来作衡论。四年前去香港新亚之一番讲演，可谓乃余此数年来运思持论之大纲领所在。盲目涂写，则依然是此一群乌鸦而已。学不再进，亦可叹也。此书当即此为止，此下当惟整理旧稿，为之写定。恐难再有撰述。

全稿止此，乃为一九八二年之双十节，余年八十八，是为余只身避居香港以来之第三十四年，亦为余定居台北之第十六年，回首前尘，岂胜怅惘。

附录

一　怀念我的母亲

　　我幼年即是一个孤儿，父亲死的那年，我十二岁，哥哥十八岁，下面有一个七岁一个三岁两个弟弟。实际上那年我还未满十一岁整，哥哥也未满十七岁整。父亲身后除了留给我们他生前一番好声名外，没有留下任何产业。我的母亲不识字，十六岁来归，我父母同年，我父亲死那年，他们同是四十一岁。此后母亲便以一寡母完全负起扶育教养我们四兄弟的责任。

　　我父亲死后三十六年，我母亲也去世了。那年我四十八岁，正在对日抗战中，我一个人离了家远在四川成都，获得家信始知母亲已在那年阴历正月初五去世了。我既不能回家奔丧，若要讣告亲友以及学生们公开行礼吊祭，我又不能单人独力举办此丧事，须好多朋友帮忙，我也不愿如此来麻烦人。遂衔哀在心，默默不作声，只自己单独一人在研究所外田野中散步，自晨到夕。深夜在卧室独自痛哭，稍申自己内心的悲痛。如是者盈月，别人尽疑我生活现象怪特，又不敢率直致问。我心如此不安，遂终于应武汉大学之聘，离开成都，前去嘉定讲学一月有余。再应教育部聘去重庆青木关开会，又答应那年的中学教师暑期讲习会。待我再返成都，已经历了整整半年多的时期，我的心情遂开始稍觉好转些。

我七十一岁那年，正是我父母双亲的百岁冥寿，我原准备在那时补作一番纪念。不幸那年正逢我辞去新亚校长职务，遭遇到从所未有的烦困，因此而患目疾，住医院动手术。未待复原，又有马来亚之远行。一连串烦杂不安的生活，亦未能补行一番吊祭之礼。这是我至今遗憾在心的。

直到我八十岁那年，遇到一个机会，偕我内人，夫妇同游梨山。在梨山宾馆、武陵农场各住了两天，又转往天祥住了两天，最后再转往花莲在某旅馆中住了两天，前后共八天，穷昼夜思念记忆之力，写了一篇《八十忆双亲》的长文。稿成，曾在台北《中央日报》上刊登。有一美国人，在我的学生耶鲁大学教授余英时处，读到了我此文。他认为有这样的一个家庭，从明朝到清朝，经历了六七百年的长时期，聚居一处，生齿日繁，成了七房桥乃至五世同堂的一整个村落，那是全世界其他民族难以觅得的一个大值研讨欣赏的社会奇迹。他遂根据我的《八十忆双亲》一文，用英文写了一本中国社会的书。有一些小问题，并直接向我来信询问。

有一天，忽得电话，此人已来到了台北，要来和我见面。那时我适婴小疾，电话中告诉他，再待几天，我病小愈，再和他见面。隔了三四天，他终于来到了外双溪，在我的客堂中和我见面了。约略谈了一些话，我告诉他，此间有两人，他们的父亲都是我幼年亲近的朋友，在我的《师友杂忆》一书中都曾谈到过。傥能去访问他们两位，我此刻所记忆不起不能详谈的，或许他们会告诉你些话题。等我说出那两人的姓名，那美国人却说，他在这几天内，都已访问过了。他何从得去访问此两人，真使我大吃一惊。他又告诉我，不久将去大陆无锡访问。两年后，忽得他从欧洲丹麦来信，告诉我，不久又将来台北和我见面。一天，接他电话，知道他已到台北了。第二天早晨，他来我家，告诉我，他专程去过无锡，并曾去了鸿声里、七房桥、荡口、甘露四处。因现在大陆城乡交通已有了新修的汽车路，不用水上交通，一小时便可由无锡城直到七房桥。荡口甘露两镇较远些，稍多些时间可到。所以他住在无锡城里，早出晚归，去这四处往返几近二十次之多。他不知这三十多年来，大陆天翻地覆，社会情形一切全变了。有些人只约略知道我的姓名，他所要访求的，宜乎似不可再得了。临别时，他把他写的稿交了一份给我内人，叮嘱阅读一遍，遇有问题，在他此稿正式付印前告诉他。

现在再说到我的老家七房桥。我侄儿钱伟长，本是北京清华大学的副校长，但远在"文化大革命"前，"百花齐放"时，早受共党批判，下放到北平城外一工厂劳改，他是最后一批获得平反的学人。平反后，他曾回到无锡老家七房桥去探访。四年前，他在香港和我见面时，曾告诉我，七房桥的名称已经改了，钱家一族只剩了两家，他都不认识。其他荡口鸿声里等地方的变化，也就可推想而知了。则此次那美国人的去访问，又能得到些甚么印象呢？那也就不须详问了。但我这些话，又焉能和那美国人详谈呢？

昨天晚上，忽得《联合报》副刊编者来电话，要我在母亲节那天，写一篇东西来怀念我自己的母亲。我为其他事，都可因病推辞。但别人请我为我自己母亲说几句话，那是我最愿意的事，又哪能忍心推辞呢？其实我所能为我母亲说的话，都早已在我的《八十忆双亲》一文中全讲过了，现在又该讲些甚么呢？而且这几年来，我记忆力日益衰退。我常和我内人说，幸而我的《八十忆双亲》和《师友杂忆》两稿，已在几年前写成，合为一书出版了。倘使要我像今天般来写此两书，便恐无可下笔了。

我回想我《八十忆双亲》的一文中，凡属关涉我父亲的事，除却我出生以后，自能有记忆的许多事外，其他一切有关我父亲的事，小的像他夏夜读书把两脚放在瓮中，大的像为怀海义庄入讼的一切经过，全是由我母亲详细讲述给我和哥哥两人听的。有的是哥哥先知道，再讲述给我听。但我哥哥所知道的，也全是由母亲告诉他的。可以说我们兄弟两人，对于我们父亲平生的一切经过，十之八九，全从母亲那里得知的。我们父亲全不对儿子们讲述到他自己已往私人的经过。其他五世同堂以及七房桥的同族长者，在我们幼童时，也没有谁来向我们讲我们父亲的一切故事。

不仅如此，有关七房桥乃至五世同堂，一切有关家庭及长辈们的事，我们从小所知，也全是由母亲告诉我们的。但母亲对人从不有褒贬，她从不说某人好某人坏。只告诉某长辈某亲属的性情好恶，俗话说他的一切脾气，让我们知道如何样来对待这些长辈们。即如我的外家蔡氏，有两个舅父，一个是我母亲的亲兄长，一个是我母亲的堂兄长，他们两家，所有人的性情脾气，平常也全由母亲讲说给我们听，所以我们每年回外家拜年，遇见外家一家人，都能懂得该如何行礼应对，外家长辈都说我们兄弟有礼貌，性情好，讨人喜欢。其实也全出母亲的教导。

我父亲有一位哥哥，即是我们的伯父。有四位姊姊，即是我们的姑母。他们五人，乃及他们五家，每人如何般的性情，如何般的喜好，亦都由母亲平常分别诉说给我们听。所以近亲相遇，我们兄弟都能应对有方，不失礼貌，不伤情义。其实连五世同堂一宅，十二房长幼老小，乃至整个七房桥全一村的钱氏家庭，凡和我们来往，都先由母亲向我们介绍过，以提供我们作交际应对的准绳。让我们在这样一个大家族中，被长上们称赞为一个好子弟，这全是母亲的教诲。在这些地方，我们父亲似乎是无暇及此的，也可说是不屑来指导的。

更有一事常在我心，印象极深的，是我母亲对待四个媳妇们的一切。这些媳妇们都是我父亲过世后，才来到我家的。各位媳妇的家庭不同，教养不同，个性习惯也不同。

但她们来到我家，对她们的婆婆，即我的母亲，同样一般有礼貌，能亲能近。或许可说比对待她们各自的丈夫还更亲近更礼貌些。夫妇相处，不免有意见，有口角。但婆媳相处，则无论哪一位媳妇，对她们的婆婆，从来都没有过意见。

我家六弟娶妻后，家住无锡城里，近岳家，我母亲少去住。其他三家，我母亲最先与长媳同居，后来又和二房即我家同居，也有极长时间和我最小八弟一家同居。当然妯娌相互间，不免总有小问题发生。但婆媳之间，则始终无芥蒂。积年婆媳相处，可以说是永远和乐相亲的。

我母亲对待子女，从不见严声厉色，更说不到体罚了。我是一个不擅长家庭杂务的人，但小时候的我，也总希望能干些杂务。记得有一天早餐时，我从厨房端了一锅稀饭到餐室中去，一失手，把全锅稀饭尽翻在厨房里的地上。母亲也并未严词责备我，只关心我有没有被烫伤。后来我家居荡口镇，遇家中有病人，拿医生开的药方去药店抓药，这是我的专职。坐在药店柜前凳子上，等配好药携之回家，费时而不费心，不须自有主张自有活动，这是我能做的事，所以我母亲逢此事便派我担任。

我有一姊姊，年最长，父亲在时，和母亲分别担任家务。那时候麻雀牌初盛行，亲友们有时来我家作雀牌戏，我母亲则绝不上场，交由我长姊来担任此工作。我父亲过世后，四个媳妇进了门，则家中从来没有过麻雀牌的活动。可见我母亲在她的一团和气中，对家事是有一定安排的。

我进中学读书，开始读到了《曾文正公家书》《家训》。他在军中，屡次告诫他的家人，不要看轻了妇女们日常做腌菜的事。我家里每年做腌菜，是最重要的一件工作。有时夏天在庭中晒制酱油醋等，我母亲必亲自操劳，由媳妇们帮忙。这成为我们家里每年日常必备的饮食品。但到今天，此项习惯早都全部取消了。这也是我每常怀念到我母亲的一件事。

我母亲对孙儿一辈最特别加以教养的，是长孙伟长。在我记忆中，永难忘怀的一幕，我母亲常把纺纱机放在桌旁，独自纺纱，我坐一旁读书，伟长侄坐我对面读书，祖孙三代，常到深夜始散。这真是当年贫苦生活中人生一乐事。

我在北平教书时，曾迎养我母亲到北平去。她和我长子拙儿及奶妈同住第三进院。所以我长子也是我母亲最钟爱的一个孙儿。对日抗战时，我母亲住无锡乡下八弟家，她纪念拙儿。我妻儿全家由北平返苏州，我也同时从昆明回苏州，遂在苏州觅得一园，迎母同居。而我也向后方任教学校告假，在苏州住下一年。这些已在《八十忆双亲》一文中详述过。现在我的长子也已在四年前因病亡故了。伟长侄前两年曾亲自到祖母生前住处和坟上去一一拜访过。现在还知道深切纪念我母亲的，除我以外，算只有伟长侄一人了。

我母亲的一辈子，可用《论语》上"贫而乐"三字来作形容。但使我最难忘怀的，是辛亥年那一年的夏季，我十七岁，得了伤寒病，误用了药，几乎不救。我母亲朝夕不离我身旁，晚上在我床上和衣陪眠，前后七个星期，幸而我终于痊愈了。我之再得重生，这是我一生中对母亲养护之恩最难忘怀的一件事。现在我的外双溪住宅，取名素书楼，就是纪念当年在七房桥五世同堂第二大厅素书堂我母亲护养我病的那番恩情。今年是我父母诞生一百二十一年的纪念。我此文也就此结束了。

（一九八六年四月，应《联合报》副刊"母亲节特辑"邀稿而撰，刊于五月十一日副刊，先生时年九十二岁）

二 怀念我的父亲

余生十二岁为孤儿，先父之卒，距今已逾八十年。余曾在八十岁时有《忆双亲》一文，迄今亦逾十二年。今年母亲节，《联合报》副刊编辑邀余续为追念母亲一文，余已勉允之。今又续加邀请另为追念父亲一文。余年老多病，记忆日衰退，往事不堪再加追溯，然情不可却，乃复勉草此篇。

余家贫，然有传家三宝，皆书籍，非他物。一书乃祖父鞠如公手钞之大字五经白文。先祖父体弱多病，年三十余，即不能多事诵读，但又不愿闲居无事，乃日以手钞五经为务。然患目疾，每临书，眼泪流至纸上，痕迹斑斑，久而益显，后半部更然，愈后愈多。先父以黄杨木版穿绵带裹扎，书面并亲题"手泽尚存"四字。全书用上等白宣纸，字体大小，略如《四库全书》。首尾正楷，一笔不苟，全书一律。墨色浓淡，亦前后匀一，宛如同一日所写。余幼年不能读无注之经籍，每展此书，仅神往于纸上之泪痕，追念祖父往年握笔时情况，怀想无已。

次一书为大字木刻本太史公《史记》，由先祖父誊写归方评点于其上。五色圈点。并于行间及眉端钞录评语，其评语长者另纸钞写夹存每一页之阴面。余幼年即知桐城派古文，读此书益知反覆寻索玩赏，不仅若归方之亲在吾旁，亦犹吾祖父之亲临指导，真不胜其心怡神往。

又一书为先父手书幼年私塾中窗稿。先父在十六岁县试秀才得冠首。其前曾在近邻颛桥一王老师家受业。先父不常去，仅由师命题为文，隔旬日半月亲送评阅。此集共存稿十数篇，其内一篇为"岳武穆班师赋"。余以幼年读说部《岳传》，遇此题即爱诵不释手。文题下小注：以"十年之功废于一旦"八字为韵。全文共分八节，每节末即以此八字顺次押尾，最末一字即"旦"字。余尤爱其押韵之巧。十年之功废于一旦，乃真若千年之功成于一手。天机洋溢，乃益见先父当时落笔为文之心灵神悟，乐之无穷。民七年七房桥五世同堂第二次遭火灾，第三进素书堂东边书房受灾，此三书尽成灰烬。此诚吾家子孙无穷之遗憾。

及对日抗战，吾家在北平，吾一人在昆明成都，吾侄伟长赴英留学，但因英伦轰炸，派其转学加拿大。家中存书则仍藏无锡乡间吾先嫂处。其时沦陷区各家均出卖书籍作散纸燃烧用，所存书亦付燃烧。余尝谓日本东侵，为祸于中国者，至深且大，即此亦其一小例。

先父以十六岁之年，县试为全县第一名案首，此下每三年即赴南京应举人乡试。但先父体弱多病。由县城结群友共乘一船渡长江，连日已甚劳累。及达南京，点名入场，由下午迄午夜。而考场乃一草地，四围张幕为之。先父自入场，即已病不能支，每试仅获成一题，不克终场而止。

故三次赴考后，即不再往。不记在何一场，先父仅成"齐人将筑薛"一题。出场后，同考者得诵成稿，相互传言，佩服不止。一则先父对此题发挥，更用意重一"将"字上，虚处落笔，已见其难。再则其时《公羊》学方盛行，先父下笔亦采用《公羊传》句法，语末即多用"也"字，更见为奇格特创。群相传诵，认为不可及。

其后环七房桥二十里间，来请从业者群集。多或七八人，少或二三人，数年间，前后约共达四十人。大抵成年二十以上者占十之二三，中年三十以上者占十之七八，但绝无二十以下未成年人。其教其学，并不如平常之私塾，乃略如书院制。先父并不亲为讲解某经籍，仅来学者自相讨论，由先父为之评判领导。故诸生日夜勤读，而先父则不常赴。来学者集居于五世同堂素书堂之后进右侧三屋中，即先父少年读书处。由先慈主理烹饪，供给膳食。其他群居事，则由来学者自为处理。时余尚未出生，仅先兄已为一幼童，来学者群相亲接。及先父之丧，前时从业者尽来吊，遇先兄乃相亲如同业。余则素不相识，乃无可相谈。

距七房桥十华里许有望亭镇，属吴县治。有一望亭司驻其地，求为其子觅一师。或人荐先父，但不久此司即离职去。自此识与不识，乃群称先父为师爷，绝不称先生。其他乡里私塾之师，则群称先生，不称师爷。是先父平生虽未出仕，而邻里相视，其师爷之称，亦已不啻其为仕矣。

《论语》言："学而优则仕，仕而优则学。"先父既未仕，实亦因体弱多病废学。自余幼年，已不见先父平居之读书为学。仅在荡口，每夜从鸦片馆回家，先兄必坐待先父归，先父教先兄以《国朝先正事略》一书。每夜先兄诵习一篇，先父加之以教诲，如是而已。

先父中年即多在病中渡过，夜间过午夜始睡，晨兴则已在午间，又必由余奉母命到床前唤起。以先父似爱余，不加斥责，故得受此职。先父之日常生活，既已离于读书为学，已若一闲人。然而先父之得人尊敬，则日进而益深，愈远而弥殷，环居数十里间，士大夫读书人中，实无有更出其右者。盖其得人尊敬，尤有超乎读书为学之上。古人言有一乡之士，有一国之士，有天下之士。先父穷居乡间，未获上进，不得为国士天下士。然其为一乡之士，则余自先父卒后，稍读古书而渐知。先父虽病中废学，然常为乡党邻里持平处事。孔子曰："听讼吾犹人也，必也使无讼乎！"先父之日常勉励劝告，每能使乡里达于无讼。相争两造来告，先父必为之评判其双方之是非曲直，并告以退让谦逊之道，无往而不确得其宜，有以深入于双方之人心，而符其所愿望。使争端得终止而平安。

其时乡里间尚有"吃讲茶"之俗。持争双方，群集市区某一茶馆中，或十余桌或二三十桌，不禁余众旁听，相互发议，或别请仲裁人发表意见。是非定，争议息，茶会散。即当时上海租界吃讲茶之积俗亦甚风行。但先父则向不出席吃讲茶。相争双方惟由一二人来舍讲述请示，先父告以从违，每事必深获双方之同情。曲直遵让，相互折服。积久之讼，片言而解。此实中国传统文化中地方自治一型式一情态。吾自幼小有知识，即从不见县官下乡，亦不见乡人进县城涉讼。更无所谓警察或军人。乡人相争，自在其乡获得解决。除每年缴纳租税进入县城外，一县官民各自相安，不相干涉，此非一种中国式之地方自治而何！而获致此种自治者，则其权在四民中为首之士，而不在其他之农、工、商三阶层。此实中国传统文化中大值探讨讲究之一端。

而今人则群以"专制"二字轻诬中国，对于负责地方自治，平息相互争议者，则诬之为土豪劣绅。窃谓《论语》有所谓"文质彬彬"之君子，即如先父，庶堪当之。故谓先父乃一君子士绅则可，谓之乃一土劣则千万不相涉。谓先父乃一中国传统士人最后具体之一例则可，谓先父乃开前古未有之局，为适应时代当时一创造人物，则又大不可。此则先父生平，非为有意讲究中国文化传统者一具体之实例而何？

但先父可谓乃中国两千五百年来士传统之最后一代，继此后乃渐不见有所谓"士"。先兄仅应科举考试一次，此下即科举废，乃有新式学校之教师。有国民，有专家学者，有知识分子，而更无旧传统之所谓士。当前则更有所谓青年，或民众代表，或党人，而更无所谓士。故自先父之殁，亦可谓中国传统之士阶层自此灭迹，不复再见。此在中国文化史上，乃不得不谓是可追念可惋惜一绝大之变化。

然而当今以后，果欲复兴中国文化，又乌得不复兴中国传统之所谓士。中国传统之所谓士，又何由而复兴。自孙中山先生"三民主义"言之，首为民族主义。自孙中山先生之"五权宪法"言之，其中有考试权。中国传统之士之先后进退，乃在五权宪法中之考试，而不由西方式之民众选举。西方之选举，乃有政党组织。傥经考试，乃可不结党不选举，而自有其先后高下进退之分别。中山先生《三民主义》中之选举权，则不仅被选人当先经考试，即选举人亦必先经考试。此又中山先生之所建议，与西方政党实情一大相异处。

而如先父之生平，其先之志学应考，如其为《岳武穆班师赋》，如其为《齐人将筑薛》八股文，皆与当时现实政治无关。其因病赋闲在家，预闻乡里事，亦皆与朝廷官府上下之政治无关。此为旧传统之士。虽未预闻治国平天下之大端，而与修身齐家则大有相关。纵谓其为八股文适应考试，乃可谢绝一切政事于不闻不问，而乡党自治则深赖之。此为治中国史讨论中国文化者，虽史籍未加详载，而据今以验之古，此亦不当不深切详知者。

犹忆余初进小学，一体操老师即告余，当今中国皇帝乃满洲人，非中国人。余归而以老师语询之先父，先父曰："然。"并告余："汝上街所见，店铺各招牌多书'满汉'二字，即本此。"但先父语即此而止，再不他及。又余先伯父家一姊，嫁苏州一士绅家。其翁仕于天津，八国联军时罹难。姊自天津归来，住余家。乃先父绝不与家人详及八国联军之经过。及其与诸友朋往来聚谈，余亦绝不闻其谈及当前之政事。余今居书屋，悬有石刻拓本朱子一联语，"立修齐志，读圣贤书"八字。如先父实即如此。不得谓其非读圣贤书，亦不得谓其不立修齐志。但于治国平天下之大道，则余幼年乃绝未闻先父一语道及。此所谓"不在其位，不谋其政"，先父实有此修养。但其教先兄读《国朝先正事略》，其对洪杨为乱、曾胡往绩，时有谈及。则先父之对治平大业，亦似非一无存意于其间。北宋范仲淹为秀才时，即以天下为己任，史书乃大书特书，以见其特出。否则中国之士，亦必如西方之结党相争，而中国历史乃不能复有已往之轨迹。然又乌得谓非中国文化中士传统一实况？此一层，实深值吾国人之深思而明白其含意之所在。

先父之为人，则实正为当时士传统最好一榜样。至于余毕生为一学校教师，自民初迄今，已达七十五年。平生仅好读中国书，亦仅能读中国书。曰修身，曰齐家，曰治国，曰平天下，仅传空言，无当实事。上念吾父，虽曰病贫家居，修身齐家之与治国平天下，事功不同，而正心、诚意、致知、格物，明德之本，则无大差异。吾道一以贯之，而生命精神则融在此一大道中。穷达进退，可不计虑及之。而其立德居心，则终始一贯，即沉浸在此人群大道中。所谓"忠恕违道不远"，通天人，合内外，古人复起，亦可于吾先父之所为，轨辙相符，不复与易。则又何穷通夭寿之足计。

中国人言："虽无老成人，犹有典型。"如先父，不寿而夭，纵不得谓是一老成人，而余则自为孤儿，读中国书，积八十余年来，窃谓吾父不愧为是一两千五百年来四民之首之"士"传统之一典型，则所堪深信而无疑矣。今自先父之卒，八十年来，再一深思，惟此一意，可以传先父于不朽。真所谓"建诸天地而不悖，质诸鬼神而无疑，百世以俟圣人而不惑者"。即此以结吾篇，幸读者其深谅之。

抑犹念先母自先父卒，岁月必梦，每梦必以告余兄弟。一夕，忽梦先父已升为城隍神，醒而详告余兄弟以梦中经过。自此乃不复再梦。然则先父之辞世，依先母之意，宜当升为一城隍，乃可不愧不怍，长此无憾。知先父生平之志行所在者，宜莫如先母之为允当而深切矣。此一事虽若迷信，但亦有当于双亲生平志行情感之所在。故并此书之，他不复及。

（一九八六年八月八日《联合报》副刊）

三　胡公秀松墓碑记

南昌胡公秀松既卒之期年，其孤美璜建碑于墓亭，婿钱穆为之记，志公之生平大节焉。

公少颖特，民国元年毕业于国立北京法政专门学校，历任教育部主事、视学，江西省教育厅长，北平中国大学、华北大学、北平大学、警官高等学校教授，盐务学校教务长代校长。民国十九年，转任青岛市政府秘书长。抗战军兴，任山东省政府委员兼秘书长，国防最高会议第一处处长，江西省政府委员兼秘书长。胜利后，任东北行辕秘书长，江西省政府委员兼主席。辗转来台，任"总统府"国策顾问，兼裕台企业公司董事长，以至于卒。

公内行醇谨，居家孝弟，敬宗恤族，惟力所能；居官清勤为之，长者加信任，僚属悦服焉。流亡香港，贫无以生，夫妇亲糊火柴盒，使其女入厂充纺织工。经营裕台公司前后十二年，盈利数千万，家贫如故。所至无赫赫功，然久而人思之；所交不煦煦热，然久而人亲之。未尝有危言高论、奇节瑰行可以惊动视听，然及其卒，识与不识皆敬叹以为不可及。言民国以来廉循吏，必屈指首数公。

穆初识公于香港，稠人广坐，朴重谦让若乡里老人，不问其姓字，不知其膺疆寄为达贵。及缔姻，言笑不及私，平生宦况，当前处境，绝不挂齿颊间。其言政俗隆污、民生荣悴，交游出处进退、丰薄所宜，辞气和平而指意明确，乃坦坦若话家常。预为遗嘱，教子女惟以宽厚谨退、习劳、辨义利为训。穆幸得窥于其家门之内，亲接其日常言行之澄，然后知公敦庞纯笃，诚一代之完人，殊不足以廉循尽公之全也。爰为揭其大要，俾良史秉笔善言德行者有所采择焉。

公讳家凤，世业商，至公始以学问入仕宦。一九六二年十二月二十九日以心脏病一夕卒，享寿七十有七。先配魏，继配吴，继配张。子七人，女八人，五女美琦，穆所婚。

一九六三年十二月无锡钱穆谨撰

挽联

公一代完人淹化何期成隔世

婿分属半子清辉永缅足终生

婿钱穆敬挽

四　纪念张晓峰吾友

民国初年以来，陈独秀、胡适之诸人，先后任教于北平北京大学，创为《新青年》杂志，提倡"新文化运动"，轰传全国。而北京大学则为新文化运动之大本营所在。

民国十年间，南京中央大学诸教授起与抗衡。宿学名儒如柳诒徵翼谋，留美英俊如吴宓雨僧等，相与结合，创为《学衡》杂志，与陈、胡对垒。

余家贫，幼年即为乡村小学教师，不获升大学。先则有志升北京大学，嗣又起念进中央大学，皆不能如意以达。乃于《新青年》《学衡》两杂志，则披诵殷勤，备稽双方持论之相异。

民国二十年，余亦得进入北京大学史学系任教。但余之大体意见，则与《学衡》派较近。而中央大学亦多优秀学人，缪凤林赞虞专治中国史，张其昀晓峰专精中国地理，并驰誉全国。某年，赞虞远自南京北上，专访余于北平，寄宿余书斋，与余连榻数夜。余偕游北平城郊名胜，曾坐卢沟桥石狮柱上，畅谈逾时。翌年，晓峰亦北上，与余晤面。时赞虞在中央大学任教，而晓峰则移去杭州浙江大学任教。晓峰、赞虞两人意气有不同。晓峰坚不宿余寓，同游机会较少，而畅谈倾怀则与赞虞相仿。

又隔有年，民二十六年，晓峰特来信邀余转往浙大任教，时北平风声鹤唳，而余则以其他关系不忍离去。晓峰又改请张荫麟，荫麟自美留学归来，任教于清华大学。其先为清华学生，与同学贺麟，同为其师吴雨僧创办天津《大公报》文学副刊撰文，一时号称"二麟"。贺麟留学欧洲归，任教于北京大学之哲学系。荫麟在清华史学系，两人与余往来皆甚密。荫麟亦如余，不能一时离去。晓峰乃又改聘贺昌群，时任职于北海国立图书馆，亦治中国史。某夜，余、荫麟、昌群共饮一小酒店，商议晓峰邀南行事。又同赴一著名拆字人处，彼云昌群当先行，余两人随后亦有机会去。昌群乃先赴杭州。

抗战期中，余与荫麟皆赴云南西南联大，晓峰则仍留浙大，但迁校贵州之遵义。后余一人独住宜良山中岩泉下寺及上寺。一日傍晚，忽见晓峰来，极惊讶，问其何由来？晓峰告余，应召至中央研究院开评议会，在昆明见陈寅恪，寅恪告其最近有大文章一篇，刊载昆明报纸，嘱其一阅。乃余当时新作《国史大纲·引论》。晓峰渴望一面，但知余必周末赴昆明，不获久待，故来。余乃于地板上铺床被，两人连席而卧，作长夜之谈。翌晨，晓峰即匆匆去。宜良距昆明火车半日程，抵车站又有田野八华里，始达岩泉下寺。余住此陈寅恪亦曾一次偕汤用彤来，告余，境地诚佳，但如此岑寂，彼一人不能居。晓峰远道只身来，浓情蜜意，终生不能忘。

余后改赴成都任职于齐鲁大学与美国哈佛燕京社合办之研究所中。而荫麟则以一时夫妇失和，独赴遵义浙大任教。晓峰于荫麟不仅敬礼备至，荫麟病，晓峰派人及浙大同学照顾护养亦备至，当时学术界群传为美谈。而荫麟则终于不幸逝世，一切后事亦均由晓峰任其劳。

余于某年自成都赴重庆，遂亦觅得数月闲暇，南游遵义浙大，讲学一月，得与晓峰晤面逾月。其时晓峰为浙大遍觅国内名学者，如缪彦威、郭秉龢、谢幼伟等诸人，皆在浙大文学院任教，与余皆一见如故，相聚畅谈，诚为当时避难后方难得一快事。

自余离遵义与晓峰诸人相别，晓峰乃创办一杂志名《思想与时代》，由缪、郭、谢等执笔撰文。晓峰亦嘱余为文，余欣然应允，按月撰一文，约近数载。余之为学孤陋寡闻，仅于乡村小学中以教课之暇偶翻古籍，信而好古，述而不作。仅见时论于中国历史传统、先哲本真多有不合，加以申辨，如是而已。何敢于学术思想上自树己见，自唱新说。而于西方文化，中西异同，则更从不敢妄下一语，轻肆一笔。特于赴北平后，得读梁任公《欧游心影录》之类，始知西方文化未能尽如人意，亦多可议处。而余之赴北平，任公已逝世，迄未得一瞻仰，一听教诲，亦终身一憾事。及在昆明撰写《国史大纲》毕，与老友汤锡予讨论此下为学途径。锡予告余，君治国学，大体可告一段落，此下当读西书，或专精佛学，庶别有开展。余未能如其言，而欧洲第二次世界大战结束，梁任公《欧游心影录》想象更益往来心中。但自为《思想与时代》撰文时，已专对文化问题上有所发挥。此下乃一转意向，多于文化问题着眼。实于晓峰创为此杂志时启其端，此又感念不已。

及余避赤祸来香港，仅只身行，书物多未能携带。赴美，在史丹福大学图书馆忽见有《思想与时代》杂志，大喜过望，遂留馆中，影印余历期所为文始离去。后晓峰亦于台北觅得此杂志全部以示余。生乱世中，即亲身所为文，欲保留身边已不易又如此。迄今尚有几许重要文章未能归入手边，不知尚能幸在人世否。是亦诚堪嗟叹。

余自《国史大纲》以前所为，乃属历史性论文。仅为古人伸冤，作不平鸣，如是而已。此后造论著书，多属文化性，提唱复兴中国文化，或作中西文化比较，其开始转机，则当自为《思想与时代》撰文始，此下遂有《中国文化史导论》一书，该书后由正中书局出版。是则余一人生平学问思想，先后转捩一大要点所在，不得谓与晓峰之创办此一杂志无关联。老友逝世，岂胜悼念。

余之生平，实可谓无一创见，无一新说，一切皆述而不作，信而好古。若谓余言有得，则所得在古人。若谓余言有失，则所失亦在古人。余前半生所言可谓属于历史性方面，皆有历史可证。此下属于文化性方面诸论文，则证明当在后世。余尝谓对当前一切无可乐观，对未来则后生可畏，无悲观可言。故凡余所言之是非得失，必当待之后世而得论定，此则有望于国人之见谅。

民国三十八年春，余避赤祸来广州。一日，忽于街头遇见晓峰。晓峰立街头告余，此来不复返，拟夏后赴香港，办学校。谢幼伟、崔书琴及某君三人，已相约俱往。今当在教育部办理创办前事务。余告晓峰，抗战军兴前，即蒙邀赴浙大同事，迄今仅得赴遵义一月而止，歉憾无极。今君既赴香港办学，余必相从，以赎前疚。乃晓峰忽得蒋介石总统电召速赴台北，匆匆离去。余夏间赴香港，忽得广州教育部电召，于孔子圣诞在部作讲演，又返广州。而谢幼伟、崔书琴两人，已先后赴港，即承晓峰意创办一新学校，于香港教育司立案，推余为校长。余在广州闻讯大惊，去书辞谢，谓余仅求在新学校任教职，绝不愿预闻行政职务，更不愿担任校长名义。崔、谢两人乃派第三人某君亲来广州，面促余去港。乃此人自来广州，避不见余，亦遂不再返香港。

及余去香港，崔、谢两人面告，教育司已立案，悦有更易，恐生周折。彼两人愿尽力校务，余仅负一名义，可弗多虑。余勉允之。乃不日，谢幼伟又得印尼某报馆促赴任总编辑，谓作狡兔之三窟，留他日一去处。遂只留崔书琴一人在港，谓愿尽负学校行政责任，余可勿滋忧虑。翌年春，书琴夫妇又去台北，于是此学校乃专在余一人肩上。此即以后之新亚书院。

人皆谓余创办此校，实则幕后真创此校者乃晓峰，而非余。尤可异者，余自一九五〇年冬来台北，此后几于每年必到。到则必晤晓峰。晓峰任教育部长，部内各项学术专门会议余亦多参预。晓峰犹必与余郊外同游，远近诸名胜，几皆遍历。两人同坐一汽车，必得长逾半日之畅谈。凡新亚事，有所请托，晓峰无不允，尽力为之。但晓峰从不与余提及新亚事。此学校之创办，晓峰岂不知。其推余为校长，晓峰亦岂不知。而晓峰乃置身事外，绝不问闻，一若此校与彼绝无关系。在晓峰意，似因未克身赴香港，亲预其事，乃于此校现况与其前途开展之理想，绝不过问，以免作局外之干预。此种朋友相交之一番深情厚意，乃有达于一种难于以口舌阐申之境界。一日，在文化学院内有一师生大集会，余亦在座，告在会者，张先生创办此校，但以前又尚创办一学校，即香港之新亚书院。余乃详述新亚成立前之经过。晓峰继余发言，乃于余所言既不否认，亦不承认，几若无所听闻。其情态有如此。而其用意所在，乃使寻常人难于理解。此见晓峰人格修养之一斑。

晓峰初任教育部长，余又得任文化教育访问团团长，赴日报聘。为余生平得正式担任政府职务仅有之一次。同行者凡六人，皆台湾学术界名流，而晓峰特邀余远自香港来任团长之职。但余之来台，仅得晓峰私人函邀。及到台，晓峰即偕余同谒"总统"，并未言及教育部组团访日。余亦未向晓峰有感谢任命之辞。既赴日，得遍识日本上下各界，又畅游东京、京都、奈良诸名胜，学术时事不断有公私访问讨论研商及讲演，为余平生一快事。既归，亦未向总统府教育部作一正式报告。归香港，乃写一文详述其事，刊载于《教育与文化》杂志十一卷五期。最近晓峰病居医院，余往访，晓峰握余手，告余当年国内轻视学人，故彼乃特邀余任文化教育赴日访问团团长一职，言次泪流满面。晓峰与余为朋友交，以长兄视余，以弱弟自居，决不曾有尊卑上下之分，故当年不敢明言任命事。其对朋友忠厚之情，蕴藏深隐之养，固属难遇，而余之粗莽浅率，亦大堪惭疚。晓峰亦自以一学人身份蒙先总统特达之知，作为教育部长。不知当时晓峰亲身所感受如何，数十年来迄未谈及。一时之下泪，拟可想见其一斑。其私人涵养之素，亦大可由此推想矣。

晓峰辞去教育部长职，乃由余之劝告。晓峰告余，屡辞，总统坚不允，乃袖呈余所写与晓峰一函，总统见之，乃许辞。此事亦仍有往年北大、中大文化意见相异之波澜潜伏作祟，此不详述。要之，政治上之一进一退，中国人亦自有一番大道理。晓峰与余之友情，亦自有一番进退出处辞受之共同理想，为之植根，固非名位交、势利交、酒肉交、声色交之可比。此则余虽未死，亦终可告慰晓峰于地下者。

晓峰辞去教育部长职，乃改任阳明山国防研究院职务。晓峰又邀余来作长期讲演，今编《民族与文化》一书，即当时之讲辞。晓峰其时已有意创办一学校，今文化大学第一期建筑完成，余夫妇亦得寓居其一小楼上。当时晓峰所想象，与以前新亚所想象，其规模，其前程，其一切影响所及，诚有难于相提并论处。故知一国家，一民族，在其政治社会内部之建设，与在其政治社会外部之活动，岂可同等相提。此则全在精神界，不尽在物质界。今国人好想象海外发展，于此诚当计虑及之，不当轻忽不加理会。即西方人亦早知此不同。英伦人终归英伦，不考虑在美国求发展。美国人亦早归美国，不终留英伦求发展。此亦当前人情世态一极可注意之问题。

余自香港迁来台北作久居计，日用书籍及家藏器具，海运来台，一切海关手续，均由晓峰派人办理。余夫妇仅自港乘飞机抵台北。晓峰知余所需，未经余请求，先自为之，其为朋友谋有如此。

余定居后，晓峰即来邀赴文化学院任教。余告以方编写《朱子新学案》，得美国哈佛燕京社津贴，非书成，美方津贴停止，即不宜再膺他职。及书成，晓峰又来邀，余乃勉允之。以年老精力衰，仅在家每周任课两小时而止。嗣晓峰又定"华冈教授"名义，聘年老退休之有名学者，特付全薪，林语堂等皆在内。余亦同膺此名，任课如故。是晓峰办学其意犹不专在学校，苟于国家文化前途有助，晓峰无不尽力。其意有如此。而余之日常生活，得益于晓峰此一津贴者亦不少。又余之《中国史学名著》《理学三书随劄》，以及《双溪独语》诸书，亦皆任课所述。此亦可谓由于晓峰之督促。此下著述不辍，迄今当逾百万言，亦可谓胥出晓峰之赐。

晓峰病，余夫妇赴医院视病，晓峰意多激动，乃亦不敢多往。今晓峰乃不幸逝世，余亦正在病中，仅一赴其家吊其夫人，又一次赴殡仪馆送其丧。乃又作为此文，仅述余两人私交之经过。至于晓峰之为人，及其为学与其从政办学之经过，必有能详述之者。此文则不敢赞一辞，仅此而止。忆念老友，情又何极。

一九八五年双十节前一日，钱穆草于外双溪之素书楼，时年九十一，病四十余日未愈。病中，勉作此文，岂能尽余情意之十一。此为余又一次愧对老友，真亦无奈之何也。

（一九八五年十一月十一日《中央日报》副刊）

五　故友刘百闵兄悼辞

我不记得哪一年读到百闵兄译日人五来欣造《中国儒教对于德国政治思想之影响》一书，那时正是打倒孔家店全盘西化新潮澎湃，在此时，有此人译此书，不胜遐想，如见其人。但我和百闵兄见面乃在一九四九年逃亡香港之后。百闵夫妇在九龙钻石山傍溪筑屋，我往叩门访晤，入室，见其图书满壁，十分慕羡，而百闵特所夸示者，乃其院中所养来康鸡，约有五六十头之多。百闵告我，每日产卵，隔一两天由其亲自携篮分送市区，彼夫妇生活，足以自给。午刻杀鸡留餐，由此订交。我留滞港九前后十八年，往来最密者，实惟百闵夫妇。

有一时，我常往元朗，欲为新亚书院觅地，每与百闵在彼相值，知彼为买鸡亦常来此。此后百闵亦时来新亚，为我规划一切，常同在街头小咖啡馆畅谈至深夜。稍后，来新亚任课。时百闵生事渐窘，意欲迁家来台，我浼其同留新亚，彼谓能得月薪两百元，即可留，而新亚当时经济情况已陷绝境，我来台奔走，百闵在我离港期间，为新亚募得小款两宗，赖以维持。我未返，百闵夫妇已来台。一日在街头遇见，百闵告我，来此不久，即获香港大学中文系聘书，意欲再往，我亦力劝其行，谓香港毗连大陆，声息相通，大陆来者日众，并港埠为海外侨胞国际视听所集，绝不宜忽视，能在港大任课，方便殊多，盼决速往。百闵意此去未卜久暂，当一人先行，俾他日进退裕如。

其时港大中文系主任林君仰山新到，林君久居中国，深沾华风，于百闵倚仗尤至。系中一切措施，必从谘商，百闵亦竭诚相助，课务编排，出诸百闵意者为多。又特编中文课本，经、史、子、集历代名作，网罗选择，斟酌再四。附加注释，训诂考据，一字不苟，港九中学生投考港大，必先读此本，历年来影响于港九各中学之中文教育者，厥功甚伟。

港大例，任教者年逾六十，必退休，惟林君因中文系卓著绩效，难觅替人，破例超七十。而林君必欲百闵同其事，获校方允许，故百闵亦留任，俟林君先去职，校方欲百闵继主系务，百闵则力辞，越一年亦去职，逾其退休年龄已七年，前后任职港大达十五年，此在港大亦为一稀有少见之事。

百闵为人，练达事务，通洽人情，一时流亡在港者，苦闷艰窘，大率相似，每喜群集于百闵之门，百闵处境较优，开门延纳。必具茶点，时备饮膳，间作方城之戏。来者忘时，去者尽欢，百闵周旋其间无倦意，百闵家遂为一辈流亡知识分子消遣集中之所。久不相晤聚者，每于百闵家得见面。各方有消息，常于百闵家流播。各人有郁结，亦于百闵家得倾吐。意绪之散发，议论之调协，百闵座上，乃常使人有春风披拂冬阳照煦之感。百闵因此亦或遭人误解，然就港台两地大局言，百闵之长期在港，要为有一种无形之作用，不可否认。

我自婚后，先住钻石山，后住沙田，百闵亦两易其居，先住香港，后迁九龙，与我寓所相距皆遥。然我夫妇遇有事市区，必去百闵家，百闵夫妇得闲，亦常来我家。沙田地僻，百闵夫妇来，必流连尽日夜，我夫妇掌灯送彼夫妇下山而别以为常。愈后则往来愈密，叙述家常，感慨时事，讨论学术，有时四人聚谈，有时夫妇各别相谈，每嫌时光之迅疾。

百闵于学术，不喜为专家，亦绝无门户之见。其先受业于夏灵峰，嗣则见知于马一浮。我尝读夏氏书，亦曾与马氏往来，故百闵尤喜为我追述其幼年问学往事。于夏氏屡屡称道，于马氏更乐回溯。其于夏氏，盖得其理学严谨之传绪；于马氏，则深赏其诗文风流之趣。其练达事务通洽人情似马氏，其立身有主不逾大节似夏氏。其学尤于古经籍及宋明理学家言为娴熟。然每誉我散文小品，杂见于报章，或得之他人处，别人所不注意者，百闵每加称道，认为有古人文章家法。其于朋辈相知，亦有扬无抑，于古人更不轻加评骘，其论学绝不见戈戟，盖与其为人相似。

其在港后之著述，先有《经子肆言》，此书本为某报络续写刊，用意在为青年指示国学门径，非有意作为一种学术论著。我平日窥百闵之意向，似不甚为自己专门成业着想，所重在如何诱掖后进，端其趋向，导其进修。百闵常和我讨论大学文科课程及教法，素抱此见解。彼意个人治学与为师指导，事有不同，故所重应在青年受学之一边，不在自己成学之一边。此书亦复如此。书中于古经典，先秦诸子，自汉迄唐儒、道、释三家，及宋明理学，下至清代颜戴两人，扼要叙述，条理分明，辞旨浅显，语无枝节，义有宗本。不见夸张，不涉僻奥。只有置之不论处，绝无漫肆攻驳处。中道而立，和易近人，实足为近代学风开辟一新境，为青年向学指示一正途。此书已受各方重视，可不详论。

百闵于《易》学最所用心。上下《经》及《十传》，几能全部背诵，先成《易事理学序论》一册，又成《周易事理通论》两册。前一书卷首有云："本书谨以献之蠲叟马先生，犹忆年二十一时，常从富阳过杭，向先生假书，每月一觐对，藉得亲其德音，领其绪论。四十年来，化育之恩，何可忘也。"富阳乃夏灵峰所居。后一书卷首云："此书敬以纪念先师灵峰夏先生逝世三十五年教育之恩。先师严气正性，泰山岩岩气象，如在羹墙，未尝忘也。"可见百闵于其早年一师一前辈，历三四十年之久，而拳拳勿忘。学有师承，而不以师法自限。学有专长，而不以专家自许。其治《易》亦无前人之深晦玄奥，而专就事理为说。百闵平日闲谈，每自许善处人事。盖百闵实以其为人者为学，而百闵之为人，实自其早年已能左右采获于夏马二氏而兼有其两面。

百闵又有一书，不知顷已脱稿否，其书乃荟萃平日论文。专论孔门之学者，伴称"孔门五论"，然或记忆有错。忆其有论敬、论仁诸篇。我每过其书斋，必出示相讨论。百闵于引用前人语，必确查出处，仔细核对。文中有用某书引朱子一条，百闵知其出《语类》，而不能知其卷数，询之我，亦不知，与其书记翻查数日始得，其严谨不苟又如此。此与其尚通学，务大体，豁达和易，又恰显出百闵为人为学之两面。

我和百闵性格多异，我除学校公事外，常深居简出，百闵则开门延接，广纳群流。我疏于人事，又不善应付，每因薄物细故得罪他人而不自知，百闵则洪纤毕尽，左右咸宜，胸有泾渭，而心无瓜蒂。貌若随和，而所守不屈。脚踏实地，而行则圆通。我尤不能治家人生产，百闵初到港，即治鸡舍为生活作长久打算。及任教港大，生计稍裕，奉身交友，虽不奢泰，亦不务为俭约。遇人困急，辄分财济助，从不吝惜。而尚能积余俸，择廉价，逐步置房产，谓备身后。我则不名一文，而贸然办了一学校，架空度日，百闵每以我忽略生计为戒。及我决意辞职，百闵极虑我少盈积，何以为继，并屡为他人言之。百闵亦粗解子平术，尝告人，彼与我两人八字，如水火之相反而相济，故能一见相得，久而益善。实则百闵对人莫不如此，常谓能谅人短，始得尽交。故我虽多短缺，而能获此良友，至今思之，益增悼念。

我去南洋，百闵书问屡通，为我筹谋将来，又代我妻介绍一职业。及我夫妇回港，百闵亦不久退休，常考虑两家迁台之事。曾两度相偕来台。去岁百闵夫妇先来，又为我夫妇迁台事各方筹洽，无微不至。即我此所赁屋，亦百闵为我事先洽定。方期今春百闵夫妇来台定居，虽短暂相别，而仍可久长相聚，不谓百闵遽作古人，病不得相问，死不得相送。而尤所感怆者，我在港十八年，新亚之创始，及我最后之辞职，其间种种，惟百闵知之最悉，而又与我以同情。今此一段经过，亦随百闵遗体，长埋荃湾坟场，作为殉葬之一物，更无发掘再现之日。我心寥落，如何可言。百闵故交遍国内外，其平日为人，决不随其生命而遽忘于人心，其为学则遗书俱在，可供后人之探讨。此次立法院诸君开会追悼，我特述我两人在港订交，百闵生命之最后十八年，就我夫妇私情，作此悼辞，以备在此会中作同声之一哭。

（一九六八年一月二十五日《中央日报》副刊）

六　回忆黄季陆先生

　　余幼年十六七岁时，即已闻黄季陆先生名。想象其人，如在天上。及相见相识，余已年过四十，在对日抗战时。余自云南昆明转至四川成都，先后任教于齐鲁大学及华西大学。先居北郊赖家园，距城约二十华里，课务偶进城。后转居华西坝，乃始与季陆常相晤。时季陆任四川省党部主委职，事务纷烦，乃一忙人。与余交，机缘不易得。但季陆每一相晤，情意深厚，每若数十年深交。故余与季陆初相识，即亲切如至友。

　　某年，余罹十二指肠溃疡病进医院，时西方已有专治此病之新药，而未能来中国。医生诫余静养，专进流质饮料，以一小饭碗为度，隔两小时一进，晨夕共七次。季陆闻余病，常以补品相赠。川俗以土产枸杞浸酒甚补。季陆赠上品美酒，余素不能饮，稍尝即止。酒瓶积存书房一长柜上，来访宾客见之，赏羡不置。

　　季陆任四川大学校长职。一日，亲来访，邀余任川大教。余告以华西大学教课不易辞去，兼教两校非病体可任。乃季陆言辞婉转，不得已，终勉允。余乃每星期得一田野长途散步运动，自华西坝至望江亭，一人漫行，稍倦即休。

迄到，傥有余暇，则在望江亭品茗。学校亦有一休息室在楼上，座位甚宽。常在此晤熟友畅谈，而饮茶洗脸，校工事奉甚谨。前在北京大学时，亦有休息室，而川大则更较舒适。余在大陆时，任教南北各大学，不为不多。相知者或易忘余之曾任教于川大，而余则迄今每常念及。其与校长相交往，则尤以季陆为密。

及余避赤祸至香港，又与季陆晤面。时余方赤手创办新亚书院，艰苦麇集，亦成一忙人。每遇季陆，亦仅匆匆一面。及季陆来台湾，又成一忙人。余每来台，亦仅匆匆晤面，终不得长时闲暇成深交。而季陆之情意深厚，则每晤皆然。季陆任教育部长，曾专函去香港，邀余来主持某博士学位考试委员会。适余已离港来台，季陆未得覆，方焦急，仓促间忽相晤，余终得膺季陆之聘。两人之交往率类此。

及余来台定居，乃得与季陆常晤。季陆已改任国史馆长，每见必谈史事，尤多谈辛亥革命前后之近代史。凡所谈，其人皆季陆所亲识，其事多季陆所亲预。其谈必寓有一番恻怛恳切之情感，特有其一己独有之见解，乃及其鲜明坦白之是非观。每听感动不已，与平日读史籍大不同。每念今日国人谈近代史，能有几人如季陆之亲身参预，又有几人能如季陆之体会深切。惜余双目已盲，不能再努力学问，否则追从季陆相与专治近代史，岂非一好幸运。季陆又屡赠余任职国史馆新出版诸书，余亦已不能披读。季陆又常言及，欲邀余一赴国史馆，而亦始终未获前往。余之与季陆交于匆忙中，每得亲切意，而亲切意则尽在匆忙中，亦举此一例可证。

季陆又谈及有意整理《清史稿》。余谓《清史稿》乃中国二十五史之最后一部，体例当一承其前。若求改进，当从此下开始。然今在台湾，求能了解旧史体例者已不多。为今计，不如先为原有《清史稿》作一校勘。故宫博物院所藏清廷此项资料尚多，凭以校勘，以待他年有人得以正式改写。季陆同意，商之故宫博物院前院长蒋慰堂，乃于故宫博物院设一会，积年努力，幸已成稿。闻不久当能付印出版。此亦当为季陆对清史一贡献。

其他与季陆交往，琐碎事多在心头，但不烦一一见于笔墨间。窃谓季陆乃一时代人物，但同时仍不失为一文化传统人物。其人乃在新旧夹缝中。故在现时代不失为一忙人名人，而终不得为一要人，为一掌握时代权衡之人。有时虽在忙中若终为一局外人。余之犹得与季陆相交，主要乃在此。

古人言："已无老成人，犹有典型。"季陆之在当代，就中国文化旧传统言，十分严格言之，纵谓其不得谓一理想之老成人，但岂得不谓其尚存老成人一典型。当前国人后进欲求一睹一旧传统中人物之规矩模样，岂不已是十分难得。居今日，求新并不难，求旧则甚不易。孔子曰："后生可畏。"据今日言，非日务趋新之可畏，能尚知有旧规矩旧典型方可畏。唱一新歌，作一新画，创一新论，做一新人，皆不难。能保留得一些旧模样，纵不能放进百货公司为畅销商品，或犹得放进博物院供人闲暇中一欣赏。今则一意羡慕西化，昌言进步，则后生之可畏当远出古人之上。故西方人实自我取消，中国人乃始肯定承认其自我。而季陆为人如前之有伊尹之为"圣之任"，后有范仲淹为秀才时即"以天下为己任"，宜非一仅供人欣赏人。今不幸季陆遽已逝世，在旧史体裁中，究当作何写法，恐于此知所讨论者，今亦难觅其人矣。

今吾民族正在求变求新中，日日变，日日新，则前代人乃日在落后中。如季陆在当前，已成传统与时代中一夹缝人物，他年犹当作何论定，今皆无得而言矣。当今之世，乃新旧交替夹缝时代，正贵有新旧夹缝人物乃得善处。而惜乎此等人物不易遇，亦不见重。此固可为季陆一人惜，亦足为当前一时代叹矣。然此等语，不得遇如季陆其人者言，又岂能与今世人言。我念今世，又焉得不念及季陆。

执笔及此，不仅为季陆悲，季陆地下有知，不知又将何以语余。余与季陆虽不得为深交，而于季陆终当为不能忘一至友，亦即在此等处。季陆已辞余而去，今乃欲求有如季陆其人者，终不再得。思念之难忘，余生平之爱读史籍，亦如此。季陆晚年每见余必谈史，或意亦在此，惜未及作深言。今则惟增念旧之情，他又何言。

一九八五年八月，钱穆病中识于台北士林外双溪之素书楼，时年九十有一。

七　悼念苏明璇兄

　　新亚书院前后占据了我十六年光阴，为我一生服务最久的一机构，但因规模小，在新亚所接触到的同事和学生，并不比别处多。我获交两友，他们对新亚贡献大，而和我交情尤挚。自我离新亚，与此两人交往最频。自我离香港，亦惟此两人萦念最殷。今不幸俱逝世。一人是沈燕谋先生，另一人为苏明璇兄。燕谋去世，我极想写一长文追悼。情绪万千，竟未下笔。今明璇又去，我以未及为燕谋写悼文为戒，因急撰此篇，而下笔总不能忘燕谋。因连带述及，总之是抒我一时之哀思而已。

　　燕谋年长于我，乃前清一老留学生，攻化学。回国后，助其同乡张季直办实业。我素不相识。新亚初创，在九龙桂林街赁楼两层共四五室，逼窄不堪，楼梯登降尤难。周六之晚，设一学术讲演会，燕谋每届必至，遂相识。我有《庄子纂笺》一稿，燕谋斥资付印，书面题署，自称"门人"，我心甚不安。然燕谋，与我相交二十年，执弟子礼前后如一日。我在桂林街，开《论语》一课，燕谋亦来听，手携一美国最新译本，遇确定译本错处，积数十条，当贻书相告译者，嘱其改正。听课数月，燕谋言，出入太多，无可下笔，勉我成书，为国内外治《论语》者作参考。我之《论语新解》，正式成稿于留美期间，即受燕谋之鼓励。

后燕谋经济受窘，新亚迁嘉林边道，燕谋亦迁新居，相距甚近，意欲邀其来同事，未敢启齿，谋于其夫人。夫人告我："燕谋晚年，每幸与君相识。傥相邀，必乐从，一切名位待遇，彼必不计。"我始坦告燕谋，浼以创办图书馆事，燕谋欣诺。积十许年，燕谋日夕向港九各书肆采购书籍，虽经济窘迫，而新亚图书馆，蔚成奇观，皆燕谋一人力也。

嗣后，美国耶鲁大学，每年派两人来新亚任教两年。皆渴欲晓中国文化概况，每周末，由燕谋主持一座谈会，由参加者发疑问难，燕谋所知广，而见解正确，参加此会者，返美后，随分阐扬，亦皆燕谋之功。

新亚在农圃道建新校舍，一切建筑事宜，我以全权交燕谋。只在决定地点时，曾亲去视察。以后直到新校舍落成，始再去，经费由美国福特基金会捐赠。曾派人来参观，对新校舍甚激赏，谓一切符合彼方之理想，甚出意外。我问其详。彼云："全部建筑，图书馆占地最大，各办公室，连校长办公室在内，皆占最小地位。有学生宿舍，而无教授宿舍，此等处，皆见新亚办学精神。如此建筑，诚所鲜靓。"其实此等皆由燕谋擘划，我仅赞同而已。我自辞去新亚职务，常自忖念，十八年来，只保留着一些我对新亚之想望，但燕谋农圃道新校舍之设计与夫新亚研究所藏书之搜罗，则确对新亚有其具体不朽之成绩。

自我迁居台北，每去香港，燕谋必在交通挤逼中来旅舍。几乎每日必来，屡加劝阻无效。某一年，忽其长公子来台北寓庐，谓自美赴港省亲，父命必绕道来台，与我认识一面。我最后一次去香港，到燕谋家，彼告我，正读我新出版之《史记地名考》，因畅谈历史地理沿革。时燕谋已在病中，午睡骤起，欲辞不忍，促膝欢谈近两小时。返台不久，获燕谋噩耗，竟不能亲去吊唁。

　　我在新亚，获交第二新友，则为明璇。其夫人乃我北平师范大学历史班上之学生。明璇夫妇同学，但和我不相识。明璇曾服务于农复会，与蒋君梦麟甚稔。梦麟乃我任教北京大学及西南联大之旧校长。因此我与明璇在香港初见面，交谈即如故友。时明璇任职于美国在港之亚洲基金会。一日，其新任主席艾维初莅港，即来新亚见我，云离美前一友人嘱其来访。自后，我与艾维往返，明璇必居间，三人常相聚，艾维于新亚艰困中相助最多，明璇之功为大。

　　某年，美国雅礼基金会特派耶鲁大学历史系主任卢鼎教授来港，约我在其旅邸相见。我晨八时即去，明璇已先在，为我作译人。卢鼎告我，东来将访台、港、菲三地，欲觅发展雅礼协助东方教育医药事业之对象，我为彼约见之第一人，盼向彼有所申述。我言，君来事繁时促，苟有所询，必竭诚而告。卢鼎面现喜色，衣袋中掏出两纸，预拟所欲问者三十余条，逐条发问。我回答力求简净，明璇传译中肯，不漏不冗，一一如我意之所欲言。达中午十二时，三十余目问答已毕。同赴一餐馆进餐，乃纵论及于其他。越旬日，又与卢鼎晤面，告我已去过台北，不拟再去菲岛，彼意已决定以新亚为唯一对象，遂讨论及于具体问题，又牵涉进艾维，其中曲折详情，非兹篇所能详述，而明璇居间传译之功，则绝非仅止于口舌之能事。

新亚既得雅礼协助，关于新校舍建筑，又出卢鼎、艾维之力。继之为亚洲基金会协助新亚创办研究所一事。时艾维已去职，主席易新人，我派新亚一同事，亦一老留学生作代表，数度洽商无进展。明璇告我，不如仍由我自己出席，彼当仍任译事。两次商谈，此事即告解决。越后新亚研究所得哈佛燕京社相助，亦由此启之。明璇在当时，于新亚乃一局外人，而其有裨于新亚事业之进展者，则绝非当时新亚同人中任何一人所能及。

我之所求于明璇者，亦不止于新亚。曾与梁君寒操联合申请亚洲基金会补贴王道《人生杂志》出版经费获成功，王道亲去向明璇申谢。明璇告我，劝王君此后勿再往，我因此益深敬明璇之为人，而我两人间私交益笃。

我去美国，新亚校长室秘书忽缺人，明璇其时亦已辞去亚洲基金会职务闲居。我贻书学校，提议请明璇来任此职，蒙其允可。我自欧返港，明璇任职新亚已逾半年。我与彼隔室办公。我到校，明璇来室报告其任职半年之经过，钜细靡遗，陈述周详。若一忘其往年彼我两人间之私交，俨如下属之对上司然，我素知明璇处事精明，而沉默寡言，任职甚积极，而自守拘谨。此次相谈，乃绝不及私事，仅限于述职而止。我亦仅有任之。

此后越一周至一月，必来室作报告。我谓新亚事，君夙知有素，我与君相交，君知我亦深。许多事当烦君径自处理，遇我所应知者，事后相告即可，不必限形迹。然此后，每日在学校办公相见外，明璇乃绝不来我寓处，我时去明璇家，或茶或饭，而明璇则绝口不谈学校事。即在学校，明璇亦只谈彼一人职务所关，绝不及其他。有关学校大政方针，明璇若绝不厝意。在会议席上，明璇亦从不在其职务外发言。我揣明璇意，从不对以前新亚发展自居功，但既与新亚及我早有关系，其来校任职，亦当于我处境有所谅解，故更不愿轻率有主张。其拘谨处，正其深识大体处，绝非消极不负责之比。而学校同人同学，亦从不在我处对明璇有半句微辞。

我对香港政府有所交涉，尤其是教育司方面，必邀明璇任传译。最后中文大学成立，董事会开会，明璇必陪我出席。外国人来访，明璇必负译事。有一次，某美国人与东方政治事务有颇重要之关系者来访，明璇陪我接见，相谈半日之久。我自谓此次交谈极有关系，但明璇绝不在事后泄露一言半语之消息。总之，明璇在新亚，在我是感到绝不能少此人，而在人则或可感到不觉有此人。明璇之可爱重处，正在其能善尽职务，而使人不觉此职务与此人之可重。

我在新亚辞职，明璇初亦微露其不赞成之意，但俟明璇深知我辞意已坚，即不再发表意见。一日，明璇亲向我提辞呈。我告明璇，我有为公为私两项意见，我盼君能代我办理移交，盼勿先我而去，此是我的私意见；我为新亚着想，盼君勿离去。君之辞呈，若由我批准，我总觉对新亚有负。我只能留中不批，俾继任者再有向君挽留之机会，而君亦可重加考虑再作决定。当蒙明璇应允，任职如旧。乃明璇自此后，对我意态忽有变。在我辞职进行中，彼乃屡有劝戒，当如此，勿如彼，似乎又回复了两人以前私交时之情谊。我告彼以必欲辞职之内外因缘，彼亦时以所知，越出其职务以外者告我。我辞职已成定局，彼毅然以移交之代理人自负。并与我往来渐频，不惮远来我之私寓，又常与我在半岛酒店楼下，作半日茶烟之相晤。

我自马来亚返港，明璇亦已辞去其在新亚六年之职务，一日，偕新亚雅礼代表人萧约来沙田辞行，相谈半日，明璇陪坐，但事后极称许我当日所言。明璇与萧约私交亦不薄，其公私之分明有如此。

我迁居台北，明璇往返书信最密，几乎每月必有一往复。我去香港，必与明璇有半岛楼下半日之茶会，故我于明璇为况，知之甚切。最近已积久未去香港，明璇曾有意往日本一游，路过台北，可有较长接触，惜乎其竟未如意。而我两人又时时有病。最后明璇来信，我迟未复，不意在香港报端竟睹明璇长逝之消息。又不获亲往吊唁。悼念何极。

长忆离大陆，来香港，获交燕谋、明璇两友，知我深，待我厚，不仅助我事业，尤其对我性情多有慰藉。今皆离我而去。仅在我生命中，留下了几许不可抹去之痕迹。尤其明璇，未尽天年，彼胸中藏有许多抑郁苦闷，我未能有一臂之助，愧负之情，何堪回溯，亦恨我短于辞章，不能作为诗歌，以表达我之哀思于万一也。

（一九七七年六月六日《中华日报》副刊）

八 怀念老友林语堂先生

语堂和我，同生在民前十七年光绪乙未，西历一八九五，同是前一世纪的人，只我生日比语堂早了一百天左右。我此文特称语堂为老友，却不指我们有着很久的交情，只是说我们过了七十始成交，真是一老年朋友。

语堂早在三十岁前后，名满海内，举国皆知。尤其是他编行的《论语》《人间世》《宇宙风》诸杂志，乃当时新文化运动中异军特起之一支，更使他名字喧动，"幽默大师"的称号，亦由此成立。我那时在小学、中学教书，只在报章杂志上认识了语堂。直到民十九我去北平教书，而语堂那时已离开了北平，我和他仍没有见面认识的机会。

我们初次相识，乃在抗战时期，语堂由美国返后方，从重庆来成都，在华西后坝张岳军邀宴席上。那是我们四十八岁的一年。那一晚只是匆匆一面，此后语堂仍去美国。约在十年后，语堂应新嘉坡南洋大学校长之聘，忽来一信，邀我去南大主持研究院职务。此书情辞斐亹，引苏东坡语，执礼甚谦。大意是相慕已久，此后可望长期领教。我那时在香港，因离不开新亚，去函婉辞，仍未有继续相见之机会。只语堂那一书，使我常留记忆中，惜书已丢弃，至今未能具体引述其书中之辞句。

待我七十后，离开新亚，忽得王贯之电话，说语堂来了香港，贯之系语堂小同乡，前去访谒，语堂谈及有意和我见面，由贯之邀集，在其人生杂志社的小楼上午餐，语堂夫妇、我夫妇及贯之夫妇共六人，餐后去附近宋王台公园摄影闲谈，直过四时始别，那才可称是我和语堂亲切见面之第一次。

越数日，贯之又来电话，说语堂欲来沙田我寓处，但因我寓在山坡上，须爬近两百石级，语堂腰脚力不胜，约我在山下海边一游艇上餐聚。同席仍是贯之夫妇和我们两家夫妇并语堂之二小姐太乙及其夫婿黎明，共八人。此两次见面，乃是我和语堂正式订交之开始。

此后语堂定居台北，我夫妇去台北，亲到他阳明山住处，即在此后新居的斜对面去访候。留同晚餐，久坐始别。语堂告我，顷方仔细读我的《近三百年学术史》，又称此下当开始从事中文著述。他夫人又领我们去参看语堂的书房。她说：晚间十时过，她即独自上床，语堂一人留书房伏案阅读和写作，不过十二时不睡，常达翌晨一时两时。我深自惭，我常在夜间十一时就寝，熬夜工夫，远不能和语堂相比。

隔一年，我们夫妇亦迁居来台，和语堂见面机会更多。又一年，我们定居外双溪，和语堂阳明山新居更近，见面机会也更多。但开始，我急于完成我的《朱子新学案》，语堂又忙他《汉英辞典》的编辑，从容长谈的机会实不多。

我总觉得近在咫尺，晤聚甚易，不以为意。不料语堂夫妇最后几年，常往返台港间，而且留港期长，返台期促，偶获见面，而他的体况，已逐见衰退，乃竟于今年长逝。总计我们在台晤聚，实也不过四五年时间。在此八十余年中，过七十始成交，实际上，前后也不能到十分之一的八年的来往，人生如此，殊堪悼念。

在我记忆中，三十多年前，在成都张宅那晚和语堂初次见面，却有一影像，深留脑际，历久尚新。那时有几人，离开坐位，围立室中央闲谈。语堂两指夹一烟卷，一面抽烟，一面谈话，兴致甚浓，那烟卷积灰渐长，而语堂谈话不停。手边及近旁，没有烟灰缸，我担心那烟灰坠落，有损主人地上那美好的地毯，但语堂似乎漫不在意，直到那烟灰已长及全烟卷十分七的程度，却依然像一全烟卷，安安停停地留在语堂的两指间，我此刻已记忆不清，语堂最后如何交代他两指间的那一条长长的烟灰。

二十年后再见面，语堂常抽烟斗，偶而也吸一支香烟，便引起我的回忆。我和语堂相交久了，才从那一条长长的烟灰，了解到语堂之为人和其操心。似乎在任何场合，语堂总是我行我素，有他那一套。但那一套，实只是语堂之外相。至于语堂之内心，似乎还另有别一套。在任何场合中不忘抽烟，那只是语堂外面的一套。那烟灰长留不落，却不是漫不经心的。在语堂的内心，实仍有他那一条长长的烟灰之存在。别人没有和语堂深交，只见他外面一套，认为语堂是放浪形骸，纵恣不羁的。常连想到他"幽默大师"的一称号，认为语堂之幽默处正在此。但语堂另有他内心之拘谨不放松处，那长长的一条烟灰之终于不落地，正是一好证明。语堂之幽默，在我认为，尚不专在其尽抽烟卷之一面，乃更有其烟灰不落之一面。

方语堂在国内，编行《论语》《人间世》《宇宙风》诸杂志，固是他内心生活之一面。待他寄居美国，发表他《吾土吾民》等一系列的成名新著，那又是他内心生活之另一面。在国外受教育，又在国外长期居留，以他外国语文之高深修养，不返国凭崇洋为炫耀，而却在国外宣扬祖国。只此一端，可谓为人所不为，堪当中国传统观念中一"豪杰"之称。迄今外国人，不论美、欧，乃及其他地区，多有对中国另眼相看的。他们约略知道，在此世界，有此中国和中国人之存在，语堂长期在美的这一系列成名新著，总不得谓其无影响。而且在国外为中国和中国人留此影响的，除语堂一人外，纵不能说其绝无，而语堂一人，也几可说近似于仅有了，语堂这一勾当也可说幽了天下之大默。

语堂旅居美国，逾三十年，功成名就，尽可作一寓公以终老，乃语堂决心归国定居。在他归国后，据我亲眼目睹，总觉他的日常生活，言谈举止，洋气少，土气多，俨然不失为一中国传统的书生。如我般孤陋寡闻，仅识ABC，绝不能读他在美成名的一系列新著的人，居然也被引进了他交游之末座。我尝巡视他新居，书房内，书房外，满室满廊，缥缃如山，盈箱插架，尽是中国古籍，但语堂似乎忘了他自己已是七十以外的老人，拥此书城，尚嫌不足，还时时向我问这书，问那书，问何处有买，屡问不已。回忆我在大陆所交，亦尚是海外留学生占多数，那时知怡情中国古籍的亦尚不少。及此二十多年，乘桴台港间，往日旧交，多已邈若云汉，死生隔阔。不意老年又得此一友，乃朝夕寝馈于斯。而天不慭遗，昔人经黄公酒垆而兴悲，我今重往语堂书室，又岂止如黄公酒垆而已乎？而且语堂往年，在国内编行《论语》《人间世》《宇宙风》，一纸风靡，垂老回国，一变往态，转而从庄周、苏东坡，进而提倡孟子，惜已不易如他往年"子见南子"之类之获得当前国人之共鸣。抑且语堂之身后追思海外或尤深于海内。而语堂晚年在海内国人之心中实亦尚奠定于其海外之声名。语堂讲究生活的艺术，彼生活中之此一转变与其分别，实亦语堂生活艺术中一幽默也。

语堂生在虔诚的耶教家庭中，但在其肄业上海圣约翰大学之神学院时，以对神学无兴趣，即放弃其信仰。后来旅居美国，又曾一度信仰，后又改弃。有一年，我旅游美国，遇一美国老太太，亦一虔诚信徒。彼问我，林语堂信耶稣，何以忽又放弃？在彼意，凡属中国学人，必应认识林语堂，承彼亦认我为一中国学人，自必与语堂相识。语堂中途放弃对耶稣之信仰，在彼认为乃一世间莫大事件，渴望我对彼所问，有一解答。其意态之诚挚，溢于言外。但我当时，实与语堂仅有一面之缘，若据实以告，彼必甚感意外，我又不能亲操英语，必赖译人传达。窃恐语不达意，在大庭广众间，似不宜率直以对，我因告彼，林语堂虽系一文学家，但中国文学家，必重一番内心修养。林语堂对信仰耶稣之前后转变，必有他一番内心曲折，在他自己未有明白表达以前，他人无法代为措辞。那老太太终于领首称是。自我和语堂相交，始终没有谈到宗教一项。后来语堂又重进教堂听礼拜，并常闻牧师讲道而流涕。临终又告其家人，吊祭须从耶教仪式，此事我到他死后始知。闻彼有一书，不久将出版，说明其对耶教信仰先后内心之转变，我私念我往年告那美国老太太的一番话，幸而没有错。语堂为人之直前直往，而在其内心深处，实自有一条贯，亦据此可知。那未吸完的一段烟卷，和其变为灰烬之一段，依然同在他两指间，依然仍保留其同一烟卷之旧式样。语堂内心，有其放达处，但亦有其拘谨处。果人生以百年为期，语堂已经历了其十分之八。尚留一段烟卷未抽完，其抽过的一段，固亦成为灰烬，却尚在其内心，完整地保留着，不散不落。此是语堂生活的艺术，亦是语堂人生的幽默。我老年幸获与语堂交游，所认识于语堂，迄今所怀念，而堪以告人者，亦仅此而已。

生为一中国人，生而为一近百年来之中国人，世变仓皇，前途渺茫，究不知将何所届止。语堂已矣，但与语堂生值同世之人，回念前尘，岂不一切亦已全成了灰烬。果能仍保此灰烬，不散不落，仍成一烟卷样夹持在两指间者，语堂以外，又复几人？我常想语堂生平，烟卷在手能尽抽，抽后成灰能尽留，较之仅知抽烟，不顾烟灰落地，地毯遭殃者要自有别。今日吾国人，乃尽辗转在烟灰屑中，灰屑满地满室，而两指间却成无烟可抽，此诚生活艺术之谓何，人生幽默之何在乎？怀念老友，曷胜怅然。

起稿于怀恩堂追思礼拜之清晨，定稿于语堂灵枢下窆阳明山故居之下午，时为一九七六年之四月。

（一九七六年五月八日《联合报》副刊）

九　悼亡友张莼沤先生

　　余初识莼沤先生，乃在抗战胜利后，余再游昆明，讲学于五华书院。寓居翠湖公园一空宅中，以其与云南省立图书馆毗邻，便于晨夕赴馆中浏览。一日晨，莼沤亲来迎余赴其家午餐，是为余两人初次识面。并无介绍人，莼沤乃自道其姓名，并略告余生平经历。曰："与君神交久矣，今日得缘聚首，诚大佳事。"余随至其家，观其庭院之整洁，花树之幽蒨，屋中陈设之雅净，听其言，娓娓不倦，餐前餐后，历数小时，无一语涉尘俗趣。既别，每心仪其人不置。

　　一九四九年秋，余避赤祸去香港。翌年，偶于街头见莼沤，乃知其亦同住九龙。莼沤告余，闻君辛勤创办新亚书院，恨无力相助。俟学校开课，余当来任国文课一班，不受薪，聊表心意。余见其意诚，不能却。因与莼沤同赴街市，访购课程用书。莼沤每周任课六七小时，从不缺课。视学生如家人子弟，学生亦皆敬服。莼沤女公子鼎钟，亦来入学。其后粤人在港者，如梁君寒操，陈君伯庄辈，皆来新亚任教。港政府熟知其人皆中土闻人，政界先辈。故新亚虽极简陋，而港政府不加忽视。其端则自莼沤启之也。

余亦时去莼沤家，其同乡有缪君云台，亦常在座。余盛称滇人性近艺术，盖得气候山川天地之助，为他省所不及。因举钱南园为例，而益以余在滇之所见所闻，语次及于滇戏老生栗成之。余谓除京剧外，其他各省剧惟滇独胜，而成之尤高出。云台闻之，跃起曰："君乃欣赏及于栗成之。余曾亲从学唱于成之，今日当献丑，君试聆之，亦复有成之流风之万一否。"遂引吭高唱一出。余与莼沤皆旁坐，瞑目凝神，不知身之在斗室中。至今回忆，亦不失流亡中一胜聚也。

越一年，莼沤举家迁台。举其友曾君履川接任新亚之课。履川闽籍，服务银行界，乃十足道地一文人。莼沤交游所近，亦征其性情流露之一斑矣。余此后几每年必赴台北，则必访莼沤。初寓北投，后迁新店，皆远市区。而新店尤有田野气。其居亦有园林之胜。余每去访，必赏其花木。见一海棠栽大盆中，花盛开极艳，赏玩久之。莼沤又喜讲究饮膳，常留余品其家餐。后闻其任监察院副院长职，冗忙日增，余遂少往。及余亦迁台，莼沤来访于外双溪之素书楼，亲携海棠一大盆，乃向其前购海棠之老花圃处选来。则距余在新店见其盆栽已七八年之久矣。莼沤之不忘细节有如此。

莼沤自监察院副院长退任，年已逾八十五以上。乃偕其夫人远游美国及欧洲，惟巴黎未得入境。莼沤语其家人，他年必再来。归后，其夫人遽卒。莼沤以一老翁鳏居，由其两女公子更迭伴侍。余常赴国军文艺中心观平剧，每遇莼沤亦在座。剧场常以夜十时半或十一时散。莼沤家距剧场不近，而兴致奕奕，乐来不疲。此亦其性情流露之一斑矣。

莼沤喜作诗，又擅书法。在家得暇，即以此两事消遣。今年新春，莼沤又特来外双溪访余。余答访之。莼沤患重听，余有语，其女必在旁大声传达，而莼沤则喋喋语不休。其精神意态殆如八十左右人。今夏，又闻由其长女鼎钟陪游日本。莼沤在前清时代曾留学日本，乃择其素所喜爱之区，盘桓流连不忍离去。及秋，闻其撄小疾，进住医院方归。拟欲往访，而遽闻其又进医院逝世矣。享寿九十有四。余方去香港，不克亲吊其丧。每一念及，岂胜悼恨。窃意莼沤诚一性情中人，而丁此国难，疲精劳神，或非性近。较之钱南园、栗成之辈，则不能无生不逢辰之慨矣。此尤大可惋惜之一事也。然此岂莼沤一人之所值而已哉。怀念老友，感叹何极。其女鼎钟来索辞，乃书此与之。

一九七九年冬十一月钱穆敬撰，时年八十有五。

一○ 王贯之哀辞

三月六日下午三时，香港来一电报，惊悉《人生杂志》创办人王道贯之逝世。我立刻通电话转告王恢子廓。他是《人生》初期万分困难之际追随贯之同尝辛苦的一人。子廓来，我夫妇和他三人相与悲叹之余，杂谈贯之生平，以及《人生》前后各事，无大无小，迄晚始别去。

因念《人生》除港台外，遍销南洋各埠，以及欧美诸邦。贯之办此刊物，以宣导中国文化为主旨。二十年来，凡读《人生》者，无不于中国文化抱深情，于贯之个人致敬爱。我七年前去南洋，《人生》读者，与贯之识与不识，无不和我谈起。三年前迁居来台，尤其是三十到四十的中年人，和我谈起《人生》，谈起贯之，并说他们为学做人，因读《人生》而感发兴起的，更非少数。我曾为《人生》写过一篇《以文会友》的文章，我想在台各地，关切贯之，为贯之精神上的朋友的人必多。他的哀耗，我无法遍为通知，因写此哀辞，借《中央副刊》篇幅，俾与关切贯之的朋友们同申悼念。

贯之一生，自幼至老，尝尽辛酸，备极艰困。而贯之始终奋斗，抱志不懈。在一九五八年九月，《人生》第十六卷第一八八、一八九两期，贯之有一篇题名"隐痛"的长文，备述其前半生的经过。他在五岁时，即由他父母以一百元身价，卖了他的一半给他同姓远房的伯父母。他的伯父母对他甚加宠爱，只不许他再和他生身父母见面。他生父为此疯了，他生母亦为此终生念佛。他虽在幼年，纯孝天成，哭着闹着，要见生身父母的面。但直到七岁时，借上学读书之便，才得偷偷地回家获见了生母。而他生母却对他说："伯母疼爱你，你要使伯母欢喜。"并叮嘱他乖乖听话。贯之的文章里，如此一路，曲折委悉，条诉缕述，真是一字一泪，一字一血。把泪血交灌，来写述此人生稀有之悲惨，而写出了一篇最纯净的性情至文。

待到贯之十一岁，始进入一乡间的高初级小学。校长陈清如，贯之文章里称之为清师。自称在他幼年，在清师身边，始获得了他心灵上的安慰，和心智上的启发。那是他生命之转捩点。但贯之也不能长期亲随，在他受学的第二年，清师便去从军，而他也换了学校。

他进入中学，在毕业前一年，福建的军事和党务，一时发动。他那时已是一青年，也参加了党的工作。翌年，民国十六年，他听受了清师劝告，未及领取毕业证书，便匆匆离去他家乡永春。本要投考军校未果，遂辗转在军队党部里工作。其间回了家七次，结婚了两次。和他共同努力《人生》业务的醒园女士，那是他的后妻。

以上他前半期的生命，则全写在他那篇《隐痛》长文之内。他自离去大陆，曾去过菲律宾，转到香港，我们始相识。贯之有意要办一刊物。梁寒操先生是他抗战时期在重庆的老上司，其时在新亚义务授课，我因和他联名亚洲基金会，为贯之请得了一笔津贴，《人生杂志》由此开始。

贯之以极奋发的热忱，来运用此极低微的津贴，他除每期必自撰稿外，编辑、校勘、印刷、发行一切事务，都由他夫妇两人分担。还有余款，不少当时的流亡智识分子，蒙邀约，参加工作，而获得了救济。贯之的全部精力和全部活动，则都放在《人生》一刊物上。无交际、无应酬、无娱乐、无休息。节衣缩食，过着最清苦的生活。他在《隐痛》文里说：自他父母和清师的去世，对身外一切，就看得很淡。到四十岁以后，更渐渐省悟到身外一切，对于我之所以为我，实无甚增损。他写《隐痛》一文时，已是五十岁。他说："驳杂的生命，已渐趋纯净而贞定了。"他希望他自己，会更坚强，更有力，来担任此一份任重道远的人生担子、时代担子与历史担子。

《人生》的津贴，延续了几次，终于停止了。但贯之仍想继续出刊，不少同情《人生》器爱贯之的人，远自各地，不断予以援助。如在加拿大的詹励吾先生，在美国的顾季高先生等，均络续寄款支持。直到最近，贯之已在病中，尚勉力为《人生》二十周年纪念出专刊。来信索稿，他知道我事冗有病，要我在正校对中的《朱子新学案》中抽一篇寄他。我劝他勿求急成，未寄稿去，而此期专刊已在本年二月十六日出版，贯之亦即在三月六日辞世，前后相隔只十八天。

他在此期专刊之首页，写了一诗，那应是他病中之绝笔。诗中有云：

> 文章性情，教化所在。会友辅仁，忠信敬爱。
> 心所同然，声应气求。成非独立，功仗群谋。

这是他办《人生杂志》二十年来，常在心上、口上，乃至常常写在纸上的几句话。又说：

> 时有盛衰，道有显幽。尽性至命，不怨不尤。

这是他二十年为《人生》一刊物历尽艰辛后之自道心境。又说：

> 荜路蓝缕，我车不驾。任重道远，敬待来者。

这也是他多年来常和我谈及的一件心事。他此诗成，先以寄我，我虽知他有病，又疑心他病情不轻，但看他能吟此长诗，认为他神智清朗，只戒其尽量作休息，而不料其遽此永诀。此诗末后这四语，则成了他的诗谶，及今再一追诵，真是感怆无已。

我和贯之，相识二十年。虽此几年来，各别一方，但终是相聚时多，我不失为贯之后半期生命中一相识较深的人。及今回想，贯之始终视我如师，而我并不曾直以弟子待贯之。此层迄今回想，转成我对贯之一歉衷。在《人生》上，我虽亦有过不少文章，但究是专为《人生》而写者并不多，多的是贯之日常注意来向我索取。此一层，又成我今天对贯之一歉衷。良朋云亡，追溯莫尽，我最后对贯之的这番歉疚不仅不能亲告贯之，并亦不能在贯之毕生心爱的《人生》上发表，人生缺憾难补，呜呼！悲哉恸矣！夫复何言。

（一九七一年三月十四日《中央日报》副刊，四月《国魂》杂志三〇五期转载）

一一　我和新亚书院

　　新时代杂志社的编者，要我自述生平。其实我认为自己一生不论是求学或做人，都不足为训。换句话说，也就是没有甚么可以提供别人参考的。且以读书来说吧，我是一个自修苦学出身的人；因为幼年家境清寒，父亲很早去世，使我没有机会像一般青年人一样，由中学而大学，从师研究，或出国深造，我常劝勉青年朋友，非万不得已，仍然应当按部就班，完成正规的学校教育。谈到做人，我是一个不好高骛远，不跨大步，脚踏实地的人。主张做人必须平淡、切实；言顾行，行顾言；知到哪里，行到哪里；今日知到此处，今日行到此处。在我的青年时代，正是满清末年，当时的一般父兄师长，通常是以诸葛亮、王阳明、曾文正，这三位道德、文章、事功兼备的人物，作为勖勉子弟们师法的楷模。我一径遵奉诸葛武侯的"谨慎"，王阳明的"知行合一"，曾文正的"扎硬寨，打死仗"，作为做人的格言，生平受他们三位先贤的影响最深。

　　我既然承认自己是一个言行谨慎，并非不顾现实的人，一生只知道治学教书，过去从来没有实际参与过其他任何社会事业。既无资本，又无准备，怎样忽然会凭着赤手空拳，办起新亚书院来呢？以我当时的情况，在香港要想办一所小学都不可能，居然要办一所大学性质的学校，简直像摸黑路一样的冒险，这不也是不足为训的事情吗？记得起初向当地香港教育司办理立案手续的时候，申请表格上有许多项目必须填报，例如老师们的待遇，我就填上每月支给港币八百元。教育司的职员问我："经费从哪里来？"我回答说："没有。"他又问："既没有，为甚么要填这个具体的数目呢？"我说："因为你们本地的官办小学，教员月薪都是这种待遇，而我邀请的老师，都是曾经在大学里教过十年二十年书的教授，我决不能把他们的待遇填得太少了。"对方又问："万一他们知道了，来问你要钱呢？"我笑着答复说："凡是知道我空手办学校的目的，而愿意来帮忙的朋友，就不会计较这些的。"

　　我创办新亚的动机，是因为当初从大陆出来，见到许多流亡青年，到处彷徨，走投无路，又不是人人都有机会到台湾来；而我觉得自己是从事教育工作的人，怎忍眼看他们失学。同时，也觉得自己只有这一条适当的路可以走。虽然没有一点把握，但始终认定这是一件应当做的事。起先是丝毫没有经济的凭藉，前来求学的流亡青年，十有九位都是只身在港，他们本人的衣食多无着落，进了学校，还要想法子帮助他们解决生活问题。当时我们的免费学额，竟占了全部学生人数的百分之八十。我记得那些要求入学的流亡青年，他们之间有一句这样的话："我们进教堂，只可以获得半天的安慰；我们进了新亚书院，好像重新得到了一个家，整个心灵获得了寄托和慰藉。"且随便举两个例子来证明那些学生们的苦学情况吧。我们现在有一个五十多岁的在校学生，他起初申请入学的时候，已经年过四十，是一位两腿带着六七处伤疤的退役军人，住在调景岭难民营，担任日夜轮流守卫的工作，有一点低微报酬，可以维持生活。为了想到新亚来读书，就向营方的负责人要求全部改调守夜的职务，竟没有得到允许。他说："如果我的志向迁就了现实，一天也不能生活了；宁可失掉吃饭的工作，而决不愿失却求学的机会。"后来他的难友们同情他这种刻苦好学的精神，有意成全他，就联合起来要求把各人的夜班都和他的日班互换，主管也感动地让步了。从此以后，他就夜间守卫，白天上课。自调景岭到学校，快步跑一趟要费两个小时，他每天在黎明前就动身，步行赶到学校上课，傍晚又忙着跑回去准备接班。后来，我觉得他如此奔忙也太辛苦，就将他安置在校内担任传达，作一名工读学生。因为英文根柢差一点，他现在还没有毕业。我们学校里原先是没有工役的，另外为了成全一个中学程度的青年，就让他在校内一面做工役，一面抽空随班旁听。他又利用晚间到一家相当大专程度的夜校上课，后来我又调他到图书馆工作。这个青年，他最近已经向加拿大的一所大学，申请准了奖学金，快要去留学了。

从上面所讲这两个小故事里，就可想象得到许多流亡青年，在颠沛流离的生活中，仍然不忘记求学上进。为了成全他们苦学的志向，起初只设有免费学额，后来则设有奖助学金额。蒙各方捐赠的奖助学金额，占有百分之六十左右，经常还有增加。本院所聘的董事，早先都有一个默契，不忙着要求他们在经济上的帮助，只需他们的同情，作精神上的支持。起初两年，共产党在香港的势力很大，各方面的人士看见我反共，多半不敢公开支持我。捐款常是支付现钱，几百或一千的支票，也不敢签注受款人的名字，而且要求不要公布捐款人的姓名身份，为的是怕影响本身的安全。

我们最早是在佐顿道伟晴街，向一所中学租了两间极简陋的教室，从办夜校开始。半年以后，才迁到深水埗桂林街，租得三间教室，改成为日校。在万分艰难中苦撑过五年，开始获得美国耶鲁大学雅礼协会的合作。在这以前，有一个救济中国流亡知识分子协会，捐了一笔钱，委托香港大学设立了一个东方文化研究所，港大邀聘我去任研究员，我以要办新亚为理由婉谢。港大希望我只要分一部分时间去参加研究工作就可以了，不致于妨碍办新亚。有感于盛情难却，我便答复他们说："这个研究所既是为救济流亡知识分子而设立，我愿意以名义参加，表示赞助，但绝对不接受金钱报酬。"所以，我直到如今，还是港大东方文化研究所的名誉研究员。当时就我和我们学校的经济情形来说，若能够获得那每月一百五十美元（约合港币九百元）的研究金，真是求之不可多得。可是，因为深恐由于自己在外面兼职，而影响了同仁的工作热忱，影响了学校的前途，我宁愿放弃那笔为数可观的额外报酬。那时候，我们在新亚上一小时课，每月只拿三十元港币，我是校长，承大家优待，替我排了八小时课，一个月可以收入港币二百四十元。但比起开头两三年，苦得有家累的同仁，都无法生活下去的情形又好多了。事后，从外国朋友的谈话里，才知道他们后来之所以纷纷来协助新亚，并不是为了看到甚么成绩，而是看到我们全校师生在十分穷困之中，艰苦撑持的精神，认为必有一番远大的理想和抱负，才开始竞相解囊相助。

美国雅礼协会远从一九〇六年到一九四九年间，在我国从事教育事业，早已卓著声誉。与本校合作，则是自一九五四年开始直到现在，协同发展校务，始终合作无间。新亚自创办以来，先后承校外力量资助发展，除却我国各方人士，与雅礼协会之外，尚有美国亚洲协会、香港孟氏教育基金会、美国哈佛燕京社、英国文化协会，香港政府，与美国洛克斐勒基金会，他们的捐赠，多半指定用途。例如在一九六〇年度，洛克斐勒基金会捐赠美金四万七千五百元，其中一万元指定为本校购置西文图书，其余分别资助新亚研究所，研究员两名前往哈佛大学研究院深造，研究员三名在本所深造，以及本校教职员赴海外进修及考察。亚洲协会捐赠港币二万七千五百元，为本校购置物理实验室设备，美金九千元为本校购备国立北京图书馆善本书缩小影片，港币一万零四十元购置旧中文杂志缩小影片，及缩小影片阅读机。英国文化协会捐赠三千英镑，为本校购置英国作家所著各类书籍，另外捐一百英镑购买英国出版之学术性杂志。香港政府决定以港币一百万元以上的经费拨赠本校，建筑新礼堂及课室。本校是香港私立专上学校创立最早的一所，香港政府自一九五九年度开始，直接资助本校，列为政府补助的专上学校之一，并且协助本校积极准备参加在筹设中的"中文大学"。本校董事会所筹募发展科学、充实图书、增设奖助学金的基金，在一九六〇年度，约有港币十万余元。对于筹集经费，我总是尽力去设法；对于支配用途，我从来不擅作决定，做到绝对经济公开。学校之内，不论大事小事，都由公开的会议决定，少数服从多数，做到绝对意见公开，也可以说是做到了"教授治校"。

本校成立于一九四九年，十三年来，藉本身的努力，承各方的协助，陆续提高学术水准、增订课程、充实教学设备、扩建校舍、增加有志青年入学机会。全校分设文、理、商三个学院，共有十二个学系，并设有程度相当于大学研究院所的新亚研究所。全校现有教职员六十余人，其中专任者三十人。在校学生四百五十人，其中包括研究生十四名，研究员十六人。约有五分之一的学生是来自海外，近如马来亚、星加坡、沙捞越、印尼及东南亚各地区，远如美国，都有侨生前来求学；还有美籍和日本的留学生七名。历届毕业生共有二百八十五人，大部分已进入文教工商各界服务。经保送或自动前往美国与欧洲留学，攻读硕士学位的，有二十余人，多数获得了国外奖学金；到暑假以后，将有两位男同学与一位女同学，分从耶鲁、哈佛、密歇根，获得博士学位，其中有一位已经应哥伦比亚大学的教席之聘，但他却很想回到母校新亚来教书。本校师生的爱护学校，具有一种像爱护家庭一样的精神，尤其是早期的同学们，他们入学的时候，学校的设备比香港任何最差的小学都不如，使一部分徒然慕名而来的新生，失望得还没有上课就走了，只有真为求学而来的青年留下来，与老师们同甘共苦，进德修业。

我们开始创办这所学校，自问对于教育宗旨方面，确实具有一番理想和抱负。我们鉴于整个世界动荡不安的局势，鉴于我们自身所承受的时代苦难，我们认为当前的大学教育，至少有两个目标应加注意：

一、人类的文化价值。

二、个人的生活理想。

要使前来求学的青年，对于这两项目标，都能深切感到它的重要性，而对这两项目标懂得追求，懂得探讨，懂得身体力行，懂得为此而献身。我们该知道，今天的中国人，正受尽磨折，历尽辛酸，陷在奋拔无从的深渊，中年老年人，多只随分挣扎。青年们则如迷途的羔羊，要在迷惘的路程上摸黑前进。

即就新亚学院的同学们来说，有些是生活在饥饿线的边缘上，有些是流亡的苦味永远占据心头，多半是今天过了不知道明天，这样处境的青年，若我们不能给与他们以一个正确而明朗的人生理想，那在青年们的内心，很可能泛起一些连他们也不自知的种种异样心情来。我们常认为，若非对中国自己的文化传统有一肯定价值的认识，中国青年们终难找到他们的人生出路。反过来说，若使这一代的中国青年们，各自找不出他们的人生出路，所谓文化传统，将变成一个历史名词，会渐渐烟消云散。

中国文化有其五千年悠久传统，必有其极可宝贵的内在价值，我们应该促使中国青年，懂得爱护这一传统，懂得了解这一传统的内在价值，而能继续加以发扬光大。我们创办新亚书院的宗旨是：

> 本校创办，旨在溯宋明书院讲学精神，并旁采西欧导师制度，以人文主义教育为宗旨，沟通世界东西文化，为人类和平、世界幸福谋前途。本此旨趣，本院一切教育方针，务使学者切实瞭知，为学做人，同属一事。在私的方面，应知一切学问知识，全以如何对国家社会人类前途有切实之贡献为目标。惟有人文主义的教育，可以药近来教育风气专门为谋个人职业而求知识，以及博士式、学究式的为知识而求知识之狭义的目标之流弊。
>
> 本校一切课程，主在先重通识，再求专长，为学者先立一通博之基础，然后各就其才情所近，指导以进而修习各种专门知识与专门技术之途径与方法，务使学生真切认识自己之专门所长，在整个学术个人人生之地位与意义，以药近来大学对教育严格分院分系分科，直线上进、各不相关、支离破碎

之流弊。

关于教学方面，则侧重训练学生以自学之精神与方法，于课堂讲授基本共同课程外，采用导师制，使学者各自认定一位至两位导师，在生活上密切联系，在精神上互相契洽，即以导师之全人格及其平生学问之整个体系，为学生作亲切之指导，务使学者在脱离学校进入社会以后，对于所习学业，仍继续有研求上进之兴趣与习惯，以药近来大学教育专尚讲堂授课、口耳传习、师生隔膜，以致学者专以学分与文凭为主要目标之流弊。

我们自知，我们所抱的教育宗旨是正确的，但也是很难实现的。但若不把握这个宗旨向前迈进，则种种物质上经济上的发展，将会失却它的意义，在香港社会上少去这一所学校和增多这一所学校，将会没有甚么分别。香港是一个殖民地和商业化的都市，我们所以要来讲中国人、中国民族、中国文化的前途，就是认为我们的前途寄托在国家民族的前途上。假若国家民族没有前途，请问我们做人的理想、事业、希望与意义价值，又将在哪里？我们坚定信仰中国文化有价值，它决不会使我们无价值。同时，我还坚信我们必将重回大陆，这一信念从哪里得来？乃是从我一辈子努力在要求了解中国历史和中国文化价值的过程中得来。我们为了准备迎接行将来临的光明，必须懂得"藏器待时"。我们办学校就是要为国家民族"藏器"，将来必有一日可以用上。总而言之，我们新亚书院的意义和价值，即是寄托在对国家民族前途的信仰上。因此，我们的校庆也与双十节是同在一天。这就是坚信；终有一天，光明将会在大家的共同努力中来临，那一天才是我们的国家、学校一同期待的日子。

十三年来，我们的毕业同学，留校或应聘到香港各学校执教的，成绩都很不错。我们历年出版的《学报》，早已获得欧美各地研究汉学的机构所重视，经常纷纷来信称许赞扬。有一位教哲学的美国朋友，曾在港大刊物上撰文，谈到了香港的大专学校，他说这些学校中能够走上学术研究之路的，还只有新亚书院。我认为这都是我们全校师生过去辛勤努力的成果。但是，今天的成就距离我们的目标尚远，拿我们校歌里面两句歌词，即可以描述我们学校创校艰难的回顾与任重道远的前瞻，那就是："手空空，无一物；路遥遥，无止境。"

我们的学校，从嘉林边道，迁到农圃道来以后，为了要促使日益接近的理想与事实互相融会配合，便逐渐走向制度化，学校行政工作精密分工，分层负责，各有专司。现在由于得到来自各方的许多好友的合作，我个人肩头的责任，已远比以前轻松，每天只须到校工作半日，较有时间读书写作。自审才性，我是一个只适宜于闭门读书、上堂教课的人。从民国元年，我十七岁那年开始到小学教书，以及后来到北京大学、燕京大学、西南联大等校任教，一直到现在，先后几乎有五十年，没有离开过教书生活。除此之外，就是讲演和写作，在写作方面，陆续出版了三十种书，历年在各报纸杂志刊登的学术论文，还没有汇印出版的，约有一百万字左右。我对写作有一种习惯，就是喜欢亲笔写缮，早年而且全用工整的小楷。

我出生于民国前十七年（公元一八九五年），岁次乙未，照中国年龄计算法，应当是六十八岁了。先父在十六岁的时候，以第一名秀才入学，被目为神童，可惜身体虚弱，刚到中年就患肺病去世。当时我仅十二岁，我与长兄以及两个弟弟，在家无一亩之地无片瓦之屋的贫困情况下，由寡母劬劳抚育成人，而且都完成了中等教育。母亲毕生辛勤，全为了培育我们兄弟。直到七七事变后四年才去世，享寿七十六岁。我在家庭方面，承受母教的影响最大。我的祖父、父亲、哥哥，都是在四十左右患肺病去世，而我如今已活过了六十八岁，身体精神都还算健康，这也许是和我一生规律而简单的生活有关。我除喜抽烟斗之外，别无其他不良嗜好。爱好接近自然，喜欢乡村环境，喜欢接近青年，五十年来的教学生涯，就一直没有离开过天真活泼的青年人。

我虽然没有好好的从过师，却常接受先哲先贤的影响，除效法诸葛孔明一生谨慎，王阳明知行合一与曾文正的扎硬寨打死仗之外，我还喜欢《论语》里"笃信、好学、守死、善道"这八个字，我自青年时代就常以这八个字来反省、自勉。"守死"使我在新亚困难的时候，决不逃遁；"笃信"使我深信中国一定有前途，使我一生从不曾放松这信念。还有：我在前清光绪年间读小学的时候，因为作文成绩特优，老师奖赏一本课外读物，我至今还记得书名是"自学篇"，由蒋百里先生从日文翻译过来的，其中记述了四十多位欧洲自学成功的名人小传，一篇篇刻苦勤学的奋斗故事，使我读了很受感动。不过我一直仍认为，青年人只要有可能进学校从师研究，还是循着正规教育的程序以求上进为好。除非是万不得已，才采取自学的途径。因为在学校里，不仅可以有系统地研究各门课程，还可以与良师益友从切磋琢磨中，增进内心的修养，完成伟大的人格，奠定学业与事业的巩固基础，那比自学究竟要好得多了。

（一九六二年四月《新时代》杂志）

一二 九十三岁答某杂志问

我平生自幼至老，只是就性之所近为学。自问我一生内心只是尊崇孔子，但亦只从《论语》所言学做人之道，而不是从孔子《春秋》立志要成为一史学家。古代中国学术界亦尚未有专门"史学"一名称。西汉太史公司马迁写《史记》时，亦只见其尊孔之意。我之爱读《史记》，主要亦在此。非专为有志如近人所谓成为一史学专家，亦非专为有志如近人所谓之治文学。只是生性所好，求为一"学而时习之"之平常人而已。

我生平做学问，可说最不敢爱时髦或出风头，不敢仰慕追随时代潮流，只是己性所近，从其所好而已。我到今也常劝我的学生，千万不要做一时髦人物。世局有变，时代亦在变，三年五年，十年八年，天地变，时髦的亦就不时髦了。所以不学时髦的人，可不求一时群众所谓的成功，但在他一己亦无所谓失败。

我一生最信守《论语》第一章孔子的三句话："学而时习之，不亦说乎。有朋自远方来，不亦乐乎。人不知而不愠，不亦君子乎！"这是教我们一个人的做人之道，亦即是教我们做学问的最大纲领。我自七岁起，无一日不读书。我今年九十三岁了，十年前眼睛看不见了，但仍每日求有所闻。我脑子里心向往之的，可说只在孔子一人，我也只是在想从《论语》学孔子为人千万中之一二而已。别人反对我，冷落我，我也不在意。我只不情愿做一孔子《论语》中所谓的小人，"人不知而不愠，不亦君子乎！"

中国传统上做学问要讲"通"，我不是专研究想要学近代人所谓的一文学专家或史学专家。亦可说，我只求学在大群中做一"人"，如中国传统之儒学子学，至于其他如文学史学亦都得相通。如我的《先秦诸子系年》是讲的子学，非专为史学，但与史学相通。我写此书是因我在中学教书，学校规定每位国文教师除教国文课外，另需开《论语》、《孟子》、国学概论三门课。那年我教《孟子》，《孟子》第一篇讲到孟子见梁惠王，这事发生在梁惠王的哪一年？自古以来成一大问题。我为考订此事，于是启发了我写《先秦诸子系年》这部书的最先动机。后来如我写《国史大纲》，乃是一本上堂讲过七年的教科书。那时我做学问的主要兴趣，只注意在中国史方面。以后我的注意又逐渐转移到世界各民族的文化问题上去，我的主要兴趣转到文化比较上，但亦都为解答我自己一人心中的问题。

就我一生读书为学的心得，我认为根据中国历史传统实际发展的过程看，自古以来学术思想是居于人生一切主导地位的。上之政治领导，下之社会教养，全赖学术思想为主导。我更认为不仅中国过去如此，将来的中国，亦必然应该要依照传统重振学术才有正当的进程。一个国家，一个民族，各有他自己的一套传统文化。看重学术思想之领导，是我们传统文化精神之精华所在，这是不能扬弃的。

看重我们自己的传统文化精神，必需看重儒家思想为之作主要的中心。换句话说，看重中国历史绵延，即无有不看重儒家思想。儒家思想内在一面有其永不可变的外貌，如修、齐、治、平皆然。另一面亦有其随外面时代需要而变的内在思想，如孔孟程朱皆是。举个简单的例子，孔孟同属儒家，但孟子思想与孔子亦有所不同。这因时代变，思想亦必然随而变。但在追随时代的不断变化中，有一不可变的传统精神，是我们最该注意的。今天的世界，交通方便，全世界如一国。我认为儒家对今天以后的中国，仍当有其不可磨灭的贡献。其对世界文化亦自有其应有之影响。至少可以说，对时下世界亦同时有其间接的贡献。

简单的说，我一生读书只是随性所好，以及渐渐演进到为解答在当时外面一般时代的疑问，从没有刻意要研究某一类近代人所谓的专门学问如史学、文学等。这是我一生学习的大纲，亦是我私人一己的意见。

（一九八八年）